U0935760

美国政府对中国国家形象的认知

THE COGNITION OF IMAGES ON CHINA BY AMERICAN GOVERNMENT

杜雁芸◎著

时事出版社

图书在版编目（CIP）数据

美国政府对中国国家形象的认知/杜雁芸著. —北京：时事出版社，2013.9

ISBN 978-7-80232-636-1

Ⅰ.①美… Ⅱ.①杜… Ⅲ.①中美关系—研究②国家—形象—研究—中国 Ⅳ.①D822.371.2②D6

中国版本图书馆 CIP 数据核字（2013）第 190448 号

出 版 发 行：时事出版社
地　　　址：北京市海淀区巨山村 375 号
邮　　　编：100093
发 行 热 线：（010）82546061　82546062
读者服务部：（010）61157595
传　　　真：（010）82546050
电 子 邮 箱：shishichubanshe@ sina. com
网　　　址：www. shishishe. com
印　　　刷：北京百善印刷厂

开本：787×1092　1/16　印张：19.75　字数：258 千字

2013 年 9 月第 1 版　2013 年 9 月第 1 次印刷

定价：60.00 元

导 论

新中国成立60多年来，特别是改革开放30多年来，中国呈现出良好的发展态势。作为发展中大国，中国社会主义民主与法制逐步完善，经济持续较快发展，人民生活水平不断提高，对国际社会贡献越来越大，中国特色社会主义发展道路彰显出强大的生命力。尽管中国的发展成就受到广泛关注，中国对国际社会的影响和贡献也越来越大，但在当前的国际舆论中，对中国形象认知和塑造的情况负面仍多于正面。在BBC对中国印象的民意调查中，2005年，认为中国发挥积极作用的比例为49%，2006年为39%，2009年下降到34%，2010年小幅回升，为41%。[①] 美民众对中国崛起的心态也是相当复杂的。2007年“世界公众舆论”网站和芝加哥全球事务委员会合办的民意调查结果显示，调查涉及的18个国家中，认为中国崛起“将有负面意义”的人约有三分之一。[②] 提出《北京共识》的外国学者雷默曾指出：“中国目前最大的‘战略威胁’之一，在于其‘国家形象’。中国目前最重大的战略挑战，

① BBC World Service Poll: Attitudes towards Countries 2005 - 2010. http: //news. bbc. co. uk/2/shared/bsp/hi/pdfs/160410bbcwspoll. pdf.

② The Chicago Council on Global Affairs. World Public Opinion 2007: 17. https: //www. thechicagocouncil. org/UserFiles/File/POS_ Topline% 20Reports/POS% 202007_ Global% 20Issues/WPO_ 07% 20full% 20report. pdf.

都与其‘国家形象’相关。”[①]

国家形象，是国家文化软实力的重要标志。当前，国家形象对一国发展和安全的影响比以往任何时候都更大、更快、更直接。国家形象不仅关涉国际关系行为体的可持续发展，也决定其在国际体系中的话语权重。

而一国对另一国家的形象认知，影响本国对他国的政策取向。国家形象的认知是塑造中美关系的关键因素之一，历届美国政府的对华形象观是其对华决策的必要前提和基础。因此，客观真实的了解美国政府对中国国家形象的认知，对于构建良好的中美关系有着积极的意义，也是塑造良好的中国国家形象的应有之义。

全文致力于研究美国政府对中国国家形象的认知，按照这一思路，分为理论、历史、现实、原因、对策五大部分展开论述。

国家形象与国家形象认知有何不同？作者首先对这两个问题进行了理论分析，文章从现实物质主义、建构主义和国际新闻传媒的研究视角，对国家形象的理论进行总结归纳，在此基础上，作者从认知的视角，结合社会认知心理学的一些概念，进一步挖掘国家形象的本质，提出国家形象认知的一家之言。

鉴于传统象征性的国家形象在外交决策中具有延展性，且意象又具有固化性，所以研究新中国成立后美国政府对中国国家形象的认知转换十分必要。第三章按照历史现象的基本线索与各阶段之间的内在联系，将杜鲁门到克林顿的历届美国政府形成的“中国意象”归纳总结为：敌人意象、借助力量意象、敌对意象及非敌非友意象。这些意象的形成，从认知规律、思维定势及历史传统各个方面来讲，对于小布什、奥巴马政府的中国观形成产生了深远的影响。

---

① Joshua Cooper Ramo, “An Image Emergency: The gap between how China sees itself and others see it is wide and dangerous”, *Newsweek International*, September 25, 2006, p. 29.

第四章着重分析小布什政府对中国国家形象的现状认知，小布什政府组阁以来，对中国国家形象的认知发生了三次重大的转变：由上台伊始的“战略竞争对手”——“9·11”事件后的“建设性合作者”——强化中国责任的“利益攸关方”。从中可以看出，随着对中美关系的了解和外交事务的熟悉，小布什政府超越了个人色彩和政党偏好，其中国观也发生了变化，美国政府对华意识的主流朝着务实的方向发生积极的变化。但其对中国国家形象的认知依旧以负面认知居多，本章从经济、政治、军事及国际角色四个层面客观真实地反映小布什政府对现今中国国家形象的认知定位，并逐一分析其认知相符和认知偏差。小布什政府认为，中国是个经济持续增长、拥有巨大潜力的发展中国家，但同时又提出“中国经济威胁论”；中国政治改革取得一些进步，但“集权专制”、“不民主”的社会主义国家仍然是对中国的定位；在军事上中国现阶段不构成现实的威胁，但仍然是“最大的潜在军事竞争者”；将中国国际角色定位为崛起强国和“利益攸关方”，同时又惧怕中国成为霸权挑战者并试图用“中国责任论”捆绑中国，纳入其所主导的国际体系。从以上四个层面可以看出，美国政府对我国形象的认知以负面形象为主导，存在着较为严重的认知偏差。

由于美国政府对我国形象的认知以负面形象为主导，并且存在着较为严重的认知偏差。因此，在第五章主要揭示美国政府形成认知偏差的深层次原因。其认知偏差分为有意认知偏差和无意认知偏差两种。有意认知偏差往往是出于私心，国家为了某一方面特殊的国家利益，总是故意扭曲中国的国家形象。美国对中国形象的有意认知偏差同美国的霸权护持、遏制中国迅速崛起、国内各种政治力量竞争及美国价值观输出有着必然联系。而无意认知偏差是由不自觉的错误形成的固定化认知。美国对中国形象的无意认知偏差与历史经验、文化传统、价值观、心理因素、以及认知建构过程有关。

基于以上形成认知偏差的原因，第六章提出了如何化解美国政府对我认知偏差的对策研究，并提出塑造中国良好国家形象的战略思考：消除美国战略敌意，深化中美战略互信；加强观念和制度的变革，强化我国自身形象的塑造；推进中美文化交流互动，构建中美认知的共有观念；提高新闻传媒的职业水平，争夺国际舆论话语权。此四项战略思考，一方面是尽量化解美国政府对我国形象的误读误判，同时推而广之，也是中国在国际社会上树立良好国家形象的广义思考。

目 录

第一章

绪 论

第一节 问题的提出

一、研究背景与目的

本书确立这一选题，基于三个方面的现实考虑：

（一）国家形象的认知是塑造中美关系的关键因素之一，客观真实地了解美国政府对中国国家形象的认知，对于构建良好的中美关系有着积极的意义

“他者”眼中的国家形象极其重要，因为不同的形象认知影响一国对另一国不同的政策取向。“国家的决策者在形成和调整国家政策特别是国家的外交和防务政策时，是基于他们对相关国家的形象而做出的。尽管他们对该国的形象认知也许不是该国实际情况的真实反映，但在理解政策制定者的决策行为时它们常常是如此重要，以致任何对它们的忽视都会导致政策分析陷入错误的方向。”① 美

① Hongshan Li, *Introduction: Image and perception in U. S. -China Relations*, in *Hongshan i, eds.*, *Image, perception and the Making of U. S. -China Relations*, University Press of America, 1998, p. 1.

国每一届政府如何认知和界定中国形象，是美国决策者制定对华政策的必要前提和基础。戴维·兰普顿强调，要理解冷战后的中美关系，首先就需要了解两个国家是如何理解他们自己，以及他们的当代关系，各自历史。① 因此，准确地了解美国政府对中国国家形象的认知，对于理解不同时期的美国对华政策，且预测其对华策略的发展走向，都具有极为重要的作用。

（二）“政府认知”是美国对中国国家形象认知及其政策制定的主导性因素

美国的认知主体可以包括：美国政府、利益集团、美国媒体及美国民众。本文之所以选择“美国政府”（单指总统及其顾问和具有行政权力的相关部门和主要官员）作为认知主体，是因为主权国家在国际上的发声和形成的影响力，主要通过决策者表现出来的，“决策者的权威性活动，无论其内容和目标是什么，都代表着国家行为。国家行为实际上是那些以国家名义行事的人的行为”。② 决策者根据他们关于现实的意象进行决策，而这种意象是由决策者的认知过程，或者说是由决策者如何认知具体的决策形势来决定的。③ 而其他认知主体虽然对总统的外交决策有牵制作用，但无法取代美国总统及政府在外交领域的前台与中心的地位；而且，“政府认知”引导和规范其他阶层的认知方向，美国政府对中国国家形象的认知是整个美国社会形成和改变“中国观”的风向标。

---

① David M. Lampton, “Same Bed Different Dreams: Managing U. S. -China Relations, 1989 - 2000”, *Foreign Affairs*, 2001 (3 - 4), p. 250.

② Richard C. Snyder. Decision-Making as an Approach to the Study of International Politics, Foreign Policy Decision-Making: An Approach to the Study of International Politics. New York: The Free Press, 1963, pp. 85 - 86.

③ James E. Dougherty and Robert L. Pfaltzgraf, f Jr, *Contending Theories of International Relations: A Comprehensive Survey*, Addison Wesley Longman, 2001, p. 593.

（三）客观分析美国政府及国际社会对中国国家形象产生认知偏差的原因，可以为塑造良好的中国国家形象提供政策咨询

2008 年，境外媒体对“3·14 拉萨事件”的大量负面报道以及奥运火炬在境外传递遭遇抵制，使我们深刻体会到我国国家形象在国际社会遭遇严峻挑战。当前，“中国国家形象已不是简单的‘好’或‘坏’所能涵盖，其最大的问题是，中国人对自己的认知和外国人对它的看法之间存在着巨大鸿沟。在过去 20 多年里，中国经济快速发展，中国人相信强大会让他们获得良好形象，但实际上并非如此。”① 从近年来我国在国际社会所遭遇的种种舆论和责难来看，我国的国家形象的确存在着自我认知与他者认知的巨大反差：美国及国际社会对我国的看法常常是具有落伍的观念、固执的偏见和一味的恐惧；而我国对自己的看法则经常摇摆于自信与不安、谨慎与自大之间。这种反差实质上揭示了在中国崛起给现存国际秩序带来震荡的背景下，中国的大国形象塑造正在经受源自认知惯性、政治文化差异与社会心理失衡等方面的社会性压力。由此，我们必须客观地承认这些认知偏差，并从中理清导致偏差的原因，这样才能有针对性的对自身形象加以构建。

笔者正是基于以上思考逐渐形成本研究课题。

二、选题的意义及价值

本书的研究目的和意义在于梳理总结美国政府对我国建国以来国家形象的认知转换过程，着重分析小布什政府对中国国家形象的认知状况，揭示美国政府对我国形成认知偏差的深层次原因，从而有针对性地提出塑造我国良好形象的战略思考。因而本论文

---

① Joshua Cooper Ramo, “An Image Emergency: The gap between how China sees itself and others see it is wide and dangerous”, *Newsweek International*, September 25, 2006, p. 29.

有着较大的学术价值与应用价值。

（一）学术价值

1. 研究视角的拓展。国家形象的研究近年来在国内外都日益朝纵深推进，研究的视角也在不断更新中。国内外的学者大都从现实物质主义、国际新闻传媒、建构主义和公共关系等视角和路径研究国家形象。而作者在借鉴前人成果的基础上，从认知的视角，运用马克思主义认识论和皮亚杰的发生认识学理论，并结合一些社会认知心理学的相关概念来界定、研究国家形象。本文试图以一种新的视角进一步挖掘国家形象的本质，扩充其理论内涵。

2. 概念界定的创新。近几年，国内学术界主要运用国际传播的理论对国家形象概念进行构建，或运用软权力学说对其进行阐述。笔者力图在前人的基础上有所突破，从认知的视角，结合认知心理学及社会心理学的相关概念，将国家形象认知的内涵归纳为：国家形象具有自我认同和他者认知的差别；国家形象的认知关键在于主体间的文化建构；传统象征性的国家形象在外交决策中具有延展性；“镜像认知”：国家形象判断失误会导致双方关系恶性循环。以上这五点既强化了国家形象的概念界定，也丰富了国家形象认知的理论内涵。

3. 研究思路的延伸。鉴于传统象征性的国家形象在外交决策中具有延展性，且意象又具有固化性，所以第二章主要研究 1949 年后美国政府对中国国家形象的认知转换。按照历史现象的基本线索与各阶段之间的内在联系，将从杜鲁门到克林顿的历届美国政府形成的“中国意象”归纳总结为：敌人意象、借助力量意象、敌对意象及非敌非友意象。在总结美国政府对中国形象形成认知偏差的原因时，笔者将其归为有意认知偏差和无意认知偏差两种。有意认知偏差是国内大部分学者经常提及的，而无意认知偏差往往被忽略。经笔者梳理总结，将美国对中国形象的无意认知偏差归结为与认知规律、历史经验、文化传统以及认知建构过程有关。

其实，无意认知偏差有时比有意认知偏差更具影响力，例如美国政府意象的固化性——“一党专政的共产主义”仍然左右美国人对现今中国的认知。

总的来说，在学术价值方面，笔者希望立足于前人研究的基础上进行再挖掘和再探索，力求在梳理与整合的同时，提出一家之言并做到一定程度的理论创新。

（二）应用价值

本书具有较强的思想性、实践性和政策性。在本书写作过程中，笔者秉持着客观公正的态度，尽量避免主观的感情色彩，从美国政府的认知视角来客观地看待中国的国家形象，将美国政界及国际社会对中国国家形象认知的本来面貌还原给读者，客观真实地反映美国政界的“中国观”；最后一章构建国家形象的战略思考时，笔者也本着实事求是的态度，避免建构我国国家形象的“应然状态”、而是总体突出“实然状态”，对国家形象的构建提出有实效性的战略思考，为中国和平崛起过程中国家形象的构建、安全两难的化解及崛起成本的降低提供有价值的参考。

第二节　学术界研究现状

笔者对国内外的研究现状进行收集整理，在分析研究过程中，笔者发现关于国家形象的研究比比皆是，但是由于分析国家形象的层次和角度不同，导致研究路径各有不同。而专门研究美国政府对中国国家形象认知的成果相对较少，对这一问题的考察可以说尚处于探索阶段。

一、关于国家形象的研究现状

国家形象研究并不是一个全新的课题。国外学者早就展开了对国家形象的应用研究，只是理论上没有得到系统诠释，相关成果散见于各种论述的有关章节，并以与“形象”近似的“声誉”、“威望”之类的语词相替代。早在古希腊时期，历史学家修昔底德就曾描述过国家声望给雅典人与米兰人之间的战争带来的巨大影响。在《二十年危机》中，爱德华·卡尔谈到了国际关系中的道德和舆论因素。“战后现实主义之父”汉斯·摩根索在其巨著《国家间政治——寻求权力与和平的斗争》中指出“国家威望”对国际关系的重要影响。他们的研究更多从实用主义角度出发，关注的还是传统的权力说，将国家形象作为软权力的一个细枝末节来研究。

当前，国内外学者对国家形象的研究已经超越了单纯的国际政治学范畴，更多的是从现实主义、建构主义、国际政治心理学、公共关系、国际传媒等角度进行跨学科探讨，有如下研究路径：

其一，现实主义“软实力”的研究路径。20 世纪 80 年代末，约瑟夫·奈提出“软实力”学说后，国家形象被越来越多的学者纳入研究视域，就连进攻性现实主义的代表约翰·米尔斯海默也给予大力拥护，认为“构建良好的国家形象”就是“赢得民心”，“是相互依存时代重要的国家利益所在”。

其二，建构主义研究路径。肯尼斯·艾瓦特·布尔丁（Kenneth Ewart Boulding）在其研究著作《国家形象和国际体系》（National Images and International Systems）中首开先河地强调了价值体系在国家形象形成中的重要性。他指出人们并不随便地处理信息，而是要经过价值体系的过滤，正因为是在带有意识形态倾向的价值观念下塑造国家形象，即使同一个国家，在不同媒体的“刻刀”

下也会形成截然不同的国家形象。[①] 从肯尼斯的著作中可以看出，由于外界的建构，国家形象在外部世界的展现往往并不等同于国家事实。建构主义理论的出现大大丰富了国家形象问题的研究视角。董青岭借助后现代国际关系理论的理念主义视角，重新审视了国家形象概念的文化内涵，着重分析了国家形象的社会建构过程，揭示了隐藏于国际关系结构深层的文化背景因素与国际权力运作的相互关系。李智的著作《中国国家形象——全球传播时代建构主义的解读》，提出了全球传播时代中国国家形象建构的战略决策要领和策略方法。[②]

其三，国际政治心理学研究视角。20 世纪五六十年代，国家形象的专业化研究方法被集中用于研究冷战期间的美苏关系。后来，研究美苏的相互形象又发展成为研究“敌人形象”的宽广课题。美国学者罗伯特·杰维斯（Robert Jervis）在其著作《国际政治中的知觉与错误知觉》中采用心理学视角，从决策者的心理认知这一微观层次出发，对国家形象形成的根源和不同国家形象对决策产生的影响进行探讨，并通过认知行为来分析国家形象的形成规律，尤其着重分析了错误知觉的形成机制；其在《国际关系中形象的逻辑》(The logic of images in international relations)[③] 中总结出两国关系中存在着敌人形象、盟友形象、依赖形象、屠夫形象和帝国形象五种相互认知。不同的形象认知影响一国对另一国不同的政策取向。

其四，国际传媒的研究视角。第二次世界大战期间，各国政府积极重视“宣传”的理论和技巧，国家形象的塑造是各国对外宣传的重中之重，其研究重点是通过塑造良好国家形象来促使国家

---

① Kenneth Boulding，“National Images and International Systems”，*Journal of Conflict Resolution* ，Vol. 3，No. 2，June，1959.

② 李智：《全球传播时代建构主义的解读》，新华出版社，2011 年版。

③ Robert Jervis，*The logic of images in international relations*，Princeton University Press，1970.

利益实现，最具代表性的例子就是传播学创始人之一哈罗德·德怀特·拉斯韦尔（Harold Dwight Lasswell）在其著作《世界大战中的宣传技巧》中，对一战的宣传进行了深入的分析。与此同时，一些大国如英、德、美等国家争先恐后地成立国际宣传机构，对本国和他国的国家形象进行塑造，使国家形象概念在实践层面更加明确化。“国家形象的概念在西方国家并没有明确提出，因为在实践上早就利用其发达的宣传机器，鼓吹资产阶级的生活方式和价值观，并且也十分讲究宣传技巧，更多地运用心理战术和舆论颠覆手段，搞‘和平演变’。”[①] 当前，国内学术界的主要成果侧重于对本国国家形象象征性的判断和具体国家形象传播策略的研究，并且取得了相当可观的成果。李希光认为，政治传播在国家形象的建构中具有不可替代的重要作用，并对中国被美国妖魔化的背景、动因、手段等作用机制有着深入的剖析。刘继南主编的《镜像中国——世界主流媒体中的中国形象》是通过考察世界主流媒体对中国的报道，并进行定量定性研究，更好的体现出国际社会主要媒体对中国国家形象的认知和构建。张昆的《国家形象传播》则在对外宣传与传播规律的探讨方面提出了如“树立全球传播的新观念”和“建设高信度、高质量的对外传播体系”等观点，对推动中国形象对外宣传和传播的改革提供了学术和理论的支持。[②] 刘明在其著作《当代中国国家形象定位与传播》中探讨了如何准确定位、建构精致化的国家形象，从传播学的角度提出具有建设性的途径与方法。[③] 王义桅、唐小松等致力于美国公共外交对国家形象的影响的研究，在策略上对中国国家形象的构建具有积极的借鉴意义。

① 支庭荣：《国家形象传播——个新课题的凸现》，北京广播学院出版社，2000年版。

② 张昆：《国家形象传播》，复旦大学出版社，2006年版。

③ 刘明：《当代中国国家形象定位与传播》，外交出版社，2007年版。

二、关于美国政府对中国国家形象认知的研究

通过文献检索和资料收集，发现无论是国内还是国外，美国政府对中国国家形象认知的附带研究比较多，但专门和直接的研究则很少。因此，本文的研究所依据的文献资料大多是与此课题间接相关的，例如，美国政府对华政策、美国“精英舆论”[①] 对中国的认知评价以及中国学者从“中国威胁论”中解读美国政府的“中国意象”等，前人的这些研究为本书提供了研究基础和理论素材。

（一）美国政府的对华政策

美国政府对华政策主要体现在官方公布的涉华文件和声明中，例如自2000年以来，美国五角大楼每年都要发表的《中国军力报告》(Annual Report to the Congress on the Military Power of the People's Republic of China)[②]、《四年防务评估报告》（Quadrennial Defense Review Report)、《美国国家安全战略报告》（The National Security Strategy of the United States of American）等。此外，一些重要政府官员在公开场合发表的对华言论也是美国对华政策的具体体现。主要涉及一些能够影响美国外交决策过程最核心的人物，包括总统主要顾问和行政机构任命的主要官员，有副总统、国务卿、总

① “精英舆论”指对中国政治历史文化作过较为深入体察的驻华外交官、学者以及一些“思想库”、基金会和新闻记者所发表的言论和书面报告，他们的言论对美国政府决策及公众的认识产生了极为重要的影响。

② 2001年布什政府以刚上台为由向国会要求免交当年的中国军力报告，所以到目前为止只有2000年、2002年、2003年、2004年、2005年、2006年、2007年、2008年和2009年9个年度报告，2010年的《中国军力报告》改为《中国军事与安全发展报告》（Military and Security Developments Involving the People's Republic of China)。

统国家安全事务助理、国防部长、中央情报局局长、财政部长等主要政府官员。

（二）美国“精英舆论”对中国国家形象的认知和评价

美国政府对中国的各种看法零星地出现在美国精英的一些专著或论文之中。近代以来，对中国形象研究最为著名的美国学者是研究中国问题的开山鼻祖费正清（John King Fairbank）和麻省理工学院的教授哈罗德·伊萨克斯（Harold Isaacs）。费正清从20世纪40年代末开始先后撰写了《认识中国》等多篇有关公众形象与中美关系的文章，成为打破中美关系研究旧框架的突破口。哈罗德·伊萨克斯、赫赛约翰等人对美国人的中国观进行了有深度的研究，而更多的是关于美国人对中国的负面印象的研究，即对所谓“中国威胁论”的渲染。理查德·伯恩斯坦在《即将到来的美中冲突》一书中把中国塑造成美国的最大威胁和敌人；罗斯·芒罗和比尔·格茨则在《中国威胁》一书中认为，通过贸易使中国走上民主化的看法是幼稚的，给予中国最惠国待遇就是绥靖中国，这加剧了中国对美国的威胁。[①]

从20世纪70年代初开始，美国学者以各种不同的方法，从各种不同角度，对中国国家形象的形成、发展、变化及其对于中美关系的影响，进行了更广泛、更深刻的考察，各种研究成果也随之大量涌现。中国问题专家沈大伟、哈里·哈丁、戴维·兰普顿、罗伯特·罗斯等人的有关中美关系的著作提供了不少这方面的素材。[②] 如

---

① 理查德·伯恩斯坦、罗斯·芒罗著：《即将到来的美中冲突》，新华出版社，1997年版；Bill Gertz，*The China Threat. How the People's Republic Targets America. Regnery*，Regnery Publishing Inc，2000.

② 哈里·哈丁：《美中关系的现状和前景》，新华出版社，1993年版；David M. Lampton，*Same Bed Different Dreams：Managing U. S. -China*，1989－2000，University of California Press，2001；罗伯特·罗斯：《风云变幻的美中关系》，中央编译出版社，1998年版。

哈里·哈丁在《美中关系的现状和前景》一书中，提出美国要抛弃以往那种认为中国非敌即友的简单看法，美国应“重新设计”其对华政策。曾因为提出“北京共识”而名声鹊起的美国《时代》周刊高级编辑乔舒亚·库玻·雷默在《淡色中国》提出，“中国形象”难以适应中国现实的变化速度，国际社会对中国的看法常常是落伍的观念、固执的偏见和一味的恐惧。[①] 从中可以看出，这些学者政客对中国的认知也是美国政府认知中的一个缩影。孔华润的研究表明，国家形象和知觉通过在华盛顿和北京“设定政策制订的大背景”与中美关系相联系。[②] 此外，美国人的中国观比较有代表性的，还包括沈大伟的《美丽的帝国主义者：中国认知美国（1972—1990）》，李金全（Chin-ChuanLee）的《中国的媒体，媒体的中国》，李洪山和洪朝晖的《形象、观念和中美关系的缔造》，罗伯特·迈克里兰的《野蛮的中国人：美国人对中国的态度（1890—1905）》，杰里·伊色里尔（Jerry Israel）的《进步主义与门户开放：美国和中国（1905—1921）》，韩特的《缔造特殊关系：1914 年以前的美国与中国》，李纳德·库斯尼兹（Leonard A. Kusnitz）的《公共舆论与对外政策：美国的对华政策（1949—1979）》等。关于美国人的中国观的资料虽多，却与本书的主题并无直接的联系，但这些学者精英的看法为美国政府的中国观形成及变化提供了文化背景和认知基础，因此笔者需要借鉴这些间接材料，从中进行归纳总结。此外，美国的“政治精英”对中国国家形象认知的文章，主要发表于 Foreign Affairs、International Security、Foreign Policy、International Affairs 等主要国际关系杂志上。

---

① 乔舒亚·库珀·雷默等：《中国形象——外国学者眼里的中国》，社会科学文献出版社，2006 年版。

② Warren I. Cohen, “*American Perception of China*”, in Michel Oksenberg and Robert B. Oxnam eds., Dragon and Eagle: United States-China Relations, Past and Future, Basic Books, 1973, p. 67.

（三）中国学者从“中国威胁论”中解读美国政府的“中国意象”

当前国内学术界对美国政府的中国观、其中国观对对华政策制定的影响等相关研究非常少，更是罕有直接研究美国政府对中国国家形象的认知，或从认知视角来解读中美关系及美国对华决策的专著和论文。但研究美国官方或民间怎样形成“中国威胁论”的文献资料很多，其中有一些研究成果涉及到美国政府对中国的形象认知，以下就搜集到的有关联性的专著和文章作一综述。

随着中国不断的崛起，美国政府越来越关注“中国崛起”的问题，与之相伴的是负面认知，即“中国威胁论”。中国学者从此视野驳斥美国政府对中国发展的错误评估。袁明的《冷战后美国对华政策探源——兼论美国“战略精英”和中美关系》文章，主要是基于“形象描绘层面”上的中国威胁，对美国“战略精英”对中美关系的一些思考进行了概括。胡键在《美国意象中的中国国际角色》中提到美国对中国的国际角色存在错误的认知与“美国意象”直接相关，而“美国意象”又基于“美国例外论”为基本传统的意识形态。陈宗权在《布什政府眼中的中国形象》总结了布什政府眼中的中国的基本形象，提出其对华认知具有两重性，并由此影响布什政府的对华政策。朱锋教授在《“中国崛起”与“中国威胁”——美国“意象”的由来》中提到，“中国威胁意象”既与美国在国际体系中的独特地位有关，也同美国所坚持的“价值、利益和政治”所驱动的政策相关。王立新教授指出美国一直把中国想象成为与自己形象相对照的“他者”，他提出美国应放弃在自己的观念和利益框架内理解和想象中国，应真切地了解和体会中国，使中美关系稳定发展具备健康的情感基础。刘卫东则用学习进化理论试图解释美国的中国负面观念的由来。①

因此，总的来说，目前国内外从美国人的“中国观”、美国政府对华政策、中国崛起或“中国威胁论”等领域进行研究的成果都很多，但专门研究美国政府对中国国家形象认知的成果相对较少，对这一问题的考察可以说尚处于探索阶段，值得进行深入的研究。

第三节 研究范畴与基本结构

一、研究范畴

（一）认知主体的界定

本书的认知主体是作为整体的美国政府。美国政府对中国国家形象的认知不能看成是由个人认知简单地堆砌而成。作为一个完整组织体系的政府所表现出来的各种认知具有其内在的统一的、集体的、共同的主流观念，决策者圈内的某些人事变动和意见分歧不改变它们的根本内容和支配作用。因此，认知主体不是指单一的某个人，而是作为整体的美国政府。此外，“美国政府”有狭义和广义之分。美国人说的“政府”（government）指的是“整个政体，包括行政、立法和司法部门。按照美国人的设想，政府三大部门（branches）是有意识地分立的，每个部门与其他部门相互

① 袁明：《冷战后美国对华政策探源——兼论美国“战略精英”和中美关系》，《美国研究》，1998 年第 2 期；胡键：《美国意象中的中国国际角色》，《国际论坛》，2007 第 3 期；陈宗权：《布什政府眼中的中国形象》，《国际论坛》，2007 年第 5 期；朱锋：《“中国崛起”与“中国威胁”——美国“意象”的由来》，《美国研究》，2005 年第 3 期；王立新：《在龙的映衬下：对中国的想象与美国国家身份的建构》，《中国社会科学》，2008 年第 3 期；刘卫东：《解读负面观念的由来：用学习进化理论解释美国的中国观》，《世界经济与政治》，2003 年第 3 期。

制衡”。[1] 而本书中的“政府”是指“狭义政府”，单指总统和对外决策的最重要部门（国家安全委员会、国务院、国防部、商务部和中央情报局等），以及能够影响美国外交决策过程最核心的人物，包括总统主要顾问和行政机构任命的主要官员（副总统、国务卿、国防部长、财政部长、中央情报局局长、总统国家安全事务助理等）；另外，还包括能够给政府决策提供政策建议的一些政治精英（political elite）[2]，尤指学术界的精英人物。而其他部门和人员，如国会、利益集团、舆论界和普通民众，只是边缘性的“外围”机构与人物，他们虽然对总统的外交决策有牵制和影响，但无论如何也无法替代总统出任外交第一主角，无法取代美国总统及政府在外交领域的前台与中心的地位。

（二）认知客体的界定（国家形象研究范围的界定）

当下，国内外学者对“国家形象”的研究有“泛化”的趋势：大至决策者的施政决策和国家的整体形象，小至普通民众的日常行为和极具特色的地区形象等，凡此种种都被纳入国家形象的研究范畴。而研究范围广泛必然导致议题数量增多，会影响问题探讨的深度。因此，本书将宏观意义上的“国家”（中国）作为形象认知的对象，形象认知范围只是涉及国家决策的一些较大议题，如政治形象、经济形象、军事形象及国际角色等。

二、基本结构

本书包括绪论、六章与结论八个部分，分析逻辑思路如下：

---

① ［美］沃尔特·克拉维茨：《国会的运转》，《交流》，1993 年第 1 期。

② 政治精英，在政治学中指政治权力的掌握者和使用者。是在政府、学术界、商业和劳工界、煤炭、宗教机构、利益集团以及非政府性外交政策组织中处于领袖地位的人，他们积极参与并影响美国的政府决策。

第一章 绪论 主要阐述本书的研究背景、选题意义、国内外对此论题的研究现状，以及本书的框架结构、分析模式及研究方法。

第二章 国家形象的理论概述 本章从现实物质主义、建构主义和国际新闻传媒的研究视角，对国家形象的理论进行总结归纳，对国家形象的概念重新加以划分和界定。在此基础上，笔者试图运用马克思主义能动认识论和皮亚杰的发生认识学，结合社会心理学的一些概念，从认知的视角，建构出国家形象认知的理论：国家形象具有自我认同和他者认知的差别；国家形象由物质实力与政治声誉共同构成；国家形象的认知关键在于主体间的文化建构；传统象征性的国家形象在外交决策中具有延展性；“镜像”认知——国家形象判断失误导致双方关系恶性循环。作者试图通过提出国家形象内涵认知的一家之言，进一步挖掘国家形象的本质，扩充其理论内涵。

第三章 美国政府的“中国意象”转换（1949—2001） 鉴于传统象征性的国家形象在外交决策中具有延展性，且意象又具有固化性，所以研究美国政府对我建国后国家形象的认知转换十分必要。本章按照历史现象的基本线索与各阶段之间的内在联系，将从杜鲁门到克林顿的历届美国政府形成的“中国意象”归纳总结为：敌人意象、借助力量意象、敌对意象及非敌非友意象。基于美国全球战略利益的权衡、意识形态和情绪的驱使及中国国内的政策调整等因素使美国政府的“中国意象”发生相应的转变。这些意象的形成，从认知规律、思维定势及历史传统等方面来讲，对于小布什政府的中国观的形成产生了深远的影响。

第四章 小布什政府对中国国家形象的认知 本章从经济、政治、军事及国际角色四个层面客观地反映小布什政府对中国国家形象的认知定位，并逐一分析其认知相符和认知偏差。小布什政府认为，中国是个经济持续增长、拥有巨大潜力的发展中国家，且中国的经济发展是美国的机遇，但同时提出“中国经济威胁论”；中国政治改革取得一些进步，但“集权专制”、“不民主”的社会主义国家仍然是其对中国的定位；在军事上，视中国为近期内不构成威胁的地区力量，长远来看却是“最大的潜在军事竞争者”；将中国国际角色定位为崛起强国和“利益攸关者”，同时又惧怕中国成为霸权挑战者并试图用“中国责任论”捆绑中国，纳入其所主导的国际体系。小布什政府组阁以来，对中国国家形象的认知发生了三次重大的转变：由上台伊始的“战略竞争对手”——“9·11”事件后的“建设性合作者”——强化中国责任的“利益攸关方”。从中可以看出，随着中国在国际上的影响力不断增强，以及小布什政府对中美关系的了解和外交事务的熟悉，美国政府超越了个人色彩和政党偏好，其中国观也发生了相应的变化，美国社会对华意识的主流朝着务实的方向发生积极的变化。但其对中国国家形象的认知依旧以负面认知居多，仍然存在较为严重的认知偏差。

第五章　奥巴马政府对中国国家形象的认知　本章从三个视角分析奥巴马政府第一个任期内对中国国家形象的认知。奥巴马上台后，将中美关系刻画为“合作与竞争”关系——一方面美中应扩展和深化合作领域，另一方面美国要增强与中国的竞争能力。竞争方面主要体现在“中美战略冲突论”、“对台湾问题的认知”和“网络威胁论”等三个方面。中美战略冲突论，在全球层面体现为崛起的中国对美国霸权形成冲击，在地区层面反映出美对“亚洲权力正在加速向中国转移”倍感焦虑，美国战略重心东移；美国对台湾问题的认知是从四个方面阐述的：两岸关系进一步缓和、台海两岸军力对比进一步向大陆倾斜、对台军售问题和涉台政策的三种主张；“网络威胁论”主要涉及中美网络空间治理权之争、中美网络安全战略博弈和中美网络空间技术优势的夺取三个层次。四年的执政事实表明，奥巴马政府将中国认定为美国的首要战略对手，处理对华关系的核心关切是确保美国的竞争优势，维护美国的关键利益。这样的“中国观”不仅不大可能在今后四年有什么调整和变化，而且必将随着中美实力差距的缩小变得更加鲜明。

第六章　美国政府形成认知偏差的原因探析　基于美国政府对中国的认知偏差颇多，此章进一步揭示其形成认知偏差的深层次原因。认知偏差分为有意认知偏差和无意认知偏差两种。有意认知偏差往往是出于私心，国家为了某一方面特殊的国家利益，故意扭曲中国的国家形象。美国对中国形象的有意认知偏差同美国霸权护持、遏制中国迅速崛起、国内各种政治力量竞争及美国价值观输出有着必然联系。而无意认知偏差是由不自觉的错误或非主观性因素形成的固定化认知。美国对中国形象的无意认知偏差与认知规律、文化传统、历史经验、心理因素、以及认知建构过程有关。从“中国意象”的固化性及历史传统意象的延展性可以看出，认知规律导致认知偏差具有持久性；美国文化的傲慢与优越感导致对中国文化的偏见、处于两种不同文化背景下中美对相同的事情形成不同的认知结果，这两种偏差都不是美国政府出于私心刻意而为，而是由于文化的差异导致认知的偏差；信息源的片面或不属实会导致原有的认知偏离正确的方向、决策者认知的局限性也会导致认知的建构过程出现偏差，这些都属于无意认知偏差范畴。

第七章　化解认知偏差的战略思考——兼论中国国家形象的塑造　本章提出了如何化解美国政府对我国认知偏差的对策，并提出塑造我国良好国家形象的战略思考：首先，要消除美国的战略敌意，深化中美战略互信。这包括建立健全战略互信机制，搭建双方互信平台；认清美国不同利益集团的需求，克服特殊利益集团的牵制；努力探索中美合作的广阔空间，以具体的合作增进互信。其次，要加强观念和制度的变革，强化我国自身形象的塑造。这体现在不断深化体制改革，减少美对我的制度性认知偏差；加强公共危机管理中的国家形象修复，重铸公信力。再次，要推进中美文化交流互动，构建中美认知的共有观念，具体的做法为打造中国“和合”文化品牌，奠定美国对中国认知的文化底蕴，以及通过大型文化项目的近距离交流，减少中美之间的“理解逆差”。最后，要提高新闻传媒的职业水平，争夺国际舆论话语权。最根本的是要改变中国媒体国际传播的竞争劣势，培养具有国际影响力的传媒航母；最关键的是转变新闻媒体的传播理念，适应国际传播的游戏规则。此四项战略思考，一方面是尽量化解美国政府对我形象的误读误判，同时推而广之，也是中国在国际社会上树立良好国家形象的广义思考。

结论　笔者对本书进行了梳理总结，并提出研究展望，列出今后将进一步深入研究的论题：1. 把社会认知心理学和国际政治心理学的相关理论融入国家形象认知的理论分析中，进行跨学科的边缘研究；2. 提炼形象认知与决策之间的规律性，例如国家形象认知如何影响对外决策、美国政府对华认知在其对华决策中的地位和作用等；3. 对华认知偏差的原因有待进一步探析；4. 美国政府对华的形象认知需要进一步跟进。

三、分析框架

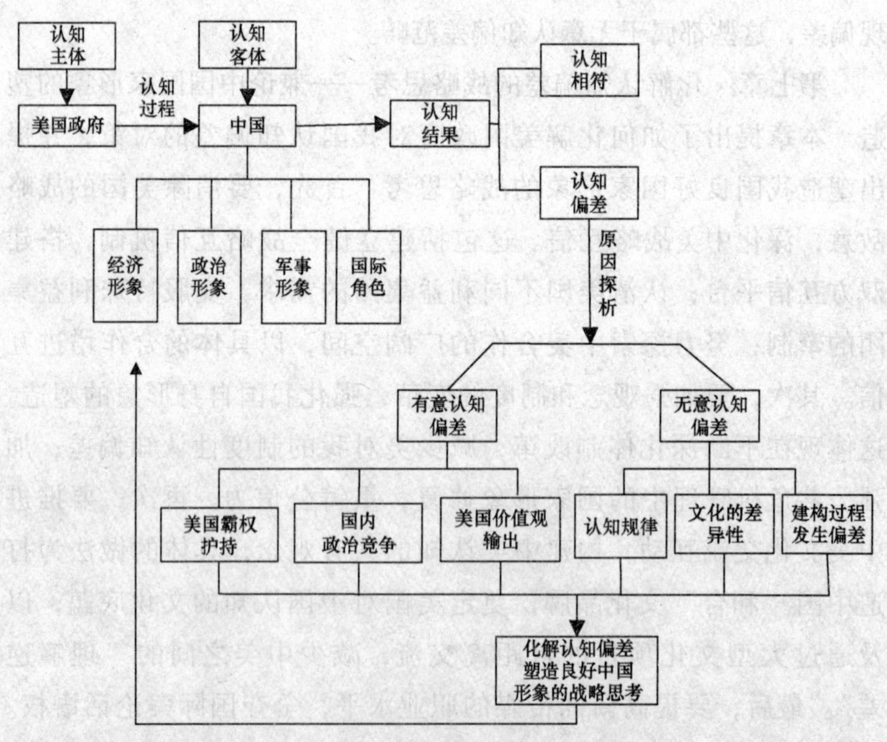

图1　美国政府对中国国家形象认知的分析构架

四、研究方法

本书以马克思主义理论为指导，遵循科学研究的基本程序，主要采用以下两种研究方法：

（一）马克思主义认识论与皮亚杰发生认识论

认知主体和客体之间并不是简单机械的反映和被反映的关系。无论是马克思主义的能动反映论，还是皮亚杰的发生认识论，都认为在认识的结构中和认识的过程中，作为认识客体的对象也会对主体产生反作用。马克思主义认识论认为，认识的结果是主体对客体的能动的建构过程，由于会受到各种认识中介因素的干扰，认识具有反复性和无限性，认识会具有偏差。本书运用马克思主义认识论以及皮亚杰发生认识论，并结合一些社会心理学的概念，从认知的角度把美国政府对中国国家形象的认知进行深入的研究和分析。

（二）历史与逻辑相统一的方法

研究美国政府的“中国意象”转换必须遵循历史的顺序。同时，现今美国政府形成的认知偏差与历史上形成的“中国意象”有直接逻辑关系，把握历史现象的基本线索与各阶段之间的内在联系，以此来分析现在，并用当前的对华形象认知和决策行为的规律推测其未来的走势。

第二章

国家形象的理论概述

第一节 国家形象的概念梳理

对于国家形象的概念，国内外学者曾经提出过诸多定义，由于研究视角不同、侧重点不同，对于国家形象的界定也不尽相同。

一、现实物质主义研究路径

国外现实主义学者很早就展开对国家形象的应用研究，只是理论上没有得到系统的诠释，而且早期相关研究大都表述为“国家声誉”、“国家威望”、“国家荣誉”等。早在古希腊时期，历史学家修昔底德曾指出国家声望给雅典与米兰之间的战争带来了深远的影响。他认为，国家和个人一样，对安全、荣誉和私利的追求是它的本性。[①] 爱德华·卡尔在其名作《二十年危机》中关注了国际关系中的道德和舆论因素。汉斯·摩根索在《国家间政治》中提到，国家追求权力的政策分为三种类型，即维持现状的政策、帝国主义的政策和追求国家威望的政策。吉尔平则认为：“威望就

① 修昔底德：《伯罗奔尼撒战争史》，商务印书馆，1985 年版。

是实力的声望，尤其是军事实力的声望。可是，实力是指一个国家的经济、军事以及与此相关方面的能力，而威望主要是指其他国家对一个国家行使其权力的潜力、能力和意愿的看法和认识。”① 约瑟夫·奈的软实力学说中的国家声誉也涉及到国家形象的塑造问题。他们的研究更多从实用主义角度出发，关注的还是传统的物质实力，把国家形象作为软实力的一个细枝末节来研究。在相当长的历史时期内，国家形象并未当作一个明确的概念提出，更多的是作为政治学研究或军事学研究的一个附属，为建立政治和军事合法性而服务。

国内学术界从现实物质主义的角度对国家形象界定各有侧重。许多学者从国际或世界的角度去理解这个概念。杨伟芬认为国家形象是“国际社会公众对一国相对稳定的总体评价”。② 门洪华教授认为，国际形象是一个国家在国际间的政治、经济、文化、军事、科技等诸方面相互交往过程中给其他国家及其公众留下的综合印象。③ 这一定义基本体现了国家形象的大部分特征，比较偏重于国家形象的物质层次。更多的学者除了引出国际、国内视角的问题之外，还提示了国家形象的具体指称对象以及国家形象的具体内容的问题。管文虎教授指出：“国家形象是一个综合体，是国家外部公众和内部公众对国家本身、国家行为、国家的各项活动及其成果所给予的总的评价和认定。”④

从以上的界定我们可以看出，现实主义从物质主义角度出发，认为国家形象的基本事实源于一国经济实力、军事实力、传媒实

① 罗伯特·吉尔平：《世界政治中的战争与变革》，宋新宁、杜建平译，上海人民出版社，2007年版，第37页。

② 杨伟芬：《渗透与互动——广播电视与国际关系》，北京广播学院出版社，2000年版，第25页。

③ 门洪华：《压力、认知与国际形象——关于中国参与国际制度战略的历史解释》，《世界经济与政治》，2005年，第4期，第17—22页。

④ 管文虎：《国家形象论》，电子科技大学出版社，2000年版，第23页。

力等客观物质现实而非主体间的社会建构。由此，现实主义者在逻辑上会陷入这样一种假象：国家的物质性实力越强，国家形象就越高大。2008 年拉萨“3·14 事件”后，西方媒体清一色地对中国形象进行负面报道，这也让我们清醒地认识到：经济实力的增长并不代表国家形象一定趋于良好，中国经济在世界经济中占有很大的分量，但中国的声音和文化影响力却没有相应的地位。由此证实，一个国家的物质形象是衡量其国家形象的基石，但国家形象不仅包括对物质性实力的反应和评价，还包括这个国家在国际社会印象中的基本精神面貌与道义形象。因此，国家形象中的道义形象及政治声誉也应扩展到国家形象的内涵中去。

二、建构主义的分析视角

20 世纪以来，国际关系中国家形象的研究主要应用于研究冷战期间的美苏关系。后来，研究美苏的相互形象又发展成为研究“敌人形象”广泛研究。例如，20 世纪 50 年代和 60 年代，在为赢得世界人心和思想斗争的意识形态内容中，有些政治学家对国家共同体如何想象对方（并对其他国家如何看待本国的形象）的问题非常感兴趣。哈罗德·伊萨克斯（Harold Issacs）关于美国对中国和印度的形象认知，是冷战意识形态竞争中另一项独具见解的建构主义研究。[①]

肯尼斯·布尔丁在其首开先河的研究著作《国家形象和国际体系》中强调了价值体系在国家形象形成中的重要性。他还指出人们并不随便地处理信息，而是要经过价值体系的过滤。正因为是在带有意识形态倾向的价值观念下塑造国家形象，即使同一个国家，在不同媒体的“刻刀”下也会形成截然不同的国际形象。

---

① ［美］伊多·奥伦：《美国和美国的敌人》，唐小松、王义桅译，上海人民出版社，2004 年版，第 25 页。

所谓大众传播的手段对国家形象有积极的正面作用和消极的负面作用，也正源于此。布尔丁进一步认为，象征性的国家形象在国际关系中具有重大意义，国家相互持有的象征性形象导致了军备竞赛的灾难性现象。为此，他呼吁加强对此问题的研究。他还认为，社会充满各种政治角色的形象，这些形象经常被接收到的讯息所改变或巩固。政治形象不仅包括角色期望的具体形象，而且还包括机构的象征性形象。这些象征性形象在国际关系中尤为重要，因为一国的形象可以促使他国的外交政策的制定。他还指出，过去的形象会影响现在和将来的形象。[①]

继肯尼斯·布尔丁之后，尤里·布罗芬布伦讷（Uri Brofenbrenner）和罗伯特·杰维斯从建构主义的视角对形象问题进行了深入研究。尔后国家形象研究被广泛应用于理解外交政策的制定过程。起初，研究的焦点是确定形象的价值和构成要素。根据布尔丁的观点，“正是我们所想象的世界而不是真实的世界决定了我们的行为。”[②] 无数的研究试图应用这一视角解释冲突问题，因而产生了大量“敌人形象”研究。而近些年，随着政治心理学在西方学界的崛起，西方学者拓展了形象研究的范围，罗伯特·杰维斯认为，对他国国家形象的知觉对领导人制定对外战略起着重要的影响，“在国际行为体双方均不希望发生冲突的情境中会发生冲突和斗争，甚至走向战争，其原因之一在于决策者的错误知觉。对信息的错误解读导致对情势的误判，最终导致非本意结果。”

随着建构主义在国内的不断兴起，国内许多学者以此为研究视角对国家形象进行理论阐述。汤光鸿教授指出：“国家形象由外部行为集体建构。”[③] 董青岭认为，国家形象并非指涉国家的客观物

① Kenneth Boulding, “National Images and International Systems”, *Journal of Conflict Resolution*, Vol. 3, No. 2, June, 1959, pp. 120 – 131.

② Kenneth Boulding, “National Images and International Systems”, *Journal of Conflict Resolution*, Vol. 3, No. 2, June, 1959, p. 423.

③ 汤光鸿：《论国家形象》，《国际问题研究》2004年第4期，第19页。

质特征，而是国家间交往互动的实践产物，是一国的客观状况在外部他者文化语境中的图景再现，它所描述的是国际关系中“他是谁”的问题，通过确定“他是谁”，也就相应的确定了“我是谁”，即自我的身份和利益，其实质反映了国际关系中自我与他者之间的相互身份认同关系，也渗透了评价主体对于评价客体的道德情感和价值判断。国家形象是一个主体间概念，反映了国家间的相互建构关系。也就是说，国家形象并不是自生的和先验的，而是由国家间的交往互动实践建构的，它只存在于一定的意义符号系统之内。① 邓超指出：“国家形象，是指在国际体系中一国与他国（或国家集团）的交往互动使得他国（或国家集团）及其公众形成的关于该国的观念、印象与评价。”他指出，国家形象具有建构性。不同的国际体系结构会建构同一国家的不同国家形象。他同时认为国家形象具有主体间性。国家形象是一国与别国之间相互承认、相互沟通、相互影响的结果，是主体间最终共同接受的东西。可以看出，建构主义理论的出现扩展了国家形象的研究视角，大大充实了其理论内涵。但以建构主义理论研究国家形象，就会过分倾向于强调文化、价值观、意识形态对国家形象所具有的决定性作用。

三、国际新闻传媒的研究视角

媒体在国家形象的塑造过程中究竟有多大的作用？摩根索曾经指出继政治交涉和武力交涉之后，对外宣传这种心理战成为各国实现外交战略的第三条途径。② 当今时代，美国等西方国家非常善于用传媒包装自己，以此来塑造良好的国家形象。美国学者埃博

① 董青岭：《国家形象与国际交往刍议》，《国际政治研究》，2006 年第 3 期，第 56 页。

② Hans J. Morgenthau, *Politics among Nations: The Struggle for Power and Peace* (6th edition). Alfred A. Knop, f Inc., 1985, p. 353.

（Bosah Ebo）提出的“媒体外交”（media diplomacy），对我们运用国际传媒塑造国家形象提供了有益的启迪。埃博认为，虽然各国外交政策的首要目标依然是追求本国的国家利益，但所采取的策略已经改变。随着信息时代的到来，大众媒体成为世界各国人民获取信息的关键渠道，并因此在国际关系中扮演重要角色。能否有效利用大众媒体塑造有利的国际形象，已成为左右国际外交局势的重要变数。因此，埃博认为，“在信息技术上占据优势的国家将对全球信息流向并进而对其国际形象的塑造产生更大的影响。”①

较早关注国家形象的国内学者大都来自新闻传播学界，所以对国家形象问题的早期研究大多是从新闻传播学特别是从国际传播（或对外传播、跨文化传播）的角度进行研究。② 中国新闻学院徐小鸽教授认为：“国家形象是一个国家在国际新闻流动中所形成的形象，或者说是一国在他国新闻媒介的新闻言论报道中所呈现的形象。”③ 李寿源认为，国家形象是“一个主权国家和民族在世界舞台上所展示的形状相貌及国际环境中的舆论反映”。④ 张毓强认为，国家形象是“一个主权国家系统运动过程中发出的信息被公

---

① Bosah Ebo, “Media Diplomacy and Foreign Policy: Toward a Theoretical Framework”, in Abbas Malek, ed., *News Media and Foreign Relations: A Multifaceted Perspective Norwood*, Ablex Publishing Corporation, 1997, p. 44.

② 参见李希光：《中国有多坏》，江苏人民出版社，1998年；王希：《有关中国国家形象的思考》，《国际新闻界》，2000年第1期；刘小燕：《关于传媒塑造国家形象的思考》，《国际新闻界》，2002年第2期；龚文庠：《从形象说起——关于“对外宣传的对话”》，载《全球化与大众传媒》，清华大学出版社，2002年版；郭可：《当代对外传播》，复旦大学出版社，2003年版。

③ 徐小鸽，《国际新闻传播中的国家形象问题》，载刘继南主编：《国际传播——现代传播论文集》，北京广播学院出版社，2000年版，第27页。

④ 李寿源：《国际关系与中国外交》，北京广播学院出版社，1999年版，第305页。

众映像后在特定条件下通过特定媒介的输出”。[①] 刘继楠等将国家形象界定为“在物质本源基础之上，人们经由各种媒介，对某一国家产生的兼具客观性和主观性的总体感知”。[②] 以上定义从国际舆论的角度揭示了国家形象概念的内涵，肯定了新闻媒体对国家形象的塑造功能，但将国家形象束缚于传媒舆论中，忽视了构成国家形象的其他复杂因素，没有深刻揭示形成国家形象的本质所在。

第二节　国家形象的认知[③]

上一节笔者从现实物质主义、建构主义以及国际新闻传媒的视角对国家形象的理论内涵进行梳理和总结。可以看出，现实主义更侧重于国家形象的物质主义解释，突出强调客观物质条件对国家形象形成的决定性影响，而对非物质性因素关注甚少；运用建构主义理论研究国家形象，倾向于强调文化、价值观及意识形态等对国家形象产生的重要作用；从新闻传媒的角度分析国家形象，会将国家形象的内涵简单束缚于传媒舆论中，忽视了构成国家形象的其他复杂因素。因而，无论是偏向于物质一方的现实主义还是偏向于建构一方的建构主义，亦或是偏向于新闻传媒界定国家形象，都不能对国家形象这个现实性、理论性问题作出全面正确的解释。本节笔者试图在前人所开创的研究基础上进行一种尝试性的探讨，运用马克思主义认识论以及皮亚杰发生认识论，从认

① 张毓强：《国家形象刍议》，《现代传播》，2002 年第 2 期，第 30 页。

② 刘继南、何辉等：《中国形象——中国国家形象的国际传播现状与对策》，中国传媒大学出版社，2006 年版。

③ 本节内容节选于杜雁芸：《国家形象的内涵及中国国家形象塑造》，《南京政治学院学报》，2008 年第 4 期，第 60 页。

知的角度，借鉴社会心理学和认知心理学的相关概念，对国家形象的内涵进行深入分析，使其概念诠释更加合理完善，进一步揭示国家形象的本质。

一、国家形象由物质实力与政治声誉共同构成

如何定义国家形象，人们习惯于用进步与落后、文明与愚昧、发达与贫穷、强大与弱小、繁荣与凋敝等对立的状态来描述一国的形象特征，倾向于将形象理解为“国家形象是一个综合体，是国家外部公众和内部公众对国家本身、国家行为、国家的各项活动及其成果所给予的总的评价和认定”[①]。它深刻揭示了国家形象赖以承载的物质基础，它隐喻国家形象主要是对一国的军事、经济、科技等物质性实力的反映和评价，认为国家形象的意义主要体现在这些方面的进步程度上，在逻辑上陷入了这样一种假象：国家的物质性实力越强，国家形象就越高大。此种界定忽视了国家形象中蕴涵着的精神层面的形象。毋庸置疑，一个国家的物质形象是衡量其国家形象的基石，但其国家形象不仅包括其物质性实力的反映和评价，还包括这个国家在国际社会印象中的基本精神面貌与政治声誉（Political Prestige）。当代西方学者汉斯·摩根索（Hans J. Morgenthau）把外交政策分为三类，其一为维持现状的政策，即保持权力；其二为帝国主义政策，即增加权力；其三为追求威望的政策，即表现权力。摩根索也认为，国家和个人一样本能地追求威望，它总是“向其他国家炫耀自己实际拥有、相信自己拥有、或希望其他国家相信它拥有的权力”。[②] 也就是说，一个国家向他国展示自己威武的形象，并非为了获得某种具体的

① 管文虎：《国家形象论》，电子科技大学出版社，2000 版，第 23 页。

② ［美］汉斯·摩根索：《国家间政治—寻求权力与和平的斗争》，中国人民公安大学出版社，1990 年版，第 63—65 页。

实际利益，而是追求这种形象为它带来的精神上的满足或自豪感。

长期以来，国家对国家形象的理解和重视都放在用军事和政治展示自己的硬实力和“硬形象”上。冷战后，出于对战争残酷的反思、对军事对垒的厌倦，以及全球化的深入发展和初露倪端的全球信息化，使构建怎样的国家形象才最有利于国家发展的问题，逐渐被越来越多的国家所重视。国际社会在反思采用暴力手段追逐权力给人类带来伤害的同时，已经开始追求一种合乎人性表达的国家形象形式——一个强大且和善、一个强盛但睦邻友好、一个维护国家利益同时兼顾国际社会利益的国家，这就是我们经常倡导的“大国形象”。这也是当前国际社会中一个大国应该具有的良好精神面貌与政治声誉，即本国的道义形象。一个国家具有超强的物质实力，并不等于它具有良好政治声誉和被国际社会认可的“大国形象”。大国形象是构成大国软实力的重要方面。一个大国，必须力求保持良好的国际形象，才能营造有利于国家发展的国际空间，更大限度地维护国家利益。否则，就会在国际社会互动中失去影响力，其“软实力”会急剧下降。美国是当今一超独霸的大国，但其全球影响力由于先发制人和滥用武力而不断下降，其离标准的“大国形象”还有差距。因此，国家形象具有物质实力与政治声誉共同构成的同一性，不能将其割裂开。

二、国家形象具有自我认同和他者认知的差别

国家形象具有三种维度：一是国家客观真实的面貌，即国家形象的“源像”；二是本国系统中国家统治者或其公众力图树立的形象，即对自身形象的自我认同；三是国际社会信息传输和其他国家映像中所描述的一国的形象，即他者对自身形象的认知。而后两者为了争取在受众中的合法化而展开博弈，这一博弈过程的结果无非是两种：一是大体趋于一致；二是大相径庭。一国在国际社会上的整体形象就是这种博弈的结果。

形象是主观反映客观的结果，人们对事物的判断并不完全等同于事物自身的属性，并不是照相似地反映事物的本来面目，这种反映有可能与客体本来的面貌有所出入或相去甚远，所以，国际形象绝非国家状况的客观再现。一国的国家形象从根本上取决于这个国家的综合国力与社会进步状况，但并不简单地等同于国家的实际状况。这不仅因为“被认知国”自身某些方面的缺陷和不足有可能使国际社会的“认知者”产生以偏概全的认识，还因为“认知者”在认知过程中还要受到诸如文化背景、价值观念和政治观点等因素的干扰和制约，从而导致认知偏差。一国的内部公众与外部公众都存在很大差异，这就必然导致他们对同一个国家的形象得出大不相同的评价。例如，中国近几年提出和平崛起的发展战略引起了西方国家和周边国家的猜忌和误解。为什么具有13亿人口、还处于发展初级阶段的中国会被其他国家认为是威胁呢？这主要是中国自身形象塑造的努力和外部的理解构成了认识上的差距。因此，一国国家形象的自我认同和他者的认知往往是不一致的。

三、国家形象的认知关键在于主体间的文化建构

在特定的国际体系中，各国的国家形象不是国家所固有的，也不是由国家自身所宣示的，是在国与国长期的互动过程中由文化建构而成并在互动中不断改变的。国家形象虽然有其内在的本体依靠，即它是国家自身行为特点的反映，但是国家形象的形成必须经过与国际体系中其他行为体长期的、持续的互动。因为只有在长期的动态互动中，行为体过去、甚至现在的行为才能在国际社会中形成其独特的国家形象，并作为今后其他国家处理与该国事务的参考因素。当国家间的互动实践发生改变的时候，由其所

建构的国际体系文化也会发生改变，各国的身份认同随之调适，国家之间的相互形象建构最终也会发生改变。

一国在国际社会中的国家形象并必须得到国际社会中他者的认可和承认，而这种认可和承认又深深植根于认知主体所置身其中的文化知识结构或曰共享的意义符号系统。面对同一国家的客观现实，不同的文化意义系统会描述出不同的国家形象。美国在阿拉伯世界中的形象会截然不同于英法等国的描述。换言之，社会公众对一国形象的评价受其头脑中固有知识积淀的影响，而这种知识积淀则源于历史上和现实中国家间的互动实践过程。例如，中国人普遍认为日本历史上犯有“不可饶恕”的过错，而这个国家连承认错误的勇气都没有，因此认为国际社会会与中国有同样的“是非观”而不喜欢日本，殊不知日本的国家形象稳固地排在世界前列。这对我们的启示是，中国人有历史，所以讲历史、重视历史，但世界上很多国家的历史不过一两百年，因此总体而言，“国际关系是很健忘的”，国际社会更多关注国家现在在做什么，而不是历史上做过什么。因此，国家形象概念是一个主体间概念，反映了国家间的相互建构关系。从本质上讲，国家形象不是由国家自生的，而是由国家间的互动过程建构的，它只存在于一定的文化意义系统之中。

四、传统象征性的国家形象在外交决策中具有延展性

罗伯特·杰维斯强调，历史对于一个国家的自我形象有重要的影响。资深中国问题专家迈克尔·斯温则认为，中国传统的自我形象和国家角色——一个在近代史上饱受西方列强屈辱的国家，在中华人民共和国建立以来、甚至到中国实行改革开放政策后很长一段时间的外交政策上打下了深刻的烙印。当形象和知觉通过历

史教训而被制度化在政府官僚中，即在政府官僚中形成对历史教训的看法时，这些历史教训可能形成设计未来计划的基础，造成看待事件的首选框架。在这方面，对于美国来说，最严重的历史教训是20世纪30年代英法姑息希特勒扩张行为的绥靖政策，它最终不仅未能阻止反而助长了德国的扩张野心，这一历史教训成为美国决策者处理几乎所有重大危机时的借鉴，包括冷战中20世纪50年代初的朝鲜危机、60年代的越南危机（那时美国决策者最担心的就是对共产党国家在局部地区胜利的容忍会因“多米诺骨牌效应”而导致共产主义的全面胜利）、1991年的第一次海湾危机以及“9·11”之后的恐怖主义危机。

同时，一国在外界形成一种传统的象征性形象，这种象征性形象又极大地影响他国对本国的外交决策。近半个世纪以来，“社会主义中国”或者“共产主义中国”就是中国的象征性国家形象，此种象征性的中国国家形象是西方中国形象的主体，在西方国家中留有深刻的烙印。由此，以美国为首的西方国家在冷战后对中国的外交政策制定中仍带有此种意识形态和价值理念的色彩。美国政府常常以中国的社会制度和意识形态为由遏制中国的迅速崛起。2002年的《美国国家安全战略报告》称中国还是“固守着共产党的一党专政统治”。[①] 此种做法，是将传统的象征性形象不加区分的运用到当今的对华决策中去，是一种短视的行为。

五、“镜像”认知：国家形象判断失误导致双方关系恶性循环

在国际关系研究中有一种理论可被称为“镜像”现象，即任何形象判断者是判断主体和客体间相互作用，甚至是反复相互作

① The White House, *The National Security Strategy of the United States of America*, September 17, 2002, http: //www. whitehouse. gov/nsc/nss. pdf.

用的结果；在这一过程中，形象可能被歪曲，产生双方都越看越不“顺眼”并采取相应政策的情况。或者双方形象被美化相互产生幻觉，从而对对方具有极大而又脆弱的好感，一旦幻觉破灭，双方关系便急剧恶化，形成恶性互动。冷战期间，美国心理学家尤里·布罗芬伯莱纳当时研究发现，美苏双方都将对方塑造成扭曲的画像，他将之称作“镜像”，并将其归因为扭曲的心理机制。后来，研究美苏的相互形象又发展成为研究“敌人形象”的宽广课题。敌人形象往往会被极化成“非白即黑”或“善良抑或邪恶”。美国前国务卿约翰·杜勒斯对苏联态度的案例研究就表明了他对敌人形象的僵硬和简单化认知及其对美国外交政策造成的消极影响。[①]

20世纪五六十年代中美两国对抗长达20多年，其主要原因之一就是“镜象”认知。中美两国由于缺乏足够的交流渠道而造成的误解遍及各个领域，由此，两国对各自战略意图及安全形象错误估计，而这一误解又由于相互作用而日益恶化。由于当时所处的国际环境，中国共产党在建国前便宣布了“一边倒”的外交总原则，再加上坚决强硬地处理了“瓦尔德事件”和“美国兵营地产事件”，这既为美国政府提供了推行敌视政策的某种借口，也使它在考虑承认新中国时，难以作出明显的、容易被美国舆论接受的表示，最终使美国彻底放弃了对新中国的幻想和观望。1950年中苏签订的《中苏友好同盟互助条约》使美国更坚定了对新中国实行孤立、遏制、封锁政策的决心。之后，中国共产党在朝鲜战争中对朝鲜民主主义人民共和国的支持，使美国官方对中国形成的印象是对内搞极权主义、对外搞侵略、与美国的头号敌人结盟的国家。而在中国人看来，美国是一个帝国主义国家，它步英国、法国、德国、意大利和日本的后尘，力图在世界上尽可能大的范

① Jian wei Wang, *Limited Adversaries: Post-Cold War Sino-American Mutual Images*, Oxford University Press, 2000.

围内建立统治地位。中美两国在五六十年代对彼此形象形成的“镜像”认知，既影响了当时双方的互信与建交，也对今天双方的决策留有深刻的历史烙印。

综上所述，从认知的角度看，国家形象的内涵可以概括为：国家形象具有自我认同和他者认知的差别，认知的关键在于主体间的文化建构，传统象征性的国家形象在外交决策中具有延展性，国家之间的“镜像”认知会导致双方关系恶性循环。

第三节 国家形象的性质与作用

一、国家形象的性质

（一）稳定性

国家形象通过日积月累形成，带有历史的沉淀，具有相对的稳定性和持久性。国家形象一旦形成，不论其内在理念还是外在形象，都会在一定时空条件下，在一定的公众心目中形成一种心理定势，它不会随着国家行为的某些变化而马上改变，因此具有一定稳定性。首先，这种稳定性取决于国家形象所具有的客观物质基础，这些要素在短期内不会有大的改变，只要国家形象的各要素相对稳定，国家形象也是相对稳定的。其次，从认知主体来看，国际社会公众的认知具有滞后性。国家形象一旦形成，就会对国内外公众的心理产生影响，使其形成对相关国家的具体印象。因为公众具有大体相同的心理机制和思维定势，这使他们总是倾向于认同、接受原有的国家形象。很多西方国家用另类的方式看待中国，实际上受到初遇这个国家时的历史状况影响。清朝末年，美国商船频繁驶抵中国，当时正是中国处于弱势地位的时期。而更多美国人对中国的印象是从20世纪70年代末期美国唐人街的建立得来的。他们眼中的中国是一个衰弱、贫穷和四分五裂的国家，由此延续至今，美国人常以消极的观点来看待中国。因此，在国际社会公众心理定势或刻板印象等的作用下，他国对于一国的认知与想象很难在短期内发生改变。这种公众认识的滞后决定了国家形象的非同步性，国家形象的变化相对于国家的实际改变，具有一定的滞后性。譬如，冷战结构下，美苏两国对彼此形象进行“妖魔化”，直到今天这种彼此丑化的形象依然存在两国民众的头脑之中。正是从这个意义上来讲，一国要在他国民众心目中树立起正面的形象不是件容易的事情，而改变他国业已形成的负面形象则更为困难。

（二）可塑性

国家形象有着较强的稳定性，但这并不等于说国家形象一旦形成就会固定不变。一国形象的形成不仅仅是由该国的客观概况所自生的，很大程度上受该国或他国有意作为的影响。成功的国家形象不仅来自客观的事实，而且由国家自身和外部世界的互动所共同塑造的，或者说是共同建构的。这表现为：不同的国家对同一国家形象的塑造会产生截然不同的认知结果，例如同一历史时期内的美国，在英国人眼中的形象就与北朝鲜人眼中的形象是完全不同的；即使同一认知主体对同一客体而言，由于时间不同，其形象塑造也不尽相同，例如20世纪50年代苏联将中国的形象塑造为一种类似“朋友”的形象，苏联在中国的国家形象被描述为“共产主义世界的堡垒”、“热情的社会主义老大哥”；而到了20世纪60年代末期，中苏之间互视对方为“敌人”，苏联在中国的国家形象则变为“现代修正主义”、“社会帝国主义”和“霸权主义”国家。这充分展示了国家形象的可塑性，即同一国家客体在不同的认知主体的文化情境中可能被塑造出不同的形象特征；同一国家客体在不同的时间节点中塑造出的国家形象也不尽相同。但是，国家形象的可塑性是有限的，主观认知必然要以客观事实为依据，虽然存在解读的不同，建构形象的基本事实是相对一致的。

（三）非强制性

国家形象是一国重要的无形资产，既然“无形”，国家形象就不具备强力色彩，其作用也不具有强制性，主要凭借软竞争力和内在吸引力来发挥作用。国家形象作为一国对另一特定国家的观念认知，它以一种非强制的方式潜在地影响着评价主体国和评价客体国权力的行使。一国的形象被另外一国所认定，无论是否符合事实，一旦这种认知在主流社会群体中得以蔓延，就会作为一种背景因素被国家决策者纳入决策视野，迫使决策者做出某种政策选择。在这一情境中，国家形象的作用是无形的，它通过影响国家权力精英群体的思维方式和选择偏好从而影响国家权力的运作。也就是说，国家形象或者通过令他国敬畏本国的实力和行为，或者通过激发他国仿效其思想、钦佩其成就、使用其语言，而使他国对本国的政策心悦诚服，将他国团结于本国目标之下，进而实现本国利益。概言之，国家形象具有劝阻力和吸引力，它是一国的“软实力”，其作用在于“不战而屈人之兵”。

二、国家形象的作用

（一）国家形象是软实力的重要组成部分

在经济全球化日益加速、世界各国相互依赖日益紧密的背景下，武力解决国际争端日渐式微，世界各国不仅仅只重视经济、军事等“硬实力”的竞争，而更加重视“软实力”的较量。国家形象作为软实力的重要组成部分，其要旨包括两点：

首先，国家形象以其潜在的无形的影响力增强着本国人民的凝聚力和意志力。国家形象关系到一个国家能否以最小的代价取得最大的经济、政治利益，实现自己的短期和长期目标。良好的国家形象是一个国家极为重要的“无形资产”，它不仅可以增强本国人民的自信心和凝聚力，还可以提高该国政府处理国内、国外事物的能力，对本国公民产生心理、行为上的潜移默化的影响，并深入到其他国家对其政府和人民产生政策、制度、心理和行为上的影响力，产生比经济、军事更加显著的效果。

其次，国家形象还是国家向国际社会投射出的软实力，国家形象影响各国对外政策的选择与国际关系的状态，也在某种程度上影响其他国家的实力或权力。这种力量作为国家声誉的标志，对于国家实施国际战略，并最终实现国家战略目标起着愈益重要的作用。国家形象的政治功能主要表现为权利合法化，一个国家在国际社会上树立良好的形象，就相当于打造了良好的国际名片，取得了强烈的国际认同，在舆论环境中占据了有利地位，就掌握了国际社会树立道德权威、获取合法性的力量源泉，就具备了开展政治、经济、军事、外交活动的润滑剂、助推器；反之，消极的国家形象则可能会使一国的国家战略受挫，在国际交往中付出更多的“无形成本”，将极大地影响到一个国家在国际社会中的政治地位、经济参与程度及其凭借自身实力在国际舞台上纵横捭阖的能力。

（二）塑造良好的国家形象有助于缓解崛起国的结构性压力

沃尔滋（Kenneth Waltz）认为，在国际政治体系中，当某一国家的权力增长可能危及整个体系的权力平衡时，其他国家就会单独或者联合起来共同对付该国，遏制霸权企图，其结果是均势一再出现。进攻性现实主义的代表人物米尔斯海默（John J. Mearsheimer）就直接断言，国家永远无法断定其他国家在具备进攻能力的同时不会心怀进攻的意图。由此可见，导致崛起国遭受体系结构性压力的条件有两个：一是国家实力迅速增加；二是具有进攻性意图。两者各自均为必要非充分条件，在理论上，缺少其中任何一个因素，国家崛起的结构性矛盾就不会发生。一个国家既然处于崛起阶段，其自身实力当然是在迅速增加。因此，根据上面得出的结论，要想缓解因崛起而造成的结构性压力，崛起国需试图让其他国家了解并相信其并无进攻性的意图。

从近代大国崛起的历史中可以看到，一国的崛起，不仅要增强自身的物质实力，还要经历复杂的社会性成长，包括秩序性发展、形象塑造以及对战争的合法性限制。物质性成长是大国崛起的基础，也是大国成长的必经阶段。然而，大国成长并不只是物质性成长的逻辑，在大国成长的中后期，社会性成长逻辑将越来越占据大国战略目标的主要地位，并主要体现为积极融入国际社会从而接受与塑造国际规范；主动提供国际公共物品进行全球治理；维护国际声誉与大国形象。随着国际社会的发展与进化，国家形象在社会性成长逻辑与结构中占据的分量越来越大，成为大国崛起获得国际社会认可的重要标志之一。由此可以得出结论，国家形象是大国社会性成长历程中不可或缺的要素。从理论上讲，诚实守信、积极承担责任的国家形象，易于得到别国的信任，从而能够缓解因国家间的不信任和意图不明所造成的相互防范和猜疑。从19世纪后期一直到20世纪初，美国给英国留下的良好的国家形象，促成了两国的相互信任，并使得美国成为到目前为止唯一成功实现崛起而未被原霸权国军事遏制的国家。

第三章

美国政府的"中国意象"转换（1949—2001）

意象是以形象的方式储存在头脑中的信息，它只是知识表征的一种重要形式。[①] 从认知的一般规律来看，一种意象的产生应该是认知客体首先要在认知主体头脑中产生的投射映象，然后认知主体对映象进行加工而形成认知结果，通过这种方法对外部客观世界认知产生的认知结果都必然要打上认知主体的主观印记，体现认知主体的价值取向。客观投射的映象与主观价值构成的有机整体就是认知主体的特殊意象。美国对中国意象的形成过程，是在相互交往时作为认知主体的美国对认知客体的中国的信息进行肯定或者否定的认知活动过程，是中美关系的重要组成部分。因此，所谓美国的"中国意象"是指美国有意或无意有选择地根据自身价值、知识、信仰体系而对中国产生的一种相对固化的认知。[②]

新中国成立后，随着国际局势的变化，美国基于全球战略考量

① 所谓"知识表征"就是事物在人脑中是怎样储存的，比如说一个苹果，在人脑中我们可存为"apple"，当提到apple时，我们想到是苹果，如果我们不懂英语也不懂中文，但可把它记成是一个红红的圆圆的东西，一旦看到这个东西就知道是苹果了。因此，外界事物形象化的存储在人脑的东西就是意象，这么说来意象是属于知觉的一部分。

② 胡键：《美国意象中的中国国际角色》，《国际论坛》，2007年第3期，第55页。

及意识形态的驱使，对中国国家形象的认知也发生着变化，从杜鲁门到克林顿的历届美国政府形成的“中国意象”，可归纳总结为：敌人意象、借助力量意象、敌对意象及非敌非友意象。其不同阶段对中国产生的不同“意象”，对当前美国政府的对华政策仍具有深远影响。

第一节　敌人意象（1949—1972）

在美国整个杜鲁门政府、艾森豪威尔政府、肯尼迪政府和约翰逊政府时期，美国朝野对中国的称呼通常是“赤色中国”和“共产党中国”。在美国公众心目中，中国是一个“巨大的、敌对的国家，谁也不知道那里发生了什么事，一想起来就害怕”，“中国是世界上最大的危险”。[①] 到了60年代，虽然麦卡锡时期的恐怖已经过去，中美大使级会谈开始，但彼此的敌对与戒备心理仍十分严重。对一些美国政府的官员来说，朝鲜战争以及1954年、1958年两次“台海危机”仍记忆犹新，中国的形象仍是“侵略”与“好战”的。

一、最初错误的意象加深错误的认知

中国共产党建党之初，美国政府把中国共产党认为是非真正共产党的“土匪政权”。1924年美国政府已经得知中国共产党成立，并把这一事态同中国的大革命浪潮联系起来。当时美国驻华公使雅各布·舒尔曼向柯立芝总统报告说，中国的动乱可能导致一个

① A. T. Steele, *The American People and China*, McGraw-Hill Book, 1996, p. 61.

苏俄式的政府上台。1927年春夏以前，美国政府对中国共产党的认识还处于朦胧状态。但无论如何，北伐战争期间美国的对华政策表明，美国政府对中国共产党抱有明显的敌意。这种敌意主要来自反共反苏意识形态和对丧失美国在华特权的担忧。

大革命失败后，中国共产党几乎完全同外界隔绝，美国人只能从零星间接的报道和国民党诬蔑性的宣传中，得到非常片面和被严重歪曲的中国共产党的报道。无知和偏见加在一起，使得美国政府把中国共产党想象为“土匪”。1930年秋，驻华大使纳尔逊·詹森告诉国务院：中共先前确有一个在莫斯科激励下的共产党，但现在的中国共产党人不过是“在该国各个地区兴起的反对合法权力的无法无天分子”，他们自称共产党，只是为了“被人认为高出普通盗匪的范畴”。到1935年，国务卿科德尔·赫尔利还认为，与其把中国共产党人称作“真正的共产党”，不如称“共匪”或“所谓‘赤色分子’”。[①] 在美国政府中也有外交官对中共产党有比较准确的认识，但他们的看法并不被国务院采纳。

1936年“西安事变”后，中国共产党同国民党建立抗日民族统一战线，其抗日主张符合美国限制日本扩张的愿望，而其为实现全民族团结抗日所作的政策减轻了美国的敌意。一年后，埃德加·斯诺发表了《西行漫记》一书，推翻了中国共产党是“土匪”的观念。罗斯福总统阅读了这本书，并先后了解了八路军和中国共产党敌后根据地的许多情况。中国共产党在美国政府眼里，逐渐从危害美国在华权益的“土匪”，变成了一股有助于美国对付日本威胁的政治和军事力量。罗斯福曾三次召见斯诺询问中共的情况。有学者认为，斯诺的书在反法西斯战争时期至少在以下三个方面影响了罗斯福和美国政府：其一，《西行漫记》使美国人认识

① ［美］舒梅克：《美国人与中国共产党人》，吉林文史出版社，1989年版，第21—25页；［美］科恩：《美国对中国的反应》，复旦大学出版社，1997年版，第167—169页。

到敌后抗日军民是反法西斯战争在远东前线的一支决定性力量。其二，罗斯福答应斯诺提出的支持中国“工合”运动的政策并敦促蒋介石提供资助。其三，美国政府决定对国民党和共产党两个政党都给予支持。斯诺说，到1945年，罗斯福已承认中国共产党人是正在增长的力量，并表示“要在抗日战争最后阶段直接给中共以援助”。

但在美国政府内部认为，中国共产党人不是“真正的”共产党人的观念不仅存在，而且由于对中共的抗日民族统一战线政策和新民主主义制度认识模糊而有所加强。大多数美国政界人物认为，中国共产党不过是“农村改革派”，并不具有或正在失去马克思列宁主义性质。这种对中国共产党的错误认知一直持续下去，并影响美国对中国的决策。

二、美国全球战略利益的权衡

战后美国的东亚政策是为其称霸世界的全球战略服务的。20世纪前半叶生产力的迅猛发展已经使美国在经济、军事实力方面居资本主义列强之首，二战中相对膨胀的实力更使其在战后成为资本主义废墟中唯一屹立的巨人。美国的发展空间由此扩展到整个资本主义世界。欧洲在全球特殊的历史、地理、政治、经济地位使其成为美苏在战后争夺的重要地带，欧洲的兴衰在很大程度上关系着美国的前途和命运。由此美国制定了“先欧后亚”战略以确保美国在全球范围内国家利益的实现。与此相一致，一个稳定的亚太地区则成为美国在亚洲的首选目标。联系到中国，美国国务院在1945年4月3日的备忘录中指出：“美国政府的对华长期政策是基于这样的需要：使中国成为远东的一个主要稳定因素，作为该地区和平和安全的基本条件。具体地讲，我们的政策在政治方面是旨在建立一个强大、稳定和统一的中国，这个中国有一个代表中国人民意愿并能有效地履行其国内国际义务的政府。”[①] 罗斯福对中国的长远打算是他关于战后世界格局构想的组成部分，即美国要把中国纳入它的势力范围之内，使中国服务于它的战略目标，成为听从它指挥棒转的小伙伴，使其成为维护美国在亚洲利益的中坚。为了把这一蓝图变为现实，战争期间美国政府推行让中国成为一个“亲美的大国”的政策，希望中国能够在新的世界体系中取代日本的影响，充当亚洲和平维护者的角色，使中国成为美国维护其亚洲和太平洋统治地位的支柱，以抵制日本战败后苏联在远东越来越强大的影响，把中国视为未来美苏竞争中阻止苏联在东北亚扩张的缓冲地带，这显然是符合美国战略需要的。

为了实现这一目标，美国政府支持蒋介石统一中国，努力培植一个“朝着合乎美国政治观念发展的政府”。[②] 具体采取以下对策：从军事上加强蒋介石的地位，帮助蒋介石抢夺抗战胜利果实，阻止中共接受日伪投降；对国民党施加压力，促使蒋介石进行改革和妥协，以国共和谈为手段，诱使中共交出武装，实现蒋介石统治下的和平；借助苏联，促使国民党与苏联保持良好的关系以孤立共产党，限制中共在中国政治中的影响。然而，国共矛盾的激化使美国支持蒋介石和平统一中国的政策变得步履艰难，国共内战最终爆发。1947 年 9 月 19 日，魏德迈向杜鲁门提交了一份秘密报告。报告认为，国民党在精神上已经瓦解，一个共产党统治下的中国，对美国的利益是极其有害的。而一个与美国友好或结盟的中国，不仅可以提供给美国重要的海空军基地，而且从它的幅员和人力来看，也是美国重要的盟友。因此，美国必须向国民政

---

① 《美国对外关系文件集》，1945 年第七卷，转引自资中筠：《追根溯源——战后美国对华政策的缘起与发展（1945—1950）》，上海出版社 2000 年版，附录，第 376 页。

② The Department of State (eds), *Foreign relations of the United States*, *The Near East and Africa*, 1979 (5), p. 833.

府提供大规模的经济援助，国民党的败退已使中国局势恶化到美国必须迅速采取行动的时候了。[①] 从1947年10月下旬起，美国政府根据魏德迈的报告重新审视对华政策。研究结果认为，美国对华政策的长远目标是把国民党政府扶植成一个稳定、亲美的政权，把中国变为美国在亚洲随时可以使用的反苏基地，短期目标则是阻止中共统治中国。[②] 但是，此时的国民党已如千里溃堤，不可救药。美国的援助不仅没有能帮助国民党来打败共产党，阻止共产党对中国的控制，反而激发了中国人民空前高涨的民族热情和对美帝国主义的极端仇视。1948年底，国民党失败的命运已不可扭转，美国“阻止中共控制中国”的对华政策目标已经落空，使其全球战略中的东亚环节也陷入了更大的困境。因此，由于全球战略的受挫，美国对中国共产党新生的政权更加仇恨了。

三、意识形态和情绪的驱使

美国政府之所以要坚持“扶蒋反共”，植根于中美意识形态的冲突，美国不愿意接受一个实行社会主义制度的中国。战后，美国外交的意识形态特点集中表现为“反对共产主义”，美国把反共原则融于全面与苏联争夺的外交战略中。1946年年初，以乔治·凯南的“长电报”在华盛顿受到热烈欢迎为标志，遏制苏联开始成为美国外交和战略的主导观念。随后，伊朗、德国、原子能国际管制和黑海海峡等问题上的美苏对立揭开了冷战时代的序幕。[③] 美国冷战思想的一个重要方面，是把各国共产党当作苏联的扩张

① 《中美关系资料汇编》第1辑，世界知识出版社1957年版，第820—825页。

② The Department of State (eds), *Foreign relations of the United States, The Near East and Africa*, 1947 (5), pp. 286 - 287.

③ 时殷弘，《美苏从合作到冷战》，华夏出版社1988年版，第8章。

工具，这就为敌视中国共产党提供了一大缘由。[①] “杜鲁门主义”就是“反对共产主义”的起点。美国传统意识形态中就有一种优越感，其中包括对自己的信仰和制度的优越感，自以为应向全世界推行美国制度和美国价值观，认为美国有权干涉和“指引”别国的发展道路。二战结束后，欧洲一些老牌帝国主义国家严重衰落，美国和苏联是新崛起的两个超级大国。意识形态、社会制度根本对立，这就决定了美国把苏联作为战后实现亚太战略和全球战略的主要对手。为了遏制这一对手，在亚太地区，美国曾一直指望把中国作为其反苏的中坚力量。然而事与愿违，1949 年在中国大地上建立的却是一个共产党领导的社会主义国家。美国虽然出于战略的需要渴望新中国“脱离苏联政策轨道”，却依然不愿与一个实行社会主义制度的中国和平共处。杜鲁门当局之所以反苏反共，并非仅仅因为在信仰上他们不相信共产主义，而在很大程度上是由于：共产党国家直接反对生产资料私有制，并已在社会主义国家实现了主要生产资料公有制，这是直接违背资产阶级利益的。其次，他们认为社会主义是个“极权”的国家，其不仅在政治上缺少“民主”，而且在经济上也取消自由贸易和控制外国资本的流入，这也是违背资产阶级利益的。再次，他们还认为，苏联等社会主义国家的最终目标是要在全球消灭资本主义，实现共产主义。这更使杜鲁门坚信，苏联和一切亲苏的社会主义国家与美国和资本主义自由世界的矛盾是不可调和的。“杜鲁门主义”就是在这一背景下，为阻止共产主义影响扩大、防止广大第三世界落入共产党之手而出笼的。在当时的中国存在着国共两大对立的

---

① 凯南“长电报”说：“被用来推广（苏联）政策的有：(1) 其他国家共产党的中央核心集团…… (7) 载这种或那种程度上愿为苏联目标服务的政府或统治集团，例如目前的保加利亚和南斯拉夫政府、伊朗北部的政权、中国共产党人等等。不仅这些政权的宣传机器，而且它们的实际政权，都可以广泛地被苏联所摆布……”见凯南（George F. Kennan）：《回忆录（1925—1950）》，波士顿，1967 年版，第 554—555 页。

政党，由于两党分别领导着两支军队、两个政府和两片国土，在美国决策者看来，中国共产党只是苏联的代言人，只是苏联进行扩张的工具。“如果中国共产党胜利，则中国无疑将变成苏联的傀儡。”① 随着美苏冷战的加剧，这种看法越来越强烈。

中美关系敌对的同时，美国国内出现了狂热反共的“麦卡锡主义”。约瑟夫·麦卡锡是美国国会参议员，他利用当时美国人的“恐共”心理，在50年代初掀起了反共浪潮。杜鲁门政府成了麦卡锡之流集中抨击的目标。在共和党右派议员和一些新闻媒体的推波助澜下，一场政治清洗运动在美国得以畅通无阻地进行，美国失去它应有的冷静和自持。朝鲜战争的爆发对这种形势的发展起了“火上浇油”的作用。国务院一批主张与苏联交往和对新中国采取客观态度的外交官都受到无端指责，一大批“中国通”身心受到长期迫害。杜鲁门政府在他们的强烈攻击下不得不对所谓的“共产主义侵略”采取更为强硬的态度，这在某种程度上加深了中美之间的敌对。

四、中国的一系列决策加剧了美国的敌对意向

马克思主义认识论认为，认知主体和客体之间并不是简单的反映和被反映的关系，在认知的过程中，认知客体对认知主体也会产生反作用。中国国内的政策调整使认知客体发生质的变化，导致认知主体美国政府的认知结果发生相应的转变。

从1950年4月至6月，美国国内关于对华政策的争论逐渐有利于对华强硬派，其原因是多方面的。首先，《中苏友好同盟互助条约》的签订和中国“一边倒”对外战略的制定，使美国离间中苏的目标受挫。同一时期，中国政府接管了美国驻北平总领馆的

① The Department of State (eds), *Foreign relations of the United States, The Near East and Africa*, 1947 (5), p. 659.

房产。而美国驻沈阳总领馆人员因涉及间谍案，于1949年11月被宣布驱逐出境。这些都助长了美国政府内部对华强硬派的立场。其次，美国军方不断有人提出各种意见书，要求尽一切力量保住台湾。6月，麦克阿瑟提出备忘录《保台意见书》，强调台湾一旦落入共产党手中，对美国远东战线的威胁就如同一艘“不沉的航空母舰”。1950年1月美国撤出其全部驻华人员后，中美关系进入一个僵持阶段。1950年6月朝鲜战争爆发后，中美两国在战场上兵戎相见，一个中美全面对抗的时代开始。

（一）新中国“一边倒”对外战略

美国对新成立的中共领导的政权一直犹豫观望，即艾奇逊所谓的“等待尘埃落定”。1949年底到1950年初，美国在对华外交承认问题上一直举棋不定，对其驻华机构则采取能留多少就留多少的政策。在暂时没有外交关系的情况下，美国原想通过贸易关系使中国不必依赖苏联，从而增加中苏摩擦；同时，美国政府保持其在华宣传机构，即美国新闻处，按照美国既定的对外宣传方针，结合中国具体情况进行宣传工作，主要目标是分化中苏。这样，一方面尽可能地争取群众，另一方面也希望能使中国领导人多了解外界情况，以免只听苏联一面之词。但是新中国的领导人此时方针已定，新中国成立前后，毛泽东等领导人对于新中国所处的国际形势、周边环境和国内问题有着明确清醒的认识。中国领导人奉行对苏联“一边倒”的外交方针，通过与苏联结成同盟，利用其影响平衡美国带来的安全压力。1949年6月，毛泽东在《论人民民主专政》一文中，提出新中国成立后，实行“一边倒”的外交方针。毛泽东指出：“中国人不是倒向帝国主义一边，就是倒向社会主义一边，绝无例外。骑墙是不行的，第三条道路是没有的。我们反对倒向帝国主义一边的蒋介石反动派，我们也反对第三条道路的幻想。”中国人民政府于1950年上半年陆续关闭了各城市的美新处，美国的宣传计划未能得逞。可以说，“一边倒”战略加剧了中美关系冷冻的程度。以后美国对新中国的宣传调子更为敌对，称中共为苏联的工具，而较少区别对待。

中苏结盟后，美国对中共意识形态方面的敌意又进一步强化。1950 年 2 月 14 日，中苏两国签订了《中苏友好同盟互助条约》，规定了中苏双方在政治、军事和文化方面的全面合作，确立了中苏之间的同盟关系。这个条约使以美国为首的帝国主义挑拨中苏关系的企图遭到失败，在世界上引起巨大反响。美国一名参议员说：“这个同盟严重打击了美国在亚洲的地位。”[①]《中苏友好同盟互助条约》的签订标志着中苏战略同盟关系的正式确立，同时也意味着中美近期和解的前景将更加黯淡。之后，由于瓦尔德事件和前美国兵营地产事件，美国撤回其留住中国的全部外交人员，双方不再有任何直接的接触渠道，继续相互指责和攻击，关系日趋恶化，一个全面对抗的态势在事实上业已形成，而随之而来的朝鲜战场上的军事较量使得这种敌对更加尖锐化和持久化。

（二）抗美援朝、抗美援越战争

中国积极支援朝鲜战争、印支和东南亚民族解放运动发展，美愈益视中国为亚洲民族解放运动的策源地和在亚洲意识形态战争中的主要敌手，决心用遏制政策阻抑中国对亚洲尤其是对东南亚的意识形态影响，维持其在亚洲的意识形态阵地。

朝鲜战争对中美两国的深远影响是很难骤然消失的。美国领导人对中国更加敌视了。他们认为：中国政府是苏联的傀儡，“北平政权可能是苏联殖民地政府——一个大一点的斯拉夫满洲国”；[②]

① 《国际关系史·第八卷（1949—1959）》，世界知识出版社，1995 年版，第 13 页。

② Foster Rhea Dulles, *American Foreign Policy toward Communist China* 1949 - 1969, Thomas Crowell, 1972, p. 121.

中国是侵略者，“一条中共侵略战线从北方的朝鲜延伸到南方的印支”；[①] 中国共产党长不了，“我们可以确信，强求一致的国际主义统治不论在中国还是在其他地方，都是一种过渡的而不是永久的现象”。[②] 至此，美国对共产党中国采取了极端的隔离遏制政策，在军事上、政治上、经济上持久地遏制共产党中国，致使中美之间的敌对状态在相当时期之内固定下来。首先，美国拒绝承认新中国和不允许中国恢复在联合国席位的立场进一步强化，而且力图强迫其他西方国家追随美国对华政策。负责远东事务的助理国务卿腊斯克在1951 年5 月18 日发表演说，诅咒新中国是一个“大型的斯拉夫满洲国”，宣布美国绝不承认中共政权。[③] 到1951 年5 月，美国已先后77 次在联合国及其附属组织投否决票反对中国加入这一组织。[④] 与此同时，在美国的操纵下，联大通过了谴责中国为“侵略者”的第447 号决议，指责中国侵略了朝鲜，号召所有国家拒绝向侵略国提供任何援助，从而为美国对新中国采取的各项政策提供了“法律”依据。朝鲜战争结束后，美国继续运用其对西方国家的影响力，不承认新中国，阻挠恢复中国在联合国的合法席位，孤立新中国，企图把中国排除在国际社会之外。中国军队入朝参战后，美国对国际形势有了新的看法：在亚洲，甚至在世界范围内，中国是对美国利益的主要威胁。

对几届美国决策者来说，南越的“陷落”会造成“多米诺骨牌效应”，归根结底是因为远东存在一个被设想为特别具有扩张性

---

① Foster Rhea Dulles, *American Foreign Policy toward Communist China* 1949 - 1969, Thomas Crowell, 1972, p. 139.

② Foster Rhea Dulles, *American Foreign Policy toward Communist China* 1949 - 1969, Thomas Crowell, 1972, p. 169.

③ Department of state (ed.), *America Foreign Policy*, *Basic Documents*, 1950 - 1955, ARNO press, 1971 (2), p. 2474.

④ M. Schlesinger. Jr (ed.), *Congress Investigates*, 1972 - 1974, N. Y. Chelsea House Publishers, 1975, pp. 410 - 411.

的大国——中国。因此，在一定意义上可以说，美国在越南的长期干涉植根于对中国的长期敌视。50年代后期和整个60年代是第三世界民族解放运动蓬勃发展时期，当时中国的榜样有一定吸引力。越南被美国政府当作一个试验场和政治橱窗，其成败被认为是挫败和遏阻一切“中国模式”的解放运动的关键。美国希望通过这场战争来遏阻的是一大批以人民暴力为形式的社会革命国家。而中国介入朝鲜战争、印支和东南亚民族解放运动发展，恰恰证实了美国决策者认定的“中国正在与美国抢占意识形态阵地”，愈发加强了对中国的仇视。

第二节　借助力量意象（1972—1989）

南希塔克曾尖锐地指出：“过去50年的中美关系史，是美国在主要关注欧洲的同时，如何利用中国作为一个平衡体以满足美国的需要和利益的历史。中国扮演了40年代抗击日、德，五六十年代放慢苏联工业化脚步，七八十年代使莫斯科的防御复杂化的角色。美国没有聚焦于中国（本身），因为中国缺少财富，纯粹是一个地区性力量，没必要直接去关注。”[①] 中美是敌是友在很大程度上取决于有没有一个共同的敌人。

60年代末70年代初，国际战略态势呈现为苏攻美守，由此，美国政府实行战略收缩政策。而五六十年代在与中国的交往过程中，美国政府对中国国家形象也有了进一步的客观认识：中华人民共和国是一个客观存在的并正在发展的政治文化实体，不容忽视；中国在对外关系上是以防卫为主，而不像50年代中被描绘的

① Nancy B. Tucker, “China and America: 1949 - 1991”, *Foreign Affairs*, Winter, 1992/1993, p. 75.

那样“侵略好战”。

一、视中国为“大三角”战略中对苏联的战略制衡手

中、美、苏战略大三角是冷战两极格局形成以来，国际政治格局最有影响的变动。美国借助中国的力量遏制了苏联的扩张，并通过中美、美苏关系的缓和结束了越南战争，从而在实现战略收缩的同时最大限度地维护了美国的全球利益。美国是中、美、苏战略大三角关系的最大渔利者。

（一）中苏关系破裂为中美和解提供契机

长期以来，通过离间中苏关系达到分化社会主义阵营的目的，一直是美国决策者们梦寐以求的事情。60 年代中后期，苏联领导集团推行扩张战略，彻底恶化了中苏关系，从而为中美和解提供了机会。1969 年 3 月“珍宝岛事件”之后，苏方使边境冲突升级的作法令美国高层感到不安，美国对中国的印象却开始发生变化。中国从一个咄咄逼人、不守国际规则的革命国家变成了“勃烈日涅夫主义”在亚洲的受害者，同时又是阻挡苏联扩张主义的巨大屏障，如果不转而支持中国，美国与西方世界在战略上付出的代价将不可估量。正是在这种恐惧感的笼罩下，在尼克松政府眼里，美中之间所谓的“原则问题”就不那么具有原则性了。与此同时，中苏关系的破裂并没有削弱中国的战略地位，相反却使中国的国际影响日益增强，美国进一步认识到中苏敌对的深度，看到了美国同中国改善关系寻求合作的战略前景。尼克松的“联华抗苏”战略在此种认识上开始逐步酝酿。

尼克松政府酝酿“联华抗苏”战略之时，中国领导人也在调整中国的外交战略。70 年代初，中国外交面临着严峻的国际形势。

中国在60年代推行“反帝、反修”两条外交战略，同时与美苏两个超级大国为敌，使中国承受着来自东西方的双重战略压力，在国际社会中处于十分困难的境地。特别是60年代末以来，中苏关系进一步恶化，中国的国家安全面临着苏联的军事威胁。与此同时，虽然在60年代末美国对中国的威胁依然存在，但是这种威胁远不如苏联大兵压境的威胁那样急迫。尼克松上台后，通过各种渠道向中国表达了和解的愿望，这为中国实行联美抗苏的战略提供了条件。在共同对付苏联这一共同利益的战略基础上，中美两国在70年代初走向了和解。尼克松访华后，毛泽东明确提出建立包括美国在内共同反对苏联霸权主义的“一条线”战略。1973年2月，毛泽东在会见基辛格时明确表述了这一战略思想，中国、美国、日本、巴基斯坦、伊朗、土耳其、欧洲等大致处于同一纬度的各国团结起来，共同反对苏联的霸权主义。

（二）美国战略收缩形成尼克松的“联华抗苏”的战略构想

20世纪70年代初，美国陷入内外交困的境地，主要表现为：1. 在东西方之间，美苏力量对比出现了有利于苏联的倾向，苏联经过20余年的努力在军事上已与美国势均力敌。2. 在第三世界，美国深陷越南战争，但是求胜无望，同时，其对中东、拉丁美洲等地区的影响也受到了挑战。3. 在西方阵营内部，随着在二战中遭受过重创的日本、西欧实现了经济复兴，与美国的经济利益纠纷日渐频繁，在对外政策上也不再对美国唯唯诺诺，甚至敢于说“不”。4. 美国的财政、贸易双赤字居高不下，危及到了美元的国际货币地位，导致战后建立的国际货币体系摇摇欲坠。

美国陷入越南战争在战略上日益被动，越南战争的沉重负担以及由此引发和加重的一系列问题使美国的综合实力明显下降。同时，60年代末美国已经丧失了战略核优势，苏联实力迅速上升并对美国发起了咄咄逼人的战略攻势。美国的安全利益因此受到苏联军事实力扩张的日益威胁。因此，尼克松政府被迫调整美国的全球战略，在其上台后不久就宣布了以在亚洲实行战略收缩为主旨的“尼克松主义”，并承认国际力量已经分化成美、中、苏、日和西欧等五极。美国政府力图在美苏关系缓和的情况下建立多极力量均势，以较小代价来阻止苏联的扩张并维持美国全球利益。在现实主义外交思想的支配下，尼克松政府认识到中国在美国遏制苏联扩张和结束越南战争中的重要战略地位。20 世纪 70 年代初，长期敌对的中美两国首次超越了意识形态的对抗，从国家利益的角度出发，实现了两国的和解。美国借助于缓和得以在亚洲实现战略收缩，并与中国形成了一种战略合作关系。

（三）美国视中国为“大三角”战略中的制衡手

1972 年 2 月 21—28 日，美国总统尼克松正式访华。22 日，毛泽东主席在中南海会见了尼克松总统。22 日，周恩来总理同尼克松总统在北京人民大会堂举行会谈，就中美关系正常化及双方关心的其他问题进行了讨论。周恩来表示：台湾问题是阻碍两国关系正常化的关键。尼克松表示：美国承认世界上只有一个中国，台湾是中国的一部分。28 日，中美双方在上海签署《中美联合公报》（《上海公报》）。在公报中，双方声明：“中美两国关系走向正常化是符合所有国家的利益的。”在台湾问题上中方重申了“一个中国”的原则，全部美国武装力量和军事设施必须从台湾撤走。美方声明：“对这一立场不提出异议”，并“确认从台湾撤出全部美国武装力量和军事设施的最终目标”。《中美联合公报》是中美两国签署的第一个指导双边关系的文件。它的发表，标志着中美隔绝状态的结束和关系正常化进程的开始。尼克松此次访华是 20 世纪国际外交史上最重大的事件之一。

尼克松访华和《上海公报》的发表标志着中、美、苏大三角关系由此形成。尼克松政府认为如果苏联在同中国的对抗中取胜，苏联就可以将其全部军事力量转向西方，从而愈加不利于美国的战略安全利益。另外，中美和解将给美国带来巨大的战略利益。

美国可以利用中国牵制苏联三分之一的兵力并迫使苏联在美苏关系的各个领域作出让步，达到抗衡苏联维持美苏均势的目的。而苏联在大三角关系中处于最为被动的地位。苏联受到来自中美两条战线的压力，战略负荷沉重。与此同时，苏联在第三世界的扩张也受到了有力地遏制。

而美国是中、美、苏战略大三角关系的最大渔利者。美国借助中国的力量遏制了苏联的扩张，推动了美国与苏联关系的缓和。尼克松提出：“我们同中国的关系，是我们对苏战略的一个关键因素。”①《上海公报》发表后，苏联领导人勃列日涅夫发表讲话，他警告美、中不要勾结，苏联担忧中美之间针对苏联搞秘密交易。尼克松认为与中国和解，美国有足够的筹码让苏联人接受自己的条件，此前发生的事态也表明，只要美国表现出与中国接近的意向，就足以让苏联人在相关问题上的立场软化下来。之后，尼克松对苏联进行了国事访问并在许多问题上达成了一致，例如：双方同意在国际控制下对核军备采取先限制、后削减的原则等。应当说，如果美国不利用中国充当其对苏的“战略制衡手”，很难想象勃烈日涅夫甘心作出这样的让步。以1972年5月美苏达成第一阶段限制战略武器协定为标志，美苏关系进入了一个缓和时期。对美国而言，“联华抗苏”已经不再那么迫切。在中美苏战略大三角关系中，美国此时处于一个最为有利的位置。中苏关系紧张，而美苏和中美关系都有所缓和，美国处于“左右逢源”的有利地位。因此，之后的福特政府没有推进中美关系正常化的动力，而是希望维持自己在大三角中的主动地位。

二、联美反苏的形象转变为“友好的非盟国”

20世纪80年代初国际多元化趋势日益明显，中、美、苏战略

① ［美］理查德·尼克松：《真正的和平》，新华出版社，1985年版，第75页。

大三角对国际格局的影响力逐渐减弱，美对中国的“战略制衡手”意象也逐步弱化。十一届三中全会以来，中国实行对外开放政策之后，中国社会的方方面面开始发生史无前例的变迁。美国媒体把中国发生的这些变化报道回美国，美国政府官员眼中的中国形象成了经济上迅速发展、政治上日渐开放，似乎正在向着他们所希望的资本主义方向演进的国家。中国被认为是世界上少数几个伟大国家之一，是一个正处在非凡的改革进程中的国家。中国自改革开放以来取得的经济进展和政治上的逐步宽松在美国人和美国政府官员眼中树立了一种与苏联完全不同的“令人疼爱的共产主义形象”。[①] 对于许多美国政府官员来说，中国的改革开放让美国人误以为80 年代的中国似乎正在向着西方式的社会模式转向，他们对中国的态度变成“父亲般的关怀”（Paternalism）。中国开放的形象与苏联的僵化形成了鲜明对比。从1978—1989 年是中华人民共和国在美国形象最好的时期。80 年代初，美国方面不再强调中美两国的“战略关系”，而是强调“长期、持久和建设性的关系”，把中国视为一个区域性的“友好的非盟国”。

美国对华认知发生变化导致对华政策发生转变。美国方面开始意识到，中美关系的问题不仅仅是台湾问题，还有更深刻的内容。1983 年春，美国新的对华政策大体成型，主要是根据舒尔茨的“新现实主义”思想，其主要内容是：（1）不再强调中美两国的“战略关系”，而是强调“长期、持久和建设性的关系”；（2）不再强调中国在全球战略中的作用，而是重视中国在亚太地区的区域性作用；（3）使中美关系的基础多样化，注重发展经济技术合作和贸易关系；（4）现实地看待彼此的分歧；（5）维持美台关系的现状，继续按照《与台湾关系法》和美国对三个公报的解释来处理台湾问题。

---

① ［美］哈里·哈丁：《美中关系的现状与前景》，新华出版社，1993 年版，第74 页。

1983年春，美国政府在新的对华政策指导下开始谋求两国关系的改善。1984年中美两国领导人互访，在两国关系史上有重大意义，对驱散当时笼罩于中美之间的阴云起了重要作用。在中美和解后逐步发展起来的中美经贸开始发挥出越来越大的作用。中美两国以经济合作为基础，大力发展两国之间的贸易、科技、文化和教育合作，同时美国放宽对中国的技术转让。1985年美国已成为中国第三大贸易伙伴，中美双边贸易在80年代平均每年递增15.1%。[①] 但随着美苏关系在戈尔巴乔夫上台后的缓和，中国的形象在美国政府的眼中又开始下降。1989年的政治风波和1991年冷战的结束使中国的形象又跌回了谷底。

第三节 负面意象（1989—1991）

1989年春夏之交，北京发生政治风波后，美国朝野反应十分强烈，美国政府官员依凭自己对美国民主制度和价值观的优越感，表现出了对中国人权和政治制度的强烈不满，通过对中国人权负面形象的认定，建构出一个与美国的价值观和意识形态对立的“他者”形象——政治上不“民主”、侵犯“人权”的共产党国家。美国政府的对华形象认知急转直下，十一届三中全会以来“开放的中国形象”荡然无存，“中国正向西方模式转向”的期许化为泡沫，形成了美国政府对中国的“镜像”认知，加剧了双方关系的恶化。

① 《中国外交概览1989》，世界知识出版社，1989年版，第352页。

一、1989年春夏之交发生的“政治风波”的影射：对“非民主国家”加以遏制

80年代初，中国把党的工作重心转移到社会主义现代化建设和实行改革开放上来。美国政府官员认为中国似乎正在向着西方式的社会模式转向，向着资本主义方向演进。1989年布什政府上台后，对发展中美关系抱着极大的热情和希望。但在布什对华政策的演变过程中，所谓“中国的人权问题”始终占着极为突出的地位。布什政府公开支持所谓的中国“民主运动”，把中国“人权问题”作为改善美中关系的条件。美国副国务卿伊格尔伯格甚至提出“在美国对华政策问题上不应有任何误解。提倡基本人权现在和将来始终是这一政策的基石”。在布什政府对华政策调整的每一个阶段，“人权问题”都被布什政府当作干涉中国内政、迫使中国政府让步的敲门砖，它成为布什政府对华政策最为突出的特点。

1989年春夏之交发生的“政治风波”后，美国朝野反应十分强烈，纷纷谴责中国政府的行为是严重侵犯“人权”的行为。布什总统立即发表谈话强烈谴责中国政府，声称“美国不能原谅暴力攻击的行为”。美国国会反应更是强烈，过去极力对华表示友好的议员如佩洛西等人，转而成了极力反对中国政府的人，过去国会两党对华友好达成的一致，转而一致要求对中国政府采取制裁。参众两院几乎都是在100%的支持下迅速通过了一系列制裁中国政府的法案，要求布什政府对华实行严厉制裁。在这种形势下，布什政府接连两次宣布了对华制裁措施，后来又签署了国会通过的附有制裁中国的内容的法律修正案。美国政府的对华政策由此开始发生重要的转变。美国一向推崇自己的信仰和价值观念，并希望能将其推广到全世界，把维护基本的人权作为美国对外政策的一个重要方面，国务院设有专门主管全世界人权问题事务的官员。

在美国人心目中中国政府的形象变坏，因此美国公众舆论普遍要求制裁中国政府。布什政府在制定对华政策时，不能不考虑这些因素。可见，“政治风波”直接导致了布什政府对华政策的大调整，并且一直影响着其政策调整的全过程，更加突出了政治和意识形态因素。1989 年 6 月 8 日，布什在回答记者提出的“使美中关系恢复正常需要什么条件”的问题时指出：“需要承认个人的权利和尊重持不同观点的人的权利”，并强调指出：“除非承认学生的愿望的合法性，否则，我们不可能保持完全正常的关系。”

二、意识形态的颠覆：对社会主义国家政权更迭施加压力

1989 年以前，布什政府对华态度的积极因素占主导地位。布什政府表示放弃“打牌”思想，强调美国要恪守中美三个联合公报所确定的两国关系的原则；表示既要处理好有共同利益的领域，也要处理好有分歧的领域，在此基础上将中美关系推进到一个新阶段。但之后国际形势的变化所导致美国国际战略利益的转变，是布什政府对华态度转变的根本动因。“政治风波”直接导致了布什政府对华政策的转变，但这仅是表层的原因，根本的原因在于国际形势的变化导致中美战略合作基础消失。1989 年前后，东西方“冷战”基本结束，两极对峙的世界格局破裂，苏联对外政策向西方靠拢，美苏确立所谓的“新伙伴关系”。此时，中美两国已失去了原来对付苏联威胁的共同战略利益，“大三角”失去战略意义，布什政府也无需借助中国力量来制衡苏联。如果不是国际形势发生如此巨大变化，布什政府也不会因“政治风波”而小题大做，采取对华制裁。回想 1976 年“天安门事件”，以“人权总统”自居的卡特上台后，并没有借此制裁中国、停止中美关系正常化进程，反而加快了美中建交的步伐。其根本原因不是中国政府形

象的好坏问题，而是在于当时的美国在对付苏联威胁的战略问题上迫切需要中国的支持。所以，正是苏联威胁的减弱和消失，布什政府才敢借助中国的“政治风波”全面调整对华政策，美国借此机会妄图颠覆中国的社会主义政权。美国总统布什发表声明，对中国的局势进行指责，宣布“中止一切中美政府间军售和商业性武器出口，中断中美两国军事领导人之间的互访活动”；并对中国留学生延长逗留时间的要求给予同情的考虑。6 月 20 日，美国总统又指示美国政府采取进一步制裁措施：“停止参加与中华人民共和国政府官员的所有高层接触”。除此之外，美国还“将寻求国际金融机构推迟考虑向中国提供新的贷款”。美国想通过经济上的制裁和政治上的打压使中国重蹈“苏东剧变”的覆辙，实现颠覆社会主义政权的“多米诺骨牌效应”。

布什政府虽然谴责中国政府，对中国一直实行某些制裁，不恢复正常的美中关系，但反对孤立中国，主张与中国政府保持接触和对话，甚至在某些方面寻求合作；既希望中国发生苏联东欧式的根本变化，又担心中国因剧变而陷入经济崩溃和政治动乱，从而给美国和整个国际社会带来灾难性的后果；既支持中国实行市场经济，又怕中国经济的迅速增长会损害美国的经济利益，更怕中国力量的增强威胁美国在亚太地区的利益；既想对中国实施“以压促变”方针，又担心施压过度使中国“强硬派”力量强大，中国开始实行闭关锁国政策。因此，美国政府也不希望美中关系彻底破裂，做出一些缓和紧张关系的姿态。布什政府调整的目的是促使中国发生有利于美国的和平变革和遏制中国力量的发展。布什政府采取与中国政府对话接触的政策为的是促使中国继续改革开放，变成一个他们心目中的所谓“民主”、“自由”的中国。对这一目标，美国人自己并不讳言。美国前驻华大使李洁明曾坦率地说：“中国政府不喜欢和平演变，但我不认为这个字眼不好。我们提高奖学金给中国学生，要求政府官员来美访问等做法，就是要和平演变中国。”布什也声称，美国“寻求增加与中国的经济和商业往来”，目的是为了“推动中国向市场经济的转变”。同时，布什政府敦促中国加入《不扩散核武器条约》，宣布向台湾和马来西亚出售高性能战斗机的主要目的就是为了遏制中国军事力量的强大，平衡亚太军事力量。

尽管1989年中美关系出现了严重倒退，但由于中美两国已实现关系正常化，同中国完全断绝往来不利于美国的利益。而对于中国来说，中国进行现代化建设需要一个良好的国际环境。所以，在双方的努力下，中美关系逐渐有所恢复和改善。1990年6月，布什政府继续决定给予中国贸易最惠国待遇。11月30日，钱其琛外长应邀对美国进行了正式访问，这是美国对中国实行制裁后，中国高级官员首次正式访美。1991年11月16日，美国国务卿贝克正式访问中国，这些高层互访标志着中美关系基本得到改善。基于现实利益考虑，美国政府对中国政府的敌对意象开始有所转变。

第四节　非敌非友意象（1991—2001）

一、意识形态的对手和非对抗性的转型国家

美国政府对中国政府敌对意象逐步转变后，中美关系开始恢复正常。老布什政府基于全球战略考虑，认为中美之间共同的战略基础——对付苏联的战略利益虽已不复存在，但中国作为亚太地区大国，对亚太地区安全与稳定仍具有举足轻重的影响，对于解决一些地区热点问题诸如柬埔寨、朝鲜半岛以及南亚问题等也有重要作用，因而美中在亚太地区仍存在诸多共同战略利益。而且，美国还需要中国在控制武器和导弹销售、防止核武器扩散、联合国相关事务及全球环境保护方面进行合作。另外，更为重要的是，

美国不希望孤立和排斥中国，使之成为对亚太乃至世界安全的威胁。美国政府追求其对华人权目标和价值观念的同化，希望看到一个符合其价值标准的“民主的”、“多元化”的中国。美国还希望发展同中国的经贸关系，并密切关注中国大陆、台湾和香港构成“大中国”经济圈的潜在可能性。所以，老布什政府在其《1991 年国家安全战略报告》中称，“同中国进行磋商与接触以免加剧庇护镇压的孤立状态是我们政策的主要特征。在中国变革是不可避免的，我们同中国的联系一定要持续下去”。“必须与之保持接触但发展前景不确定的亚太地区大国”是老布什政府的对华政策定位。这种对华定位的双重性使美对华政策从一开始就体现出“软硬两手”并用的特点，并一直贯穿美冷战后的对华政策。美一方面积极开展对华经济、科学和文化联系，强化与中国维护亚太稳定的共同愿望及解决一些世界性问题，诸如军控、环境、能源、卫生等领域的共同利益；支持中国的经济改革，并希望以经济带动政治变化。另一方面，政治上力图把人权等价值观输入中国，经济上用保护知识产权和要求中国开放市场、有限度地向中国转让高技术等打压中国，希望借“胡萝卜”和“大棒”交替使用“以压促变”。

冷战后，美国对中国国家形象的认知和判断始终比较混乱和不稳定。在克林顿执政的 90 年代，美国政府对中美关系基本形态的界定曾经发生重大偏差，一度以“意识形态上的敌对关系”主导对华决策，后又受到国内形形色色“中国威胁论”和双边突发危机的干扰，使克林顿政府第二任期内与中方确立的“致力于建立建设性战略伙伴关系”的双边关系原则没能在美国有效展开。[①] 20

① David M. Lampton, *Same Bed Different Dream: Managing U. S. -China Relations*, 1989 – 2000, University of California Press, 2002; Robert Suettinger, *Beyond Tiananmen*, Chapter 9; Harry Harding, “*US and China: Competitors or Partners or What?*”, paper presented at the *US Foreign Policy Colloquium* (The National Committee on US-China Relations and The George Washington University, June, 2005.

世纪 90 年代以来，美国国内展开几次对华政策的大辩论，在对华关系定位问题上也出现了一系列不同观点，如哈里·哈丁的“非敌非友”关系模式，经过辩论到 1996 年美大选期间，逐渐形成了两党在对华政策上的新共识：第一，冷战后的中国不仅不再是可以与之发展“低水平战略关系”的准盟国，而且正在成为意识形态上的主要对手以及在可预见的将来对美在全球尤其是亚太战略利益产生威胁的潜在敌手。第二，但总体上，由于相互间不同领域复杂的利益关系的牵制，美还要努力与中国这个不同于冷战时期战略对手的国家保持一种非对抗性的关系。“转型国家”即是美政府这一期间对华定位的最好描述。所谓“转型国家”，即想要加入现有国际体系但尚不完全具备“所需基本设施机制”的国家。所谓“转型国家”的定位仍属于“听其言、观其行”的观察阶段，这一提法巧妙地回避了美对华战略定位的明晰化，与和平演变、对华接触等等战略手法一脉相承，即一方面并不定性中国究竟是敌人还是朋友，另一方面暗示中国是否可以被接纳为真正的体系内国家，有待于看中国自身的“表现”是否符合标准，是否完全建立起“所需的基本设施机制”。这一定位反映了美中关系的核心特质，即“非敌非友”，且美是否能接纳中国为“友”，有赖于中国自身融入国际机制的“努力”。

当时美国对华看法以负面居多，这集中体现在政界、学术界、媒体与公众舆论方面。众院民主党领袖格普哈特称，“中国领导人和政府是迫害基督教、穆斯林等宗教领导人、出售最危险的武器、从奴隶劳动中获利和用最邪恶的手段强行堕胎的暴君。”参议员赫尔姆斯仍在不断把中国称为“红色中国”。克林顿 1999 年 4 月表示：“中国受到内部冲突、社会混乱和犯罪活动的困扰，成为亚洲一个巨大的不稳定地区。”美国防部在《2025 年的亚洲》评估报告中认为：“中国未来无论是强盛、衰弱还是动乱，都是对亚洲的威胁，中国的目标是统治亚洲。”前国防部长佩里相信“中国会演变成对美国最主要的威胁”。亨廷顿说：“中国的崛起将是冷战后最大的不稳定因素。”《纽约时报》称中国的经济发展威胁着日本、美国和全球经济体系，因此“中国肯定不再是美国的战略朋友，而是长期的对手”。1999年4月的一项民意调查显示，中国分列美国最大的潜在军事和经济威胁的一、二位，36%的人把中国视为对美国国家安全的最大威胁，而认为俄罗斯是最大威胁的只占8%，55%的人认为中国非敌非友，26%的人认为中国就是敌人。2000年1月的调查显示，81%的美国人认为中国人权记录低于与美有贸易关系国家的平均水平（其中49%认为远远低于）。CNN/《时代》1995年5月的一次调查显示，57%的美国人认为应在人权问题上采取强硬立场，即使这会损害美国与中国的外交与贸易关系，自那以来连续4年每次的调查结果都是支持强硬立场的人占多数。

二、“需要全面接触的转型国家”

随着中美关系不断加快发展，中美之间的利益也深度捆绑，这使得克林顿政府对中国形象的认知发生了改变。美国与中国开展“全面接触”的战略构想大致形成于1994年期间，而1997、1998年江泽民与克林顿的会晤进一步促进了美对华的全面接触战略。美国1998年的《国家安全战略》中提到：“一个稳定、开放、繁荣且对建设一个更加和平的世界负责任的中国对我们的利益很重要”。克林顿政府对中国的“需要全面接触的转型国家”的战略定位，明确了其一系列对华政策的目标和手段。首先，美国对华政策目标是“促使中国成为一个安全、稳定、开放和繁荣的国家，一个接受国际核不扩散和贸易规则、在地区和全球安全倡议方面给予合作、越来越多地尊重自己公民基本权利的国家”。[①] 为达到

① 克林顿总统1996年5月20日在太平洋地区经济理事会第29届国际大会开幕式上的讲话，美联社1996年5月20日电。

这一政策目标，美政策手段是与中国进行全方位接触和交流。美国认识到，遏制中国是不可能的，孤立中国是不可取的，而与中国全面接触、交往，则既能使中国更加安定、繁荣，也能扩大美中之间的商业关系。其次，在美中双边关系之外，美积极推动中国加入多边国际机制，鼓励中国遵守和参与制订国际规则，包括核不扩散、全球贸易、地区经济与安全合作等方面。美认识到，“中国充分参与国际社会对我们解决下个世纪的重大全球和地区问题的能力至关重要”。① 第三，在双方有分歧的领域，美将分别采取谈判、施压乃至经济制裁等不同手段给予区别对待。这样可以避免两国关系因多方面、多领域的冲突而走向失控。换言之，美在处理中美分歧问题时，依然强调谈判与合作，而只是“有选择的强硬”。第四，出于“非敌非友”的意象，在美全面接触与交往政策的背后，美对华政策还有限制与约束中国的另一面。克林顿政府认为，中国作为一个主要大国的崛起也带来一系列挑战，美积极强调“加强同日本、韩国、澳大利亚、泰国等的联盟关系”，并结成一个“预防性的防御体系”，就是出于威慑遏制的需要。

从杜鲁门政府的敌对意象确立到克林顿政府非敌非友的形象认知，我们可以看出，美国政府对华形象认知定位越准确，其对华策略越趋于务实。传统象征性的国家形象在外交决策中具有延展性，且意象又具有固化性，所以新中国成立后美国政府不同阶段形成的“中国意象”，对于小布什政府的中国观的形成产生了深远的影响。

① 美国新闻总署：“东亚太平洋电讯稿”，1996年5月24日。

第四章

小布什政府对中国国家形象的认知

认知心理学认为，有三个主要因素影响主体对客体的知觉：主体本身的特征、客体的特征、发生交互作用的情境特征。小布什政府对中国的认知过程，是在相互交往时作为认知主体的美国对认知客体的中国的信息进行肯定或者否定的认知活动过程，是中美关系的重要组成部分。上文提到，不管是马克思主义的能动反映论，还是像著名瑞士学者皮亚杰的发生认识学，都认为在认识的结构和过程中，作为认识客体的对象并非不对主体产生反作用。由于会受到各种认识中介因素的干扰，认识具有反复性和无限性，会产生两种不同的认知结果，即认知相符或认知偏差。如果主观认知和认知客体两者能够对等或基本上符合，此种结果就被称为认知相符（对位认知），反之，则称为认知偏差（错位认知）。当然，认知本身就是一种主观知觉，认知主体与认知对象之间不可能达到完全相符，因此认知结果只是一种相对的相符和偏差。同样，小布什政府对中国国家形象的认知，在一定的认知情境下受到主客观因素的影响，同样可以产生认知相符与认知偏差两种结果。

小布什政府组阁以来，对中国国家形象的认知发生了三次重大的转变：由上台伊始的“战略竞争对手”——“9·11”事件后的

“建设性合作者”——强化中国责任的“利益攸关方”。从中可以看出随着对美中关系的了解和外交事务的熟悉，布什政府超越了个人色彩和政党偏好，其中国观也发生了很大变化，美国政府对华意识的主流朝务实的方向发生了一些积极的变化。但其对中国国家形象的认知依旧以负面认知居多，小布什内阁里国防部、国务院、商务部的中国观也折射出对美中关系复合相互依存的态度——在经济上相互需要、在军事上进行威慑、在政治上进行角力。

第一节　经济形象

小布什政府内部对中国经济的看法大致可分为两派：机遇论和威胁论。机遇论者看到的是中国经济的巨大影响力和商机，而威胁论者则渲染中国经济的所谓威胁，但他们都不否认中国是一个正在发展的经济大国，在国际社会上具有一定的经济地位和影响。

一、认知相符：经济持续增长和拥有巨大潜力的发展中国家

（一）“中国是世界经济领袖之一”

如果有什么能够让美国政府内部的意见比较一致的话，那就是中国经济的持续增长。早在克林顿政府时期，美国政府就意识到了中国经济的巨大潜力。1995 年的《美国东亚—太平洋地区安全战略报告》指出：“虽然与其他主要的经济强国相比，中国的人均国民生产总值仍然很低，但中国是世界上经济发展最快和经济规

模最大的国家之一。”[①] 在小布什政府的大多数决策者来看，中国是正在发展的经济大国。进入21世纪，中国的发展不断加快，综合国力进一步增强，引起了美国政府及国际社会对中国发展趋势及国际战略取向新的关注。进入新世纪以来的8年时间里，中国已经成为全球经济的主要引擎，中国对世界GDP增长的贡献率是17%（美国只有14%）。截至2008年，中国全年国内生产总值300670亿元，比上年增长9%；全年货物进出口总额25616亿美元，进出口差额2955亿美元，比上年增加328亿美元；2008年末国家外汇储备19460亿美元，比上年末增加4178亿美元，居世界第一。[②] 中国越来越多的具有指标意义的产品总产量跃居世界第一，如2007中国粮食总产量超过5亿吨，煤炭、钢铁等主要工业品产量居世界第一。2009年中国制造业产值占世界比重超过美国居世界第一，这意味着中国将替代美国成为世界头号制造业大国。2006年的《美国国家安全战略报告》称，“中国代表着亚洲令人瞩目的经济成就”。[③] 美国财长保尔森也称“中国是世界经济领袖之一”。[④]

2008年11月由华尔街金融动荡所引发的全球金融危机，导致美国经济复苏需要很长一段时间，美国经济对世界经济的正面影响明显减小。与此相对应的是，虽然金融危机也波及了中国，但中国经济仍将克服困难，保持较高增速，而且中国在世界经济中的地位不断提高，话语权不断增强。在金融危机之后的“20国集团”峰会和APEC领导人会议上，中国的重要作用得到广泛重视。

① 吴心伯：《太平洋上不太平——后冷战时代的美国亚太安全战略》，复旦大学出版社，2006年版，第202页。

② http：//www. stats. gov. cn/tjgb/ndtjgb/qgndtjgb/t20090226_ 402540710. htm.

③ The White House, *The National Security Strategy of the United States of American*, March 16, 2006, p. 41.

④ 周世俭、王丽军：《中国还是发展中国家吗》，《环球时报》，2006年12月7日。

在 WTO 中中国正日益发挥着更加重要的作用，为推动多哈谈判取得进展做出巨大努力，获得各方一致好评。世行将中国视作推动世界经济的主要引擎之一。[①] 对于中国的经济成就和日益高升的经济地位，美国政界和大部分的美国学者持同样的态度。对美国政府决策层有着较大影响的高盛公司曾发表专题研究报告，充分肯定了中国的经济成就和巨大潜力，并预言中国可能在 2035 年超越美国成为世界第一大经济体。[②]

尽管布什政府毫不怀疑中国强大的经济实力和世界性影响力，但仍然认为中国是一个新兴的经济体，“中国存在着阻碍经济发展的结构性经济缺陷和低效率”[③]，并预见中国经济出现低迷的情况。中国在美国政府眼中仍然是个人口众多、资源不足、又存在着种种结构性问题的发展中国家。

（二）“中国的经济发展是美国的机遇”

由于美中经济利益互动不断增强，中国在很大程度上又是美国的机遇。所以小布什政府所有重要的涉华文件都宣称“欢迎一个和平、繁荣的中国”，小布什本人也曾表示“对中国的经济发展不担心，认为中国的经济发展是美国的机遇”。[④] 近 20 年来，中美双边贸易增长迅速，贸易规模及在双方贸易总额中所占的比重都迅速扩大。截至 2008 年 10 月，中美互为第二大贸易伙伴国。[⑤] 即使受金融危机影响，2008 年两国双边贸易额达 3337.4 亿美元，同比

---

① 《中国驻世贸组织大使孙振宇：中国逐渐进入世贸组织核心圈》，《参考消息》，2008 年 12 月 25 日，第 14 版。

② 沈骥如：《熠熠生辉的“金砖”》，《人民日报》，2006 年 9 月 5 日。

③ Department of Defense, Military Power of the People's Republic of China, June, 2005, p. 8.

④ “布什访华称不担心中国经济发展”，2005 年 11 月 21 日，http: //finance. news. tom. com. /1001/1002/20051121300776. html.

⑤ http: //zhs. mofcom. gov. cn/aarticle/Nocategory/200812/20081205963739. html.

增长10.5%，[①] 是1979年中美建交年的136倍。对美国来说，中美经贸关系的发展使其多方面受益。2008年9月中国取代日本成为美国国债的最大持有者，2009年2月中国仍是美国最大的债权国，大约持有7400亿美元的国债，相当于美国国债总额的6%[②]，这表明美国经济对中国的依赖性进一步增加，“美国受益于中国经济崛起”。[③]

第一，中美经济融合度的提高推动了美国的经济增长和转型。牛津经济预测（OEF）模型显示，中国加入WTO之后，中美经贸关系迅速发展推动了美国的经济增长。从中国进口劳动密集型产品使美国可将生产重点放在开发资本密集型产业和先进科技产品上，推动了美国经济的转型。该模型还显示，中美贸易和美国在华投资的增长使美国制造业就业岗位和产出减少，金融、分销等服务业就业岗位和产出增加，但后者的效应大于前者，结果是美国经济在整体上获益。OEF模型还表明，2001年之后，中美关系的加强对美国GDP增长、物价下降、经常账户改善及就业的正面作用越来越大。[④] 更重要的是，中国购买巨额美国债券，对美国平衡财政预算、稳定金融市场起着至关重要的作用。

第二，中国质优价廉的产品，增进了美国消费者的福利，节约了其消费支出，减少了进口国的支出和通货膨胀压力。1997年以来，随着中国商品进入美国市场，美国消费者每年至少节约数百亿美元支出。摩根士丹利估计，在过去的10年当中，中国出口产品共为美国消费者节约了6000亿美元，仅2004年一年就节约了近

① http：//www.chinanews.com.cn/cj/gncj/news/2009/02－06/1552760.shtml.

② http：//finance.eastday.com/m/20090317/u1a4247675.html.

③ http：//www.cnstock.com/paper_ new/html/2008－08/21/content_ 64350876.htm.

④ Oxford Economic and the Signal Group，*The China Effect：Assessing the Impact on the US Economy of Trade and Investment with China*，The China Business Forum，2006，p.1.

1000 亿美元。[1] 美国消费者已离不开“中国制造”。2005 年 9 月，作为当时美国政府主要对华政策代言人的佐利克这样说道：“中国取得了非同寻常的经济增长。无论是日用品、服装、电脑，还是在资本市场，我们感觉到中国无处不在。”[2] 多年来，物美价廉的中国商品既满足了美国消费者的多样化需求，又降低了他们的支出。OEF 的估计也表明，中国入世后不断发展的中美经济贸易对美国消费价格水平的影响越来越大，2008 年已使其下降了 0.6 个百分点，2010 年使其下降 0.8 个百分点，中国廉价商品的进口抑制了美国的通货膨胀。

第三，对华投资不仅为美国的投资者提供了投资机会，也使其获得了高于对外投资平均收益水平的超额利润。据美国商会 2005 年调查，约 70% 的美国在华公司赢利，约 42% 的公司在华利润超过全球平均利润率。美国一位资深记者萨拉·邦焦尼发表了一篇题为《没有“中国制造”的一年》的文章，指出中国的巨大市场为国际资本提供了良好的投资机会并带来丰厚的利润，美国是外国在中国投资中获益最大的国家。中美在贸易、金融领域形成如此高度的利益攸关，被美国前财政部长劳伦斯·萨默斯称为一种“金融恐怖平衡”。[3]

第四，中国帮助美国应对金融危机，在危机中起到了“负责任的作用”。2008 年全球金融危机爆发后，中国经济仍能逆市增长，被西方世界寄予了充当全球经济复苏“救命索”的厚望，尤其是在美国金融市场陷入大动荡的这个关键时刻，中国的资金起到了主要的缓冲作用——正是中国以亿计的美元注资暂且保住了一

① 转引自《吴仪：〈华尔街日报〉撰文推进中美贸易互赢》，中国证券报，2007 年 5 月 18 日。

② Robert Zoellick, “Whither China: From Membership to Responsibility?”, September 1, 2005, http://www.state.gov/s/d/rem/53628.htm.

③ Kempeu Frederick, “China Stage an Economic Balancing Act”, *The Wall Street Journal* (*online*), March 28, 2006.

大批美国金融机构。美国财长保尔森称赞中国在对抗金融危机中起了“负责任的作用”，并称正是与中国的接触帮美国应对了金融危机。[①] 而中国也以更加积极的姿态同世界各国“同舟共济、共渡时艰”，胡锦涛同志在2008年11月22日APEC年度峰会上向其他20个成员的领导人和官员发表讲话：“中国愿继续同国际社会一道，共同维护国际金融市场稳定。”[②] 美国彼得森国际经济研究所所长弗雷德·伯格斯滕提出了“G2”观点。他认为，没有中国就没有世界经济，从某种意义上来讲，中国在世界经济中处于“统治地位”。他称美国、中国应作为“G2”扮演领导角色，携手带领世界走出经济危机，帮助改善国际秩序。伯格斯滕说，现在对中国来讲，是黄金时机，因为如果没有中国的参与，世界将无法正确面对金融危机。

美国政府对中国经济发展的认同与中国事实上的经济成就相一致，“发展中的经济大国”、“中国经济机遇论”是主观感知和客观对象物相符的一种形象认知，它基本上是一种“对位形象”。

二、认知偏差：“中国经济的发展对美国及世界构成威胁”

美国政界对中国经济形象的认知具有两面性：一方面，承认“中国的经济发展是美国的机遇”，但另一方面，又认为“中国经济的发展对美国及世界构成了威胁”，即所谓“中国经济威胁论”。“中国经济威胁论”的主要论调包括中美贸易顺差、人民币汇率、能源、知识产权、劳工待遇等问题。本节就贸易顺差、人民币汇率及能源问题阐述布什政府的对华认知。

---

① 《保尔森力挺中美经济对话》，《参考消息》，2008年12月4日，第7版。

② 《中国量力参与全球金融救援》，《参考消息》，2008年11月25日，第1版。

（一）“中国操纵汇率导致美中贸易逆差”

随着美国对华贸易逆差连年增大，“中国经济威胁论”有了更为具体的“证据”，即“中国贸易威胁论”①。美国政府认为美国贸易逆差的重要原因是中国操纵汇率，特别是操纵人民币对美元汇率。美国财长保尔森说：“自2005年以来，中国政府已让人民币对美元升值超过20%——这非常重要，意义十分重大，但重要的是，这一改革过程要持续下去。”② 自2001年以来，美国开始通过使美元贬值来改善其经常项目逆差，弱美元政策提高了美国产品对欧元区和日本的竞争力。而中国实行紧盯美元的固定汇率制度，自20世纪90年代中期以来，美国认为人民币以低估的币值盯住了美元，观察家一致认为人民币至少低估了20%。美国甚至有人将美国制造业近年来失去260万个就业机会的主要原因归罪于人民币汇率低估。美国认为中国商品的价格偏离了实际价值，使得以美元表现的商品价格偏低，从而促进了中国产品对美国的出口，并且限制了美国产品对中国市场的出口，使得中国产品的竞争力也增加了。在美国看来，中国利用盯住美元的汇率政策分享了美元贬值的好处，并且给美国带来贸易赤字的贸易逆差。因此，中国的汇率制度近年来遭到美国政府的持续批评，美国不断加大压力来迫使人民币大幅升值。

其实，出现美中贸易逆差主要是基于以下三个原因：（1）中美贸易产品结构不匹配。中美两国的贸易具有很强的互补性，中国对美国出口的主要产品是劳动密集型产品；理论上，美国对中国出口的应该是资本与技术密集型产品，而现实中美国并没有向中国出口产品数量相匹配的资本与技术密集型产品，美国在向中

① 王珏，《“中国经济威胁论”及其国家形象悖论》，《国际观察》，2007年第3期，第54页。

② 《保尔森力挺中美经济对话》，《参考消息》，2008年12月4日，第7版。

国输出高科技技术产品方面把关十分严格。正是由于这种贸易走向以及贸易产品结构的不匹配性，导致了美中贸易中持续性的巨额逆差。(2) 国际分工的深化。到目前为止，中国自己生产的货物与美国产品并不够成竞争力。比如说，日本对美国出口的产品是由日本企业自己生产制造的，而中国对美国出口的产品在很大程度上是由美国在中国投资的企业和其他国家在华投资企业所生产并出口的。以2004年为例，以美国等发达国家为主的三资企业的出口在中国出口贸易中占55%，2005年前3个季度，外商投资企业进出口占全国进出口总额的比重已高达57.6%。所以，中美贸易逆差实际上是“美美摩擦”，即美资企业对美国企业或外资企业对美国企业的摩擦。因为中国大陆对美出口很大一部分也是日、韩、台等其他经济体厂商向大陆转移生产的结果。这种情况一方面造成中国从上述经济体进口的中间投入品急剧增长，对它们产生贸易逆差；另一方面，改变了它们对美贸易顺差的方向，单方面承受了它们原来承受的对美贸易摩擦的压力。在这一过程中，美国跨国公司及其他经销商获得了丰厚的利润。因此，中美贸易顺差不能简单地归咎于中方，这是当前国际分工不断深化发展的结果。(3) 在全球化日益加深的今天，旧有的双边贸易统计方式显然已经过时，根据美国经济学家的研究，国民储蓄率过低、过度消费等国内因素是导致美国对华贸易逆差迅速扩大的主要原因。①

美国政界认为中国政府不但人为压低人民币汇率导致其贸易逆差，而且还利用廉价劳动力来颠覆美国的工业。一些美国人士认为中国以低廉的劳动成本和廉价的劳动力优势向美国国内市场倾销产品，使得美国的工业大规模地转向中国而造成美国数以万计

① Peter G. Peterson, “No Free Lunch”, *The National Interest*, 2007 (7-8), pp. 19-23; Lawrence Summers, “America Overdrawn”, *Foreign Policy*, 2004 (7-8), pp. 46-49.

的就业岗位流失。美国彼特森国际经济研究所中国经济问题专家拉尔迪说："如果我们失业率达到9%或10%，人们就会盯着中国越来越多的贸易盈余，然后质问'这是怎么回事？'"[①] 美国各大主要媒体均称中国等发展中国家抢走了美国人的工作机会，导致美国失业率居高不下。《纽约时报》曾经头版刊出所谓"中国对美经济大挑战"的长篇报道，称与当年的日本相比，中国对美国形成更大的经济挑战。[②] 一些政治精英还鼓吹"中国正成为世界工厂，在掏空世界其他地区的制造业"。可以说，中国在全球生产体系中的地位在不断上升，但中国制造业并不是美国制造业衰落的重要原因，不能将此问题全归结到中国头上。国际贸易的性质决定了跨国公司会受到低劳动成本的吸引，这是国际分工不断深化的结果。

美国政府和舆论在明知中美经贸"利益"大致平衡的情况下，仍然跟随保护主义利益集团炒作贸易不平衡问题，主要目的在于利用该问题向中国施加压力，以求进一步打开中国市场。

（二）中国是一只"圈油"的"饿龙"

从美国政府在发表的文件中有关中国能源政策的关注和评述，可以看出美国在以下几个方面对中国存在着疑虑和不满，这也是中美在能源问题上潜在的冲突因素。

1. 认为中国经济迅速发展将导致中国的能源危机，从而抢夺全球的能源

美国国防部2005年度的《中国军力报告》称："2003年，中国成为世界第二大石油消费国、第三大石油进口国。对海外资源和能源的依赖，尤其是对石油和天然气的需求，在中国的战略

① 《保尔森力挺中美经济对话》，《参考消息》，2008年12月4日，第7版。

② Keith Bradsher, "Like Japan in the 1980's, China Poses Big Economic Challenge", *The New York Time*, March, 2005.

和政策的制订过程中起着非常重要的作用。"[①] 美国能源部估计，到2025年，中国的石油进口量将达到每天950万桶，这将使中国在世界石油消费总量中所占比例增加到14%。（相比之下，美国的石油消费量据估计将占到世界石油消费总量的25%。）美国国会2005年8月通过的美国新世纪能源战略蓝本《2005年国家能源法》，也有一项专门针对中国的附带条款，该条款要求美能源部、国土安全部、国防部等跨部门进行协调，对中国经济增长、军备扩充、能源需求以及在世界各地争取能源的行动展开调查，并评估对美国国家安全可能造成的负面影响。这项条款将同新能源法案一起正式具有法律效力。持续关注中国石油消费以及海外石油来源的情况，及时评估其对美国的影响，并制定相应的策略，其中包括适当围堵中国海外石油来源的渠道将是美国政府今后一段时期的政策。美国多家媒体把中国说成是一只难以满足的能源"饿龙"，正利用一切手段在全球"圈油"，全球原材料供应紧张就是因为中国在亚洲、非洲和拉美国家大肆采购造成的。

美国政界更为担心的是石油战略的问题。中国巨大的石油需求使一些人怀疑美国和中国是否会卷入获取能源的资源战。他们认为，中国已经开始发展同非洲、中东和中亚能源富国之间的战略关系，一些人运用新现实主义的框架解释中国的动机，而另一些人则使用能源战的历史进行类比。中国政府则以非零和措施来回应——能源节约、提高能源利用效率和发展替代能源来克服能源匮乏的宏大战略。中国能否克服能源问题难以确定，但是，就能源的稀缺性和能源是工业经济的动力而言，美国政界认为中美能源竞争问题将会持续下去。

① 《亚洲时报》中文在线，2005－11－09［2005－12－13］. http://www.atimes.com/atimes/China/GJ15Ad02.html.

2. 认为中国为获取能源采取“重商主义”，对中国“石油外交”深感不满

中国与伊朗、苏丹及其他非洲及拉美国家开展能源合作，是中国能源多元化战略的表现，中国是按照互惠互利的双赢原则，遵循商业规则，确保石油进口渠道的多元化，分散石油风险。这同美国为避免过多地依赖中东石油，实行能源进口多元化战略的目的是一致的，都是为了确保能源安全。而中国在苏丹、委内瑞拉、伊朗、缅甸等地区进行的能源开发令美国感到不安与不满，美国政府指责中国为获取能源采取“重商主义”的态度。一方面，美国政府认为，中国同这些“问题国家”打得火热，损害了美国通过联合国等相关机构对这些国家和地区制裁的效果。美国认为中国不应为了自身的经济发展和获得能源与资源，而不顾及自己的国际形象，与上述这些国家往来，只讲经济，而不讲道义，是所谓的新“重商主义”（mercantilism）的表现，“中国与安哥拉、中亚国家、印尼、中东（包括伊朗）、俄罗斯、苏丹和委内瑞拉等国寻求长期的供应协议，同时和那些具有重要地理政治地位的国家建立良好关系以寻求保证航道畅通。”① 美国副国务卿佐立克2005年9月底演讲时也谈到：“采取重商主义的策略可导致中国与某些政权结成伙伴关系，使中国的名誉受损，同时也会促使其他人对中国的意图产生怀疑。”另一方面，对中国涉足北美及拉美“后院”的能源政策表示不满。美国政府认为中国与加拿大、委内瑞拉及其他拉美国家的能源合作触动了美方的利益。华盛顿的能源安全研究机构“全球安全分析研究所”的执行主任盖尔·鲁弗特强调，中国能源公司的触角不仅伸到了拉美，也伸进了美国的老邻居加拿大。中国在西半球这个传统上属于美国势力范围的地区的影响扩大，将逼迫美国到其他地区来保证自身的能源供应。

① 《亚洲时报》中文在线，2005-11-09［2005-12-13］. http：//www.atimes. com/atimes/China/GJ15Ad02. html.

同时，美方对中国政府介入能源领域，开展“石油外交”表示担扰。美国认为，中国政府在能源问题上过多地介入了石油市场。美方认为中国通过政府支持的中石油、中石化和中海油三大国有公司在海外展开寻求能源的行动对其他国家和企业来说是一种不公平的竞争；并认为中国的海外石油政策，不是直接到世界市场上买油，而是通过收购和占有股份的形式控制油源，不能确保中国的石油安全。2005 年，中国海洋石油公司收购美国尤尼科公司成为“中国经济威胁论”的又一新论据。美国著名经济学家克鲁格曼发表专栏文章称，中国的竞购收购都是以作为美国潜在竞争敌手的商业行为出现的，应阻止中海油收购尤尼科的交易成功。[①] 针对中海油收购，两位共和党议员彭博和亨特率先写信给美国总统布什，要求政府审查中海油提出的对尤尼科的收购案，声称当世界能源版图改变的时候，美国应该明白中国政府正在寻求能源的“野心”。此后，又有 41 名民主、共和两党的议员联名致函布什政府，要求财政部就此案展开调查。从政界到各大媒体一片反对中国收购之声，“以中海油试图并购尤尼科为标志，中国‘正有计划、有目标地进军美国能源市场’”，“中国能源威胁论”在美国达到一个新的高潮，直接或间接地导致收购最终失败。美国《洛杉矶时报》称：“中国晃动着现金并以准入其巨大的市场为诱饵，向全球派出一批批的外交官、调查员和工程师，以解它对能源‘贪得无厌’之渴。”美方声称：“石油问题应由市场来决定，中国政府应更多地使用经济手段，中国为保护油源而采取的战略措施，有可能成为未来美中的冲突点。”[②]

① Paul Krugman, “The Chinese Challenge”, *The New York Times*, June 27, 2005.

② 马小军、唐延林：《冲突还是合作，国际政治背景下的东亚能源战略》，《理论动态》，2005 年第 2 期，第 35 页。

第二节 政治形象

一、认知相符：在政治和社会开放的力度上取得比较大的进步

小布什政府对中国加大改革开放力度的做法和采取积极融入国际体系的姿态表示欢迎，认为中国在政治和社会开放的力度上取得了比较大的进步。正因为中国的开放，才使得美国更好地接触和了解中国——日益紧密的两国间多层面互动足以证明这一点。

（一）“走上政治开放的道路”

在小布什政府看来，中国在政治上取得了一定的进步，2002年的《美国国家安全战略报告》称，中国“已经走上政治开放的道路，它允许许多的个人自由，施行了村级选举”。中国改革开放以来，其快速发展与崛起的事实就已表明中国的政治体制能够适合自己的发展需要。约翰·汤姆敦在《外交》季刊上发表论文指出，北京谨慎地但明确朝向法治和负责任的方向迈进[①]，事实上“中国人民从来没有像现在这样自由过”[②]。

布鲁金斯学会高级研究员李成说：“从共产党领导人的角度看，中国的政治改革必须是循序渐进的，其规模是可控的。在中

---

① Fareed Zakaria, The Rise of a Fierce Yet Fragile Superpower, 2008 - 1 - 27. http: //www. newsweek. Com/id/81588.

② Victor Mallet, Asia in 2008: Its Rise is a Global Good 2007 - 12 - 28 · http: //www. ft. com/cms/s/0/a07a3ddc - b47e - 11dc - 990a - 0000779fd2ac. html? nclick_check = 1.

国领导人看来，这些党内选举是政治改革的重要组成部分，而这种政治改革的目的是为了逐步使中国党政体制变得更加透明、更有竞争力和代表性。”① 中国政府高层始终认为，政治改革重要的是内容而不是形式，政治改革不应导致混乱，中国的政治改革必须形成有序的治理模式，而不仅仅是西方式的制衡。面对西方的民主政治的压力，中国拥有自己特色的转型模式，在转型时期，中国政治改革考量了转型质量和转型方向等因素，政府能力与民主建设进程关系密切，包括程序上的完善及法制化的加强，全球化与政治转型密不可分，必须建立一整套引导全社会发展的核心价值体系等。与此同时，近年来国际社会越来越多的人开始注意到中国从自己的基本国情出发，发展中国特色社会主义民主政治的经验。美国布鲁金斯学会董事会主席约翰·桑顿在美国《外交事务》杂志上发表的《中国民主的前景》一文中说，中国目前所讲的民主与西方民主的定义有所不同，他们坚称实行“审议”形式的政治（即允许公民个人和团体在决策过程中发表自己的意见）比多党公开竞争权力更合适。中国在地方选举、司法系统改革和加强监督机制方面进行的尝试，都是在向一种更加基于规则的政治体制转变。② 随着中国民主政治建设的推进，美国对中国能否实现政治和战略“转型”的疑虑会逐渐弱化。中国进行民主政治建设有利于促进美国对华战略信任和中美建设性合作关系稳定发展；同时，中美关系稳定发展，也可以为中国进行民主政治建设提供良好的外部环境。

---

① 李成：《中国政治迎来更具活力的新阶段》，美国《中国领导人观察杂志秋季号文章》题：从选拔到选举？中国选拔政治精英的试验，《参考消息》，2008 年 11 月 11 日，第 16 版。

② Jone L Thornton, “Long Time Coming—The Prostects for Democracy in China”, *Foreign affairs*, January/February, 2008. http：//www. foreignaffairs. com.

（二）中国模式“在世界公众中产生共鸣和影响力”

2004 年，英国外交政策研究中心发表了美国《时代》周刊高级编辑、美国著名投资银行高盛公司资深顾问乔舒亚·库珀·雷默的《北京共识：论中国实力的新物理学》。该文对中国 20 多年的经济改革成就作了全面理性的思考与分析，指出中国通过艰苦努力、主动创新和大胆实践，摸索出了一个适合本国国情的发展模式，这种新动向和发展物理学被称为“北京共识”或者“中国模式”。书中提到，“中国模式”是中国从本国实际出发而走出的一条独立自主的发展之路，其独特之处在于：中国既没有像依附理论那样，完全和世界政治经济秩序脱钩，闭关自守地进行现代化，也没有像传统现代化理论和“华盛顿共识”那样，采取私有制、全盘西化和激进性变革的方式进行，而是根据中国改革所能承受的限度和改革的需要，在保证国家经济政治安全的前提下，逐渐扩大开放的领域，在改革和开放中增强国民经济抵御风险的能力和参与世界经济竞争的能力。许多美国学者提出，中国发展模式最具有挑战性与创造性的内涵，是建立并不断完善社会主义的市场经济体制，这在人类历史上是一次前所未有的尝试。一方面，将市场经济引入社会主义制度，必然导致整个社会经济、政治、文化运作机制的一系列深刻变革，同时也可以为克服传统社会主义的种种弊端提供了重要契机。另一方面，社会主义的价值导向和制度规范，赋予了市场经济建设特殊的内涵，开创出一种人类历史上从未有过的迈向现代化的发展道路。美国右翼智库企业研究所 2007 年底出版的《美国人》双月刊发表署名文章说，描述这一模式的一个较为简捷的方式是：经济自由加上政治压制。他们以西方的价值观为标准，虽然强调“政治压制”，甚至干脆说中国“专制”、“独裁”，但同时不否认中国经济的长足发展，并且承认“中国模式”的积极影响力。

1. “中国模式”彰显强劲效应

虽然美国政界并未高调提及“中国模式”的积极影响力，但近年来美国学者对“中国模式”的不断深入研究以及美国政客对其的担心恐惧，从侧面可以彰显出“中国模式”的强劲效应。无论是美国政界还是学界认为“中国模式”已取得初步的成功，不仅仅是因为中国惊人的经济增长速度、解决亿万人民温饱问题、拥有一个不断扩大的市场，还在于采取审慎行事的循序渐进方式适时推进政治改革、确保社会稳定、坚决捍卫国家主权和利益。有学者认为，中国政府在中国扮演着“起重机”的角色，成功地“指挥”了改革开放的进程，“一个易受外部因素影响的不成熟改革进程已转变成一个自我实现的改革进程，它像连锁反应一样进行，更多地由内部动力决定，而不是靠外国因素推动。”① 这集中表现为在推进国家进取、调控能力、经济活力、社会凝聚力上占有相对优势。同时，美国政界及许多学者还认为，“中国模式”对迄今仍停滞不前的世界经济产生深刻的影响。尤其是美国次贷危机演变成席卷西方及全球的经济危机之后，以美国为代表的“民主加自由市场模式”受到强烈质疑，其正当性受到前所未有的冲击。而中国政府依然利用国家资本，将刺激经济增长列为最优先的课题。就在西方吞咽自酿的苦果而苦苦挣扎之时，30 年来一直坚持走自己道路并取得巨大成功的中国在这场危机的衬托下，其正当性、被全球认可和接受甚至学习模仿的与日俱增。新美国基金会的资深研究员迈克尔·林德认为，金融危机的爆发标志着，华盛顿倡导的自由市场和不受限制的资本主义模式的终结，“明显地损害了我们一直倡导的英美模式的声誉，中国模式现在可能更多地会被认为是未来的潮流”。② 这场危机打碎了“美国模式”的

---

① 乔舒亚·库珀·雷莫：《北京共识》，摘自《中国形象：外国学者眼里的中国》附录，2006 年版，第 289 页。

② 徐崇温：《国外有关中国模式的评价》，载《红旗文稿》，2009 年 4 月 29 日，http：//dangshi. people. com. cn/GB/144956/9216684. html.

神话，让世人看到了欧美所奉行的自由市场经济制度正面临着严重的挑战，而“中国模式”却彰显出勃勃生机，这也向更多的美国人及国际社会证实了“中国模式”的强劲效应。

2. “中国模式”对发展中国家“有着极大的吸引力”

中国经验或“中国模式”开始被看作是一种软力量，在国际社会中产生吸引力。美国学者约瑟夫·奈在2008年2月说：“中国的经济增长不仅让发展中国家获益巨大，中国特殊的发展模式和道路也被一些国家视为可效仿的榜样……更重要的是将来，中国倡导的政治价值观、社会发展模式和对外政策做法，会进一步在世界公众中产生共鸣和影响力。”20世纪晚期，拉美经济危机、东亚金融危机和俄罗斯“休克疗法”的失败，都与新自由主义经济政策直接相关，而新自由主义正是“华盛顿共识”的基础，它们表明了建立在“华盛顿共识”上的“拉美模式”、“东亚模式”的局限。因此，有美国学者指出“中国模式”为后发展国家提供了一条可借鉴的“反对”经典现代化理论和“华盛顿共识”的现代化新路。当许多第三世界国家仍备受现代化挫折的社会阵痛折磨时，同样经历过长期殖民掠夺，同样在“一穷二白”基础上建设现代化的中国所创造的一系列发展经验，因其蕴含的某些普遍意义将会引起后发展国家的特别关注。“‘北京共识’给世界带来了希望。在‘华盛顿共识’消失后，在世界贸易组织谈判破裂后，在阿根廷经济一落千丈后，世界上大多数国家都不敢确定新的发展范例应该是什么样子。许多国家想求得发展与安全，但几百年来不断看到过于依赖发达国家提供援助的发展模式以失败告终，对于这些国家来说，中国所发生的一切，包括创新、不对称性、对平等的关注、对有关公民权利与义务的新思想的探索等，都有着极大的吸引力。”[①]“更多的国家会被中国和俄罗斯的可供选择的

① 乔舒亚·库珀·雷莫：《北京共识》，摘自《中国形象：外国学者眼里的中国》附录，2006年版，第333页。

发展模式吸引，而不是效仿西方在政治和经济上的发展模式。”① “北京共识”、“中国模式”的提出，正是国际舆论对中国形象的认知开始向正常状态回归。在国际舆论的视野里，中国已经不再是一个独特的国家，而是一个其发展路径具有普遍性的国家。

二、认知偏差：“不民主”的社会主义国家

长期以来，美国政府一直把西方民主奉为人类共有的“普世价值”，并据此指责中国政府在改革中采取“先经济、后政治”，乃至“经改政不改”策略。在他们眼中，“一党专政”、“不民主”、“侵犯人权”及“社会主义国家”仍然是中国政治形象的代名词。

(一)“固守着共产党的一党专政统治”

在小布什政府的战略决策者看来，尽管中国在经济自由化方面取得了巨大的成效，并在政治改革领域取得了一定的进步，但中国作为社会主义国家的形象仍让他们感到不安，他们依旧认为中国是决策体制不够透明、不够民主的“一个以中国共产党为最高权力核心的专制国家”。② 2002 年的《美国国家安全战略报告》称中国“固守着共产党的一党专政统治”。③ 2006 年该项报告又称：“虽然中国的经济持续增长，但中国将面临着来自本国国民的迫切要求，那就是要沿着东亚一些民主国家的道路走下去，为经济自

① 《美情报机构预测 2025 年》，《参考消息》，2008 年 11 月 20 日，第 3 版。

② 《美国国务院 2001 年度各国人权报告—中国部分》，http：//usinfo. state. gov/regional/ea/mgck/archive02/hrchina. htm。

③ The White House，The National Security Strategy of the United States of America，September 17，2002，http：//www. whitehouse. gov/nsc/nss. pdf.

由注入政治自由。”[①] 在大部分美国政客看来，中国是一个“非民主”的社会主义国家，中国“在国内如何对待其国民”就会在国际关系中同样对待其他国家。[②] 未来中国究竟是一个“合作者”还是国际关系中“愤怒的民族主义的破坏者”，取决于未来中国制度的性质。[③] 这是基于美国的意识形态和制度认识而产生的典型的“中国威胁论”。美国政界还认为，中国“非民主”的政治制度、“一党专政”的意识形态、威权体制的政治结构将会阻碍中国民主化进程[④]；中国的经济改革使得中国出现了“去中央化”或者“非中心化”的过程，地方权力日益增大，中国中央政府将会加强对地方的干预和经济控制，其结果是中国经济不会变成真正意义上的“市场经济”，政治上也不会走向西方想要看到的“政治自由化”的道路。[⑤] 在这种认知的支配下，拒绝接受西方自由民主观念的中共政权被认为是“独裁国家”、“专制国家”、“集权国家”，而不符合美国信仰的、非西方式自由民主的中国被认为会对美国构成威胁。

带着所谓“天定命运”感的美国政府仍然是透过意识形态的

---

① The White House, The National Security Strategy of the United States of American, March 16, 2006, p. 41.

② Jim Hoagland, “Simply China”, *Washington Post: National Weekly Edition*, June 12 - 18, 1995, p. 28.

③ Herald Brown, “Preface” in James Shinn (ed.), *Weaving the Net: Conditional Engagement with China*, A Council on Foreign Relations Book, 1997, p. x.

④ Arthur Waldron, “China's Coming Constitutional Challenges”, *Obis*, Winter 1995, pp. 19 - 35; David M. Finkelstein and Maryanne Kivlehan (ed.), *China's Leadership in the 21st Century: the Rise of the Fourth Generation*, M. E. Sharpe Inc., 2003; Richard Bernstein and RossH Munro, “The coming conflict with America”, *Foreign Affairs*, February, 1997, pp. 18 - 32.

⑤ Jack A. Goldstone, “The Coming Chinese Collapse”, *Foreign Policy*, Summer 1995, p. 32 - 52; David Zweig, “Developmental Communities on China's Coast: The Impact of Trade, Investment, and Transnational Alliances”, *Comparative Politics*, April, 1995, pp. 253 - 274.

有色棱镜来看待中国的政治体制，加上固有的冷战思维，使他们对社会主义国家有着一种本能的憎恨和反感。小布什第二任国务卿赖斯就曾这样攻击到："法西斯和共产主义虽然在许多方面有着分歧，但他们毫不妥协地憎恨自由，狂热地确信他们的道路才是唯一的道路，并极度相信历史是站在他们的一边。"① 美国前国务卿基辛格在2005 年5 月与北京大学学生座谈时说："美国的一些政治家顽固地认为共产主义就是苏联模式，一提到共产主义，他们头脑中便出现了根深蒂固的消极形象，而且从不允许这种形象向好的方面转变。"这种先入为主的思维方式强烈地影响着他们对中国的形象认知。他们漠视中国的政治文化传统和具体国情，片面地按照美国式的自由和民主标准来看待中国的社会主义制度。这种从意识形态有色棱镜透过来的形象认知与中国的实际情况不相符，"不够民主的社会主义国家"其实是一种"错位形象"。

（二）"继续侵犯很多普遍应享的人权"

改革开放以来，中国的人权状况得到了前所未有的发展。虽然与西方国家相比依然存在不少差距，但纵向比较的进步是无法抹杀的。评价一国的人权状况，理应着眼于该国的总体情况和历史发展趋势，而美国政府无视中国总体人权进步的客观事实和基本态势，热衷于搜集一些所谓"个案"肆意加以歪曲和夸大，甚至不惜杜撰所谓"事实"，攻击中国在"关键的人权领域出现倒退"，并执意在联合国人权大会上搞反华提案。自从小布什上台以来，其始终强调中国的人权是美国对华关系的核心部分。2001 年在日内瓦联合国人权委员会会议上，美国再次要求委员会成员国支持一项有关中国侵犯人权行径的决议案。塔希尔·凯利在提出这项决议的时候说："虽然中国政府采取的某些措施值得称赞，然而，

① Opening Statement by Dr. Condoleezza Rice, 2005 - 01 - 28. http: //www. Senate. Gov/foreign/testimony/20005/RiceTestimony050118. pdf.

它仍在继续侵犯很多普遍应享的人权。”① 同年5月，美国在年度人权报告中继续指责中国的人权状况：“政府的人权记录在整个一年中一直不良，政府继续进行一系列严重侵犯人权的行为。”②

中国综合国力的提高，不仅使得中国的人权事业不断发展，也会使美国的人权外交越来越失去意义。近几年来，美国在国际人权会议上的反华议案连年受挫，“人权武器”愈难奏效。“如今，中国的经济实力使美国关于道德和人权的说教显得十分无力。十年后，中国将使它们显得苍白无力。二十年后，中国将使它们显得荒唐可笑。”③ 随着八九政治风波在押分子的释放，由八九政治风波所导致的西方社会、特别是美国对中国所谓持不同政见者的“国际关注”事实上已经很难找到新的兴奋点。美国政府不得不转移视角以便继续保持对中国的人权攻势。因此，小布什政府把推动中国的宗教自由作为对华人权攻势的新重点。近年来，美国官员同中国领导人的会晤都必谈宗教自由问题。2002年，小布什访华时仍然提出人权问题，他在清华大学演讲时，强调美国的传统外交理念——“一种传教精神”主导外交政策，并更强调宗教问题，“多个世纪以来，中国在包容各种宗教方面有着古老的传统。我为一切迫害的终结祈祷，让所有的中国人都有机会和从事宗教活动的自由。”④ 美国国内目前的反华人权叫嚣中，来自宗教界的人权活动分子的力量很大，宗教团体在中国人权问题上的频频发难也使美国政府必须作出回应。近些年，美国政府将对华人权攻

① “塔希尔·凯利大使2001年4月18日在日内瓦联合国人权委员会会议上的发言”，http：//usinfo. state. gov/regional/ea/mgck/archive01/0418unhr. htm.

② 《美国国务院2001年度各国人权报告—中国部分》，http：//usinfo. state. gov/regional/ea/mgck/archive02/hrchina. htm.

③ ［美］理查德·尼克松：《超越和平》，世界知识出版社，1995年版，第106页。

④ 布什总统在北京清华大学的演讲. http：//usinfo. state gov/regional/ea/mgck/archive02/0222qhspeech. htm.

势定位为指责中国政府侵犯西藏人权和迫害信教自由。2008 年，拉萨“3·14”事件发生后，美国政府就西藏人权问题对中国政府的指责可谓变本加厉。美政界部分人一边倒地支持所谓“西藏和平抗议运动”，谴责中国政府在事件过程中对藏民的“镇压”，要求中国政府尊重西藏人权，开展与达赖喇嘛的政治对话甚至允许西藏独立。美国国会执意审议通过众议院议长佩洛西提出的涉藏反华决议案，以及参议院范因斯坦、史密斯等议员提出的涉藏决议案。美国副国务卿还接见了达赖，并在《华盛顿邮报》上发表了指责中国人权不负责任的言论。美国政府一直怀疑中国政府对西藏文明采取压制、限制甚至灭绝的措施，其中包括控诉在统一和现代化进程中西藏文明的衰落，诬蔑中国剥夺藏人传承自己民族文化的权利，猜测汉族正在以移民的手段最终消灭藏族等。美国一些政客基于在冷战时期形成的对社会主义的误解和偏见，将中国认定为“黩武者”、“入侵者”和践踏人权的一方。从中可以看出，美国国内主流舆论对中国人权状况始终持有顽固看法，美政府基于历史与现实因素的考虑，对于中国人权状况的认知也不可能很快改变。

（三）“中国模式”挑战“美国模式”

1. 经济发展模式的威胁

美国右翼政客最为忧虑的是中国的“模式威胁”，美国政客声称“华盛顿共识”正在受到“北京共识”的挑战。“新自由主义的政策宣言”的“华盛顿共识”（Washington Consensus），是以华盛顿为组织总部所在地的国际货币基金组织、世界银行等国际金融机构向许多发展中国家以及经济转轨国家推出的一套经济改革政策。“华盛顿共识”主张走私有化、自由化和透明化的经济发展道路，然而它自 20 世纪后 20 年以来在具体实践中屡遭挫折：“结构性调整”令拉丁美洲成为经济重灾区；“休克疗法”使俄罗斯等苏东国家坠入深谷；当亚洲金融危机到来时，“华盛顿共识”所提供的危机应对方案却让亚洲的经济状况雪上加霜；2008 年以美国次贷危机引发的金融海啸使其理念跌入谷底。较之“华盛顿共识”而言，“中国模式”却在实践中显示出强大的生命力。中国自改革开放以来的 30 年来，经济增长速度平均保持在 9.5% 以上，比发达国家高 7.3 个百分点，比发展中国家高 4.8 个百分点，被认为社会主义无法解决的“短缺经济”也随着改革开放的发展而消除了。尤其使美国政府焦虑的是，中国的发展模式对发展中国家产生了极大的吸引力。围绕中国的发展，海外开始探讨“中国世纪”、“中国发展新路向”、“中国发展模式”等问题，并总结出了许多关于中国为什么能够取得成功的经验。许多国家特别是那些接受了“华盛顿共识”却没能走出经济困境的发展中国家和经济转型国家，开始意识到中国的发展道路至少向它们提供了一个有别于“华盛顿共识”的发展模式。在这些国家看来，“北京共识”及其所代表的“中国模式”，实际上是对“华盛顿共识”的一种超越。俄罗斯经济学院教授弗拉基米尔·波波夫 2006 年 9 月 25 日发表的一篇文章说：“中国的发展模式，或者说东亚的发展模式，对所有发展中国家具有无法抗拒的诱惑力，因为这种模式引发了世界经济史上前所未有的一轮增长……这种模式与美国开出的新自由主义经济处方可谓背道而驰。”① 其实，“中国模式”问题的提出也是国际社会对“华盛顿共识”进行反思的结果。但美国政界一些人则认为，随着“中国模式”的成功，中国意欲用“中国模式”来挑战美国所推崇的以市场经济和新自由主义为主要特征的“华盛顿共识”，因此，为了寻求应对措施，美国自然要加紧对“中国模式”威胁的鼓吹。美国经济智囊机构彼得森国际经济研究所的经济学家弗莱德·伯格斯滕提出，中国现在正在对全球经济体系的根本原则形成挑战。《华盛顿邮报》的经济专栏作家罗伯特·萨谬尔森也撰文指出，中国将会让世界经济失衡，他将这称作是中国

① http://politics.people.com.cn/GB/101380/8669515.html.

带来的真正威胁。[①]

2. "中国模式"的价值观输出

以美国为首的西方国家长期来不断地向发展中国家输出西方的"民主"模式。用美国的文化价值观念"重塑"世界，向世界"输出美国式的民主"，这可以极大地增加美国在国际事务中的"软权力"。约瑟夫·奈指出："如果一国的文化和意识形态有吸引力，其他国家就会愿意追随其领导。"[②] 它们将西方的"民主制度"包装成经济发展必不可少的前提，在发展中国家实施援助计划时，将西方的"民主化"理念与经济援助打包捆绑在一起。发展中国家要获得西方的援助就必须接受西方式的"改革"、西方的"民主制度"以及"良政"等条件。而中国对发展中国家提供不带任何附加条件的援助使西方国家感到十分不快，认为中国的政策破坏了欧美在世界范围内推广"民主"的战略，使西方孤立分化某些"独裁政府"的措施失去效果。美国《基督教科学箴言报》2004年5月26日的文章说："这种在上层指导下逐步推行政治改革的观点引起了许多亚洲国家领导人的共鸣，他们认为，西方的民主模式并不总是行之有效。"全世界目睹了中国创造了一个依靠世界不到10%的耕地养活了世界22%的人口、政府帮助2.2亿人口脱离贫困的奇迹。中国经济的巨大成就是在西方圈定的"民主化路线图"之外取得的，它为发展中国家树立了一个西方不愿意看到的成功范例。美国右翼政客们担心中国的范例会吸引"其他专制主义国家"选择中国模式，"在维持对国家牢固控制的情况下实行现代化"。[③] 他们害怕这个模式会"风行世界"，使西方的价值理念无人问津。

---

① "美国学者称中国经济威胁全球经济体系"，http://www.hkfe.hk/jb/xinwen/list.asp?id=74407.

② 郝雨凡：《白宫决策——从杜鲁门到克林顿的对华政策内幕》，东方出版社，2002年版，第705页。

③ http://politics.people.com.cn/GB/101380/8669515.html.

第三节 军事形象

美国政府对中国国家形象的认知主要体现在美国国防部每年向国会递交的关于中国军力情况的公开报告，以及一些重要的思想库如外交关系委员会、兰德公司、企业研究所、传统基金会、陆军战争学院及一些中国问题专家的研究报告中，这些报告对政府决策层的对华认知有着广泛而深远的影响。

一、认知相符：近期内不构成威胁的地区力量

不论是兰德公司、外交关系委员会、还是国防部的报告都认为，目前中国仍然是一个地区力量，从整体上说，中国军力较之国际先进水平落后20年或更多时间。在可预见的未来不可能赶超美国，或与美国平起平坐，即使有可能成长为与美国力量相当的国家，中国也需要几十年、甚至更长的时间。

（一）中国军力整体上落后于国际先进水平

国防部每年向国会提交的《中国军力报告》，曾多次对中国军事现代化成就进行评估，其结论是：中国在军事技术和军事能力方面至少落后美国20年，并可能在今后20多年里仍继续保持相对美国的落后状态。报告认为，中国是一个地区力量，在未来20年里中国不可能成为一个全球的军事力量。但如果保持当前的发展态势，中国将超过日本成为亚洲地区的“主导军事力量”。中国现有力量结构和军事思想提供了反对任何侵略和攫取中国领土的有效纵深防御。尽管中国已经是东亚最强大的陆上军事力量，并且注定要成为超越其沿海边界的更大力量，但强大的美国海空军可

以抵消中国在未来20年发展成为挑战美国及其盟友在亚太地区利益的能力。

根据2008年美国国防部提交给国会的《中国军力报告》指出，军事现代化在提升中国军力方面的局限性，主要是中国军队远距离作战能力有限。报告判断，尽管中国军费投入大幅增长，但在未来10年甚至更长时间之内，中国还没有能力打败中等规模的敌对国家；在2015年之前，中国没有能力在距离较远的海外维持哪怕是小规模的军事部队，在2025年之前，中国没有能力进行海外部署并维持一支大规模的作战部队。“因为中国当前向一定距离外投送兵力维持力量的能力仍然有限，至少在近期和中期，解放军的能力与中国的雄心相比仍有很大差距。[①] 但这个一般性的结论并不意味着难以和美国在力量上抗衡的中国不会给美国造成威胁。美国学者普遍认为，中国力量发展的趋势是谋求在某领域的突破，从而使中国有能力在台湾问题上敢于挑战美国的利益，给美国造成压力。

在军事上，尽管小布什政府大肆渲染中国的军事实力和威胁，但又认为“中国的国防工业效率低，在关键技术上依赖外国的供应商”。[②] 美国一直紧盯俄罗斯对华武器贸易。美国国防部的《中国军力报告》自2004年以来就加大篇幅论述中国从俄罗斯的军购。在2006年《中国军力报告》中，再度对中俄军事合作表示严重担心。除大量列举数字外，该部分报告还称：“在过去10年里，单是俄罗斯一国向中国出口的武器就占中国进口武器总额的约95%，而且俄罗斯依然是中国最主要的武器和原材料供应国。”[③]

---

① Department of Defense, Military Power of the People's Republic of China, June, 2008.

② Department of Defense, Military Power of the People's Republic of China, June, 2005, pp. 22 –26.

③ Department of Defense, Military Power of the People's Republic of China, March, 2006, p. 23.

《莫斯科时报》曾以“武装中国让美国神经紧张”为题报道称：“华盛顿对北京的军力扩张以及俄罗斯在其中所扮的角色担忧日甚，一直想极力说服俄限制对华军售。”[①]

（二）近期内中国军方关注重点是应对台海危机

2000 年，兰德公司发表了史文与阿什利德利斯的著作《解读中国大战略》，该书主要分析和解读了中国的战略目标和意图，认为现阶段中国的战略追求主要是国土防御和改善国际地位，并认为传统上中国在使用武力方面还是克制的。美国《国家安全战略报告》、《中国军力报告》及《四年防务评估报告》等官方文件报告都用较大篇幅讨论中国军事现代化的动力问题，也就是中国的国家战略、包括安全战略所追求的目标。2002 年报告总体比较客观，认为，“中国国家领导人主要埋头于国内事务，特别关注维持国家统一和内部稳定所需要的条件”。[②] 报告认为，为集中精力处理国内问题，中国领导人总体上需要一个和平的国际环境，尤其是与美国的友好关系。中国的需要和优先考虑使美国有可能通过外交手段影响中国军事现代化的计划及使用武力的政策。报告还指出：“中国军事现代化的根本目标是形成一支足够防御任何地区对手的力量，维持对领土要求的可信力，保护国家利益，保证内部安全，阻止台湾走向法理独立，遏止侵略。”[③]

小布什政府的前几个报告也强调，中国发展可信的军事部署能力，主要是为台湾海峡潜在的冲突做准备。2006 年的《四年防务评估报告》着重强调，中国军事现代化自 20 世纪 90 年代中后期以来加速发展，以响应中央领导人扩大军事选择以应对台湾不利局

① 《美国紧盯俄对华军售》，《环球时报》，2006 年 05 月 29 日，第 1 版。

② Department of Defense，Military Power of the People's Republic of China，June，2002.

③ Ibid.

面的要求。《报告》还对军事现代化背景下的中国军事战略意图加以判断，认为短期而言，中国军事战略重点在于应对台海危机，其中包括应对美国介入的可能性。与此同时，中国也在为实现更广泛的地区、全球目标打基础，特别是中国在积极发展应对涉及能源、领土方面争端的军事能力。而近年来，美国政府开始担心中国军力发展会使中国的目标从台海最终转向针对美国在亚洲的存在。在2004年4月23日美国国会就中国军事现代化举行的听证会上，国防部副助理部长理查德·罗勒斯指出，近几年来，中国加快了军事现代化的步伐，第一个目标是威胁台湾不要独立，并且做好以武力攻打台湾的第二手准备。同时，中国军队也在准备应付第三国对中国攻打台湾的干预。他认为："中国军事现代化的第二个目标，而且其重要性不亚于第一个目标，就是威摄、拖延和破坏第三国对台湾海峡军事冲突的干预。"

二、认知偏差："最大的潜在军事竞争者"

20世纪90年代后期，美国一些主流的军事专家逐渐认为中国是美国利益潜在的严重威胁。缘由为：第一，1995—1996年中国军事演习给台湾造成了直接的军事压力；第二，中国关于美国的战略分析作品中，越来越集中地把美国看成是北京在亚太地区的首要对手和台湾"独立"的可能支持者；第三，中国国防开支呈两位数字的实际增长，但军事建设缺乏透明度；第四，中国可以发展出重要的力量投射能力，如短程弹道导弹、巡航导弹、潜艇以及各种高精尖军事技术；第五，中国开始加强对军事力量的组织和士气的培训，这些大都是针对迫使台湾屈服或占领台湾。2002年的《中国军力报告》认为，2010年前中国不具备对台发动大规模登陆作战的能力；而到了2005年报告则强调了中国力量部署能力已超出台湾范围，正在向地区范围发展。这些因素加起来，导致美国防务界包括文职人员和高层军事官员越来越认同中国是冷战后美国的主要战略威胁，2006 的《四年防务评估报告（QDR）》称中国已经成为未来美国“最大的潜在军事竞争者”，QDR 论述了美国战略防御重点的变化，即从大西洋移至西太平洋，到2010 年美国潜艇的60%约30 艘将部署在太平洋。2006 年3 月10 日美国国务卿赖斯表示，美国及其盟友必须注视中国的军力扩充，确保不让它超出中国地区野心和利益限度。[①] 这些都充分说明小布什政府视中国为长远的最大的常规军事对手。

（一）长远看中国军力对美国亚太及全球利益构成挑战

美国国防部的《中国军力报告》在战略层面对中国军力的发展进行了递进式的研判，2004 年报告认为中国要对台采取“斩首”行动；2005 年报告认为中国军事能力与意愿“超过台湾”；2006 年报告认为中国军力发展使美介入亚太的战略能力受到削弱；2007 年报告称中国是“崛起的军事大国”，已超越亚太具有全球性影响。2008 年报告称，中国军事现代化的着眼点近期是应对潜在的台海冲突，远期是为了实现地区和全球目标，中国未来的军力将成为改变东亚军事力量平衡的主要因素，其战略力量的影响甚至已超出亚太地区。美国防部虽然有意扩大对中国的威胁认知，但美国政府也同样认为，中国军力的发展对美长远的利益构成挑战，体现在：

首先，“填补真空论”影响美政界。“填补真空论”是指苏联解体和美国军事力量收缩的时候，中国伺机扩充自己的实力，以填补亚太地区的“真空”，有的人甚至宣称中国正在大幅度扩充军备，已在亚太地区引起大规模军备竞赛，给亚太地区带来威胁。美国前国家安全事务助理布热津斯基认为：围绕着南中国海西沙群岛和南沙群岛归属问题，由于中国将南中国海视为其合法的国

---

① US Defense Dept report singles out China as potential military rival · http: // www. news. FT. com.

家世袭遗产，中国和几个东南亚国家为占有潜在的宝贵海床能源资源，有发生冲突的危险。

其次，美认为中国军事现代化的推进对美在亚太乃至全球的战略优势构成挑战。《2008 年美国面临的全球威胁评估报告》将中俄军事现代化与全球恐怖主义、大规模杀伤性武器扩散、伊拉克及阿富汗冲突、伊核问题并列为美面临的主要威胁，称中国军事现代化对美威胁是全方位的。2008 年《中国军力报告》着重谈及军事现代化对中国军力的影响，其间透露出美强烈的担忧。报告称，人民解放军正在进行全面军事转型，即从一支致力于在本国领土上打长期消耗战的军队转型为能在其周边地区、针对高科技对手打赢一场短时间、高强度战争的军队。而且中国军事转型步伐加快，内涵增加，这主要得益于国外先进武器的获取、对国内军工和科技企业投资持续高速增长，以及人民解放军组织架构与战术思想的改进。报告断言，中国增长的军力正在改变东亚军事平衡，中国战略能力的提升意义已超越亚太地区。基于这种考虑，美国对中国的崛起充满疑虑，认为“从许多方面看，中国成功的外交策略和推动‘新安全观’的举动可以被视为北京为在该地区提出一种堪与华盛顿的安全框架相对应的另一类安全体系”。[①] 2008 年《中国军力报告》指出，在服务于经济建设这一中心的前提下，中国军队的发展将从海、陆、空以及太空等四个方面强化信息化装备和军事力量。而美国近年来对中国海上安全尤为关注，美国认为，为了保证中国的海上利益，中国军方将会把原本在第一列岛（即东海至南中国海）的势力范围扩张到第二列岛（即菲律宾海至

---

① Bates Gill, China's Growth as a Regional Economic Power: Impacts and Imp lications, presented before the U. S-China Economic and Security Review Commission, December 4, 2003. http://www. uscc. gov/hearings/2003hearings/writtentestimonies/031204bios/batsgill. htm.

东太平洋间)。[1] 为了防范和遏制中国的迅速崛起，美国近几年开始不断加强其在东亚地区的军事存在，并强化其在该地区的多边合作或军事同盟关系。2007 年 9 月初，美国与印、日、新、澳等国在印度洋举行首次联合军演，并意图构建一个“以共同的国家利益和民主价值观为基础”的非正式安全防务架构，“亚洲版北约”已隐然成型。当年 10 月 17 日，美、日、澳三国又公然在东海举行了联合军事演习，其针对中国的意图可谓不言自明。

再次，美国认为中国军事现代化在一些具体军事领域对美构成威胁，尤其担心中国在反区域进入、太空战、网络战、远程军力投放、核武器等方面军事能力的提升。2006 年美国防部《四年防务评估报告》称中国是最有潜力与美展开军事竞争的国家，假以时日中国的毁灭性军事技术能抵消美传统军事优势，[2] 体现在：1. 在战略核武器方面，中国正从战略侦察、精确打击、导弹防御等方面入手，海基、陆基、空基核打击力量得到全面提升，就射程、毁灭性以及生存能力而言，未来 10 年中国的核能力将大幅增强；2. 在网络战方面，中国有技术能力瞄准、摧毁美信息系统的基础设施，并从网上对美进行情报搜集，可以利用网络战能力打乱美军的全球部署计划，中国的网络战和太空战能力可以使中国在任何一场局部战争中取得优势；3. 在太空战方面，中国正全方位发展其太空项目以限制、阻止潜在对手使用太空资源，包括通讯卫星干扰机、反卫星试验武器在内的反指挥、反控制、反传感器系统已成为中国军事现代化的重点，如这一发展态势延续，中国将拥有日益增强的能力以瞄准美军事、情报、导航卫星，从而影响

---

① Department of Defense, Military Power of the People's Republic of China, June, 2008, p. 25.

② Department of Defense, Quadrennial Defense Review Report, February 6, 2006. http://www.defenselink.mil/qdr/report/report 20060203.pdf.

美指挥、控制系统以及美使用精确打击武器的能力;[①] 4. 在导弹研发方面，在2008年《中国军力报告》中首次将中国视为在发展弹道导弹方面最为活跃的国家，认为中国在精确制导巡航导弹、反舰导弹、潜射导弹以及反导弹防御系统方面有较大进展，并认为中国针对台的短程导弹数量由2006年的900枚增加到990—1070枚。盖茨认为，中国和俄罗斯设计和部署新式武器的道路是“野心勃勃”，中国在扩充自己的核武库，增加了短程、中程、远程导弹的数量，正在寻求一个能投放核武器的海陆空一体的新系统。“当然我们不能把俄罗斯和中国看做敌人，但为了国家的安全我们不能忽略这些进程的含义。”[②] 美政界强调美对中国军力的发展及其对美安全影响的关注，表明美决策层更多地以更为警惕、防范的姿态看待中国军事现代化。

（二）中国军事建设缺乏透明度

美国政界认为中国军事建设缺乏必要的透明度，主要体现在他们对中国军事能力增长的意图表示怀疑，他们不相信中国会走和平发展的道路。历年的《中国军力报告》对中国正常的军事发展不放心，指责中国领导人没有对“军事扩展”的目标和最终目标做出充分解释，质疑中国的大幅军事投资，甚至对中国始终奉行的“不首先使用核武器”的原则表示怀疑。罗斯特利尔说：“和美国宣扬自己的目标不一样，中国好像在把自己的意图藏起来。如果你阅读国家主席、共产党总书记和中央军委主席胡锦涛的报告，或者其前任江泽民的报告，‘和平与发展’好像是中国外交政策的目标。这些说法既说明问题也有误导作用。和平与发展是手段而

① Annual Threat of the Director of National Intelligence. 2008 - 02 - 05：33，http：//www. dn. igov/testimonies/20080205 _ testimo-ny. pd. f.

② ［美］盖茨：《核武器和21世纪的威慑政策》，《环球时报》，2008年10月30日，第1版。

不是北京外交政策的目的。……因为中国仍然是个专制的国家，我们不知道中国人想要什么。更无法预测未来中华文明的方向，比如是否会和伊斯兰文明或者西方文明发生冲突。我们只能按当今北京共产党政权的行动来回答中国目标的问题。”在2008年的“报告”中，却称“外界对中国的动机、决策和支撑中国军事现代化的关键能力知之甚少，中国在某些领域的行动已愈来愈同其已经宣布的政策不相符，中国未来充满不确定性”。① 而中国海军2008年底的远洋出征，引起美国对中国战略意图即战略走向的猜疑，尤其是当中国国防部正式表态研究建造航母时，这一态势将更加明显。美国太平洋司令部司令蒂莫西·基廷海军上将说：“如果中国人选择寻求航母技术，我们会非常认真地监视中国航母的发展，我们会要求他们更加透明，这样我们才能理解他们的意图。”② 美国人认为，中国在军事与安全领域缺乏透明度，是增进双方军事互信的障碍，这将增加误解与误判的可能性，从而影响地区稳定。这种情况顺理成章地导致美国采取“两面下注”政策应对中国军事现代化的未知因素。

同时，美国政界夸大中国军费的增长规模和水平，认为军费增加意味着中国可能使用武力手段解决国际争端，对美国的安全构成了威胁。美国的罗斯·芒罗竟然宣称中国实际军费增长是官方宣布的10倍，认为中国军费的增加推动了整个东亚地区的军备竞赛。2006的《四年防务评估报告》指出，中国继续大量投资于军事，尤其是旨在提高其境外力量投送能力的战略武器库和能力；自1996年以来，中国国防开支每年实际增长10%以上，2003年除外。《报告》还称，中国大部分安全事务秘而不宣。外界对中国的动机和决策或支持其军事现代化的关键能力知之甚少。美国鼓励

① Department of Defense, Military Power of the People's Republic of China, June, 2008.

② 《中国造航母表态引发外界猜想》，《参考消息》，2008年12月25日，第1版。

中国采取行动，澄清其意图并阐明其军事计划。从2008年的《中国军力报告》可以明显看出，有关“中国威胁论”的说法仍是其基本主旨和基调，所体现的是美国冷战思维的延续。报告还认为，中国2007年军费开支在970亿美元到1390亿美元之间，是中国对外宣传的450亿美元国防预算的两倍还要多。报告指责中国在军事和安全事务上缺乏透明度，有可能导致误解和错误估计，因此对地区稳定构成威胁。

第四节 国际角色

一、认知相符：崛起强国与“利益攸关方”

（一）“具有全球影响力的地区崛起强国”

2003年，中国第一次提出了走“和平崛起”之路；2005年12月22日中国国务院新闻办公室发表了《中国和平发展道路》的白皮书，明确指出：“中国是多边贸易体制的积极参与者”；2006年4月3日，温家宝总理在访问澳大利亚时发表题为“坚持走和平发展道路，促进世界和平与繁荣”的演讲，再一次把中国定位于国际体系的“参与者、维护者和建设者”；随后，胡锦涛主席在访美期间与小布什总统会谈中更明确表明，中美不仅是利益攸关方，而且应该是建设性合作者。这是中国领导人关于中国国际角色定位最清晰的表达。

小布什政府将中国形象定义为“影响力逐渐增强的全球行为体”，但这个认知在小布什政府那里并不是一开始就得到确立的。小布什政府上任伊始并不太看重中国，将中国定位为“战略竞争者”，有意降低中国在其亚太战略中的地位。在2002年的《美国国家安全战略报告》中论述几个重要的潜在大国时，甚至将中国放在了俄罗斯和印度的后面。但随着中国综合实力的不断增长和美国的战略需求，小布什政府在第二任期开始后明显改变了对华的形象认知，政府的外交决策者们不可能对中国日益活跃的外交活动和逐渐增强的影响力视而不见，在他们眼里，中国是一个影响力正在增强的全球性行为体，它“超越了‘虚弱中国范式’，将其对华战略建立在‘强大中国范式’的认知基础上。”[①] 美国政府承认中国为“具有全球影响力的地区崛起强国”，中国在美国全球战略中的地位大幅提升。2006 年的《国家安全报告》承认中国是亚洲奇迹般经济成功的缩影，美国将欢迎一个和平、繁荣、与美国合作面对共同挑战的中国的兴起；报告称，如果中国信守走改革与和平发展之路的承诺，美国将乐于看到一个和平与繁荣的中国，一个与美方合作应对共同挑战、保护共同利益的中国。“2004 年，中国利用其不断增长的政治和经济份量来增加它的地区和全球影响力，中国在全球舞台上变得更加积极。”2005 年的《中国军事力量报告》称“作为地区性政治和经济大国的中国”有着“全球性的抱负”，2008 年《中国军力报告》称，近年来中国快速崛起为具有全球影响力的地区政治、经济大国，这已成为当今国际战略环境的重要组成部分，对地区以及整个世界都意义重大。小布什政府认为，中国现在不仅有意愿、而且有能力扮演一个全球性的角色。小布什政府对中国影响力增强的形象认知，是随着中国综合实力的增长而逐渐确立的，它如实反映了中国近几年的实际情况和中国在国际舞台上的作为。这可以说是长期以来美国意象中的中国国际角色与中国对自身国际角色的定位出现了难得的一致性，也是美国对中国国际角色认知产生了难得的认知和谐。

① 达巍、孙茹：《布什政府对华战略调整趋向》，《现代国际关系》，2005 年，第 11 期。

(二)"负责任的利益攸关方"

在中国崛起的过程中，美国感到中国是“威胁”、是“挑战”、是“战略竞争者”等，这都是因为美国对中国新的国际角色产生了严重的认知失调。然而，2005 年 9 月，美国前副国务卿佐立克(Robert Zoellick)关于中国国际角色的认知提出了“负责任的利益攸关方”(a responsible stakeholder)。这实际上是美国政府借佐立克的口表达出来的对华最新认知和政策新取向。小布什政府最初认为中美关系是“战略竞争关系”，但“9·11”事件以后，由于中国在美国全球反恐战略中发挥了积极的作用，这使得美国不得不改变对中国国际角色的总的认知，逐渐以“坦率的、建设性合作关系”(Constructive，Cooperative and Candid relations)来重新界定美中关系的形态和内涵；之后，佐利克正式提出“要鼓励中国成为一名负责任的利益攸关者”。随后的主要涉华政府文件大都采用了这个提法，如 2006 年的《美国国家安全战略报告》中就说到：“既然中国是一个全球行为者，它必须像一个负责任的利益攸关方那样行事以尽它的义务，并且同美国和其它国家一道来提升使其成功的国际体系。”① 这个提法表明了布什政府对中国国际角色的提升以及承担国际责任的认可。美国政府对中国国际角色转变的认知基于以下几点：

一是从经济利益来看，在经济全球化背景下，美国的经济利益是与全球主要经济体的经济利益交织在一起的。而中国已经成为世界经济中非常重要的经济体，当今国际经济体系中的“中国因素”将越来越多。这就意味着，中美之间的经济关系不是一种“零和”的关系，而是一种利益相关的双赢合作(stakeholder in win-win game)。在这种情形下，美国对中国国际角色的认知从过

① The White House，The National Security Strategy of the United States of American，March 16，2006.

去的“利益竞争者”开始转变为“利益攸关方”。

二是全球性非传统安全威胁的凸显促使美国对中国国际角色认知的改变。众所周知，安全一直是美国的核心利益，直到“9·11”事件爆发以前，美国一般认为中国是美国的最大威胁。但“9·11”事件让美国人清醒地意识到：“恐怖主义赖以活动的伊斯兰—法西斯主义这个海洋，对美国已经构成了安全和意识形态的挑战，这种挑战在某些方面比共产主义的挑战还要具有根本性，”[①] 因此，恐怖主义成了美国在推进全球战略中最大的障碍，反恐也就成为美国全球战略中的一部分。而反恐同样是中国安全利益的重要内容，因此，中美在安全利益上找到了最佳交汇点。正因为如此，“美国意象”已经从“共产主义是最大的威胁”转变到“恐怖主义是最大的威胁”的认知上来。

三是近年来小布什政府承认中国为承担更多的地区和全球责任而作出的努力。中国“更积极活跃于地区和全球舞台，更多地参与维和、人道主义救助和赈灾活动，主持了旨在根除朝鲜核计划的六方会谈，并且用和平的方式解决同俄罗斯、越南、印度和中亚一些国家的旷日持久的领土争端”。[②] 尤其在反核扩散问题上，让中国发挥更大的作用符合美国的利益。尽管美国内心并不希望中国成为反核扩散体制的主导者，但是美国已经深深地感到，没有中国的积极斡旋和竭力推动，伊朗核问题可能比现在更糟，朝核问题六方会谈也不可能在山穷水尽之时出现“柳暗花明”的希望。因此，在美国看来，在现行反核扩散体制内让中国发挥某种独特的作用，与美国对中国“负责任的利益攸关方”的定位是完全相符的。

---

① Fukuyama, “Their Target: The Modern World”, *Newsweek Special Issue*, 2002, pp. 57 – 58.

② Department of Defense, Military Power of the People’s Republic of China, March, 2006, p. 9.

二、认知偏差：霸权挑战者与“中国责任论”

美国一方面承认中国是一个正在崛起的大国，在国际领域具有全球性影响并承担了更多的国际责任和义务；但另一方面，美国却担心日益崛起的中国势必会冲击其霸权地位及其所主导的霸权体系，同时基于霸权减负的需求，想让中国为美国承担更多的国际责任。

(一) 霸权挑战者

“中国崛起”使美国产生了“中国威胁”的意象，这种意象与历史上大国崛起的经验理论以及美国在国际权力结构中地位相关联。

1. 依照大国崛起的理论和经验，中国的崛起势必要挑战美国的霸权

历史上大国崛起的基本模式是，崛起国军事力量膨胀超越经济发展，最终以武力挑战现存的霸权国及霸权体系。美国人提出中国危及美国霸权的一个重要依据，是历史上大国的经济发展毫无例外地都带来了政治影响的扩大，并进而通过追求军事力量的强盛来获得更大的国际空间。如英国于1588年打败西班牙的“无敌”舰队后取而代之成为此后300年间国际关系的新霸主；法国的崛起也产生了拿破仑战争，德国在19世纪后期的崛起则将世界带入了第一次世界大战；军国主义的日本和法西斯主义德国的强大把世界拖入了第二次世界大战；战后美苏两大超级大国的全球战略对峙很大程度上是因为两国的经济和军事力量在战争中迅速膨胀和崛起。

而作为西方主流国际关系理论的现实主义，由于“求助于历

史先例而不是抽象原则"[①]，对大国崛起所导致的战争与和平的关系持比较悲观的看法，这种看法来源于三个相关联的理由：其一，大国的本性是扩张。罗伯特·吉尔平认为："国家都试图通过领土的、政治的抑或经济的扩张来改变国际体系，直至进一步扩张和改变的边际成本相当于或者大于边际收益时为止。"[②] 其二，国内资源不能满足国家发展时，在世界市场上寻求更多的资源将会对其他国家造成"横向压力"，"当国家的扩张性需求发生重叠，又无法达成合作方案时，军事冲突就是再合适不过的了"[③]。其三，崛起国家无论如何将会对霸权国家主导的国际体系造成冲击，进而挑战霸权国家的地位。约翰·米尔斯海默断言：大国总在寻找机会攫取超出其对手的权力，最终目的是获得霸权；无政府状态的体系不允许维持现状国家的存在，体系中到处是心怀修正主义意图的大国，而且，该体系鼓励国家寻找机会最大化地夺取权力。[④] 由于不可能百分之百地认知新兴大国的战略意图，决策者倾向于把新兴大国看作是一种威胁。美国根据现实主义理论以及对未来的预期认为，中国如果达到美国预期的实力，将会像历史上的其他新兴大国一样，运用其强大的权力去建立某种形式的霸权，将其权力扩大到力所能及的一切地方，以保护和推进其遍布世界范围内的国家利益，从而不可避免地与美国发生冲突。美国认为中国既有能力也有意图"损害"其利益。

大国崛起的非和平历史、国际关系理论中大国崛起必然导致新

---

① Hans J. Morgenthau,"Politics among Nations: The Struggle for Power and Peace", *McGraw-Hill Inc.*, 1993, pp. 3 – 4.

② ［美］罗伯特·吉尔平，《世界政治中的战争与变革》，武军等译，中国人民大学出版社，1994 年版，第 146 页。

③ Nazli Choucri and Robert North, *Lateral Pressure in International Relations: Concept and Theory*, in Manus Midlarsky (ed.), Handbook of War Studies, University of Michigan Press, 1993, pp. 289 – 326.

④ ［美］约翰·米尔斯海默，《大国政治的悲剧》，王义桅等译，上海人民出版社，2003 年版，第 42—43 页。

的权力分配从而引发冲突的观点，是一些美国政界和学界人士解释现实和未来“中国和平崛起”危及美国霸权的一种普遍的理论和历史依据。以五角大楼为代表的信奉“中国威胁论”的保守派人士始终坚持认为，大国政治是一种悲剧，一个大国的崛起必然会破坏现有的国际体系，挑战其他大国。所以依照此逻辑，他们得出这样的结论：中国崛起为一个重要大国，将引发世界权力的重新分配，而以美国为主导的现有国际体系必将遭到中国的破坏，且作为现有国际体系主导者的美国也势必受到中国的威胁。这个传统的国际关系理论和历史结论是由西方经验发展而来的，也是国际关系理论分析和认识权力关系的基础内容。“中国崛起”如果能真正走出一条和平的道路，显然，这代表了对传统国际关系理论和历史经验的颠覆。因为固守着这些逻辑，再加之中国近年来经济持续快速的发展、国际影响力的不断增强、中国军事现代化进程的推进，更是刺激了这些人脆弱的神经，所以美国保守势力更加忧心中国对美国国家利益的“威胁”，急于制定出种种反制的措施。

2. 根据国际权力的结构分配，中国崛起势必会对美国霸权地位和利益形成冲击

美国政界认为中国崛起是“威胁”的，其主要动因是美国强烈感受到的来自中国的对其现有霸权地位和利益的冲击。这种利益驱动的关注比理论驱动的争论要复杂和尖锐得多，因为这不仅涉及到当政者对中国崛起的政策反应，也涉及到美国政府在价值上对中国的排斥。因而，有关中国崛起的争论背后，美国政府有出于保护私利需要而对中国未来警觉的难以掩饰的利益动机。

冷战后，美国全球战略的根本目标是，确保美国的唯一超级大国地位和建立美国主导的国际体系，防止出现任何新的全球或地区性大国对美国的地位提出挑战。中国的迅速崛起使美国不得不对自己在国际力量格局中的主导地位表示担心，这种担心必然要影响到美国对中国国际角色的认知，从而使它的认知重新回归到

不和谐的状态。众所周知，美国的安全诉求是同消除潜在的挑战与威胁紧紧联系在一起的，美国利益的核心是其霸主地位不受到挑战。而中国的崛起，使美国现实地感受到中国的全球影响力正与日俱增，中国最有可能成为美国霸权的挑战者，无疑成为了美国防范的目标，甚至是“假想敌”。2006 年《国家安全战略》报告开列出要求中国领导人“不能坚持旧的思维和行事方式”的清单，明确表示美国新的战略“谋求鼓励中国为其人民做出正确的战略选择，同时也采取预防措施，避免其他可能性”。[①]《四年防务评估》也警告说，美国必须“对一个大国或正在崛起的大国未来选择敌对道路的可能性加以防范”，[②] 这无疑是指中国。可见，美仍将中国作为其“最大的潜在竞争对手”。

美国“中国威胁论”的鼓吹者们认为，中国现在没有能力威胁美国，但并不等于未来没有，相反中国发展的势头证明中国未来这样的能力可以期待；从美国利益出发，中国崛起产生了一种潜在的削弱美国霸权的能力，这样的中国同样也是一种“威胁”，美国只有“坚实地拥有经济的超强地位和金融的强大，美国的霸权才不会受到任何真正的威胁”，美还试图用“负责任的利益攸关方”这个新提法塑造中国崛起，即如果中国崛起有利于所谓“繁荣、和平、稳定”和维护美主导的现有体系，则美国是欢迎的；如果“走向扩张”和进攻性，包括走“不透明方式的军事扩张、以扩大贸易为借口‘封锁’世界的能源供应，或操控而非开放市场、支持资源丰富的暴政国家”等“非和平的道路”，美国将在政治、经济、外交、军事等诸方面对中国实施遏制以“对冲”中国对美国造成的“威胁”。[③]

---

① Department of Defense，Quadrennial Defense Review Report，February 6，2006. http：//www. defenselink. mil/qdr/report/report 20060203. pdf.

② Ibid.

③ Ibid.

（二）“中国责任论”

冷战后，美国大肆渲染“中国威胁论”、“中国崩溃论”，近年又大力推崇“中国责任论”。相对于“中国威胁论”或“中国崩溃论”，“中国责任论”在一定程度上承认了中国在全球发挥重要影响力的事实。但是，中国强调“在国际社会要做负责任的大国”，这与美国的“中国责任论”的内涵并不相同。美国认知的转变并不表明其“中国观”发生了根本性的变化，“中国责任论”的实质仍是以“责任”这个模棱两可的字眼继续向中国施加压力，充分流露出了美国政界面对中国崛起的无奈而又不肯善罢甘休的失衡心态。

首先，要“管理中国的崛起”，纳入其霸权体系。美国认识到，中国崛起已是难以遏制的客观趋势，与其遏制同中国全面对抗，不如“接纳和欢迎”一个“自信、和平与繁荣的中国”，使之成为美国可以接受的国际体系成员，最终达到防止和消除中国挑战美国霸权的潜在威胁的目的。“管理中国的崛起”体现在：一方面，促使中国内部政治体制必须沿着美国要求的方向转型，甚至把中国政治体制是否沿着美国的预期转型作为中国是否成为国际体系中“负责任的利益攸关方”的衡量标尺；另一方面，促使中国必须接受美国的价值体系。美国历届政府都坚守着一条歪理：在社会制度、意识形态、价值观念上差异较大的国家要比差异较小的国家更容易产生威胁美国的“意愿”。因此，美国认为中美关系的未来取决于中美是否接受共同的价值观。也就是说，在中国没有接受美国的价值观之前，美国很难视中国为真正意义上的“负责任的利益攸关方”。从中可以看出，在中国还没有足够的实力来挑战美国之前，最好的选择就是把中国纳入到美国的规范之中，使中国崛起的全过程完全“掌控”在美国的手中。由此可见，美国不仅是根据自己的利益来确定中国的责任的，而且还根据自己的利益来塑造中国的国际角色。

其次，将“中国责任论”作为其霸权减负的借口。美国是现存国际体系的主导者，维护现存国际体系是美国的战略利益所在。但是，美国作为全球化的主导者，要为自己的霸权和自身主导下的全球化支付巨大的成本，而美国已日渐难以独立担负维持国际体系的成本。因此，无论是维护现存的国际体系还是分散霸权成本，美国比任何时候都需要其他大国的支持以减少其霸权成本。美国人认为中国是全球化进程中最大的获益者，尤其是得益于现存的国际经济体系，因此，美国要求中国承担更多的责任来维护美国主导的国际体系，以便其实现“霸权减负”。赖斯曾说：“我们想把中国看作一个能够并且愿意尽到与其不断增长的实力相匹配的国际责任的全球性伙伴。”《普林斯顿计划报告》也认为，中国既有责任通过遵守这个秩序来寻求自己的合法利益，也有责任同美国一起维护这个秩序。只有这样，中国才能成为美国所期望的“负责任的利益攸关方”。[①] 美国并不是真正要中国根据自己的利益来承担相应的国际责任，而是在美国的“掌控”下，顺从美国主导的国际体系并为美国分担责任。

由此可见，给中国定位于“负责任的利益攸关方”不过是美国的一种策略，而这种策略虽然展现了一种对中国国际角色认知的和谐表象，但策略背后掩藏着美国对中国国际角色的真实认知实际上还是“挑战者”的角色。因此，“负责任的利益攸关方”不过是美国对华政策两重性的混合体：形式是“胡萝卜”，而内容仍然是“大棒”。[②]

---

① The Princeton Project Group. Forging a World of Liberty Under Law: US National Security Strategy in the 21st Century. 2006 - 09 - 27. http: //www. wws. princeton. edu/ppns/report/FinalReport. pdf.

② 胡键：《美国意象中的中国国际角色》，《国际论坛》2007 年第 3 期，第 60 页。

小 结

小布什政府组阁以来，对中国国家形象的认知发生了三次重大的转变：由上台伊始的“战略竞争对手”——“9·11”事件后的“建设性合作者”——强化中国责任的“利益攸关方”。

小布什上台伊始，在新保守派散布的“中国威胁论”的熏染下，小布什政府对中国充斥着敌意和轻视，以“战略竞争对手”的对华关系定位，代替克林顿时期的“建设性战略伙伴”的认知。将中国在亚洲不断扩展的利益看做是对美国的威胁，并把中国列为核打击的对象。小布什的核心智囊赖斯把中国归纳为美国家安全上的“问题”，对中国的长期发展前景将保持“警觉”。小布什政府对华的“战略竞争对手”形象定位，导致其初期对华态度较为强硬。

“9·11”事件后，美国政府鉴于其全球战略的考量，重新调整其对华认知，将中国的国家形象定位为“建设性合作者”。“9·11”事件后，美国将主要精力集中于开展反恐怖主义斗争，维护美国国家安全成为第一要务，美国“新保守派”将是否支持“反恐”作为其“友敌认知”的评判标准。中国对美国遭受恐怖袭击表示同情，强烈谴责国际恐怖主义，并积极协助美国反恐，使美国政府对中国的“敌对意象”相对弱化，双边关系进一步得到改善。

随着美中关系的深入发展，以及中美利益的深度捆绑，美国政府对中国的形象认知逐步趋于理性。美国政府逐步跳出了“中国威胁论”、“中国崩溃论”等情绪化认识的窠臼，开始把“中国崛起”作为一个重大的、客观的国际现象来进行研究和思考。2005年9月21日，美国副国务卿罗伯特·佐利克在美中关系全国委员会上发表演讲，将中国定位为“负责任的利益攸关方”。这实际上是美国政府表达出来的对华最新认知和政策新取向。小布什政府理性的对华定位决定了其积极的对华政策，由此中美关系步入新一轮稳定发展阶段。但其对华认知仍然摆脱不了“霸权挑战者”的思维定势，对华决策仍然是：积极开拓中国大市场；力图把中国纳入以西方为主导的世界经济体系和国际政治体系，以现行的以美国为首的西方国家制定的游戏规则来约束中国，维持台湾海峡地区的现状，避免台海地区的武力冲突，增强与地区盟国的联系，在安全领域加强对中国的制约和防范。

从小布什政府“中国观”的三次转变中可以看出，布什政府在第二任期开始后，明显改变了对华的形象认知，随着对中美关系的了解和外交事务的熟悉，以及中国影响力的不断上升，布什政府超越了个人色彩和政党偏好，也“超越了‘虚弱中国范式’，将其对华战略建立在‘强大中国范式’的认知基础上”。[①] 美国政府对华意识的主流在朝务实的方向部分发生积极的变化。小布什政府对中国的经济形象认知大都秉持着客观的态度，称“中国是个经济持续增长、拥有巨大潜力的发展中国家”。之所以在经济方面，美国政府的主观感知和客观对象大致相符，是因为共和党主要代表着大企业的利益，而小布什上台后面临的外交难题之一就是如何保持美国经济在全球领先，这必须要妥善处理与欧洲、日本、中国等国家和地区的贸易关系。因而小布什对华经济形象的正面评价，会迎合国内企业界要求扩大经济合作的呼声和导向；但其对中国的政治形象、军事形象以及国际角色的认知依旧以负面形象为主，美国感到中国是“威胁”、是“挑战”等，这是由于美国对中国的国家形象产生了严重的认知失调，其对中国潜在“敌手”的认知依然没有改变。

---

① 达巍、孙茹：《布什政府对华战略调整趋向》，《现代国际关系》，2005 年，第 11 期。

第五章

奥巴马政府对中国国家形象的认知

冷战后，美国政府从将中国视为美国的“改造对象”、“战略竞争者”到“负责任的利益攸关方”，再到奥巴马时期的“相互尊重、互利共赢的合作伙伴”，其对华认知整体上呈现一种积极的螺旋上升趋势。奥巴马上台后，将美中关系刻画为“合作与竞争”关系——一方面美国要增强自身的竞争能力，另一方面美中应扩展可合作的领域。上任初期，奥巴马一再强调，美国“不会遏制中国”，“一个强大、繁荣的中国的崛起，可以加强国际社会的力量”。但随着两国力量对比“美消中长”，中美相对实力地位“中升美降”，为延续世界霸权及维持地区主导权，奥巴马政府对华示强渐次升高。

第一节　回溯奥巴马第一任期对华形象的认知

2009 年奥巴马上任之初，可谓“临危受命”，在国内，需要力挽狂澜，复苏美国经济；在国外，需要运用“巧实力”外交，重振美国领导地位。与保守主义色彩浓厚的小布什政府截然不同，信奉自由主义的奥巴马主推国际合作、以多边主义的方式应对共同挑战，力图塑造美国领导下的自由国际秩序。纵观奥巴马执政的四年，美国在打击恐怖主义和核军控方面取得重大进展、实现了从伊拉克撤军、促进全球自由贸易；但与此同时，美国同穆斯林世界的关系不断恶化、应对气候问题进展缓慢、伊朗和朝鲜核问题收效甚微。按《外交》杂志的说法，奥巴马政府的外交表现尚可，但若与其刚上任时的宏伟外交构想相比，却仍然相距甚远。可以说，在奥巴马外交的理想与现实中间，横亘着一条巨大的灰色地带。

在第一个任期内，奥巴马政府对华形象认知以及对华政策划出了一弯高开低走的弧线。缘何高开，却又为何低走？答案还是隐藏在那条横亘在奥巴马外交“理想”与“现实”之间的灰色地带中。

中美关系是奥巴马政府对外政策的重点之一，对奥巴马政府外交战略目标的实现至关重要。因此，上任之初，奥巴马政府对华认知积极正面，大力推动中美关系良性发展。奥巴马本人更是身体力行，在任期第一年内即出访中国，成为美国首位在任期第一年访问中国的新当选总统。在中国之行时，奥巴马刻意回避了中美双方分歧较大的人权和汇率等问题，重点强调了金融危机下美中合作的共同利益。

同样，在奥巴马政府内部，包括国务卿希拉里·克林顿、副国务卿斯坦伯格等政府高官先后高调表态，肯定中国发展对世界的贡献，积极评价美中关系的发展。从希拉里·克林顿的“同舟共济”到斯坦伯格的“战略再保证”，奥巴马政府高层一再向中国传达信息，承诺不遏制中国，以期降低中国对美国的战略疑虑，以此换取中国在应对气候变化、伊朗核问题、朝鲜核问题等方面的合作。而在政府之外，包括基辛格、布热津斯基、奥尔布赖特等美国重量级战略思想家在内的学者也先后抛出了“G2”、“中美国”之类的乐观设想。中美关系罕见地在新任总统第一年便迎来了高潮。

但中美两国经过一年的互动，在2010年却突然迎来了下行的拐点。据《纽约时报》报道，奥巴马主政第一年结束之际，包括其助手在内的批评人士认为，美国对中国过于软弱。奥巴马试图尽量迁就中国领导人，期盼藉此换得中国在应对气候变化和伊朗核计划等问题上的合作。但事与愿违，中国在气候变化标准上对美国不屑一顾，在向伊朗施压的努力上一再拖延……美国著名学者约瑟夫·奈在接受采访时宣称：中方“误解”了美国的善意，将美方的一些主动姿态视为是因金融危机导致的国力衰微。① 而《华盛顿邮报》也在头版刊文指出：“中国政府不断试探美国的底线，特别是把南海问题上升为中国的‘核心利益’，令美国必须采取强硬态度进行回应。”而颇具影响力的《外交政策》杂志则干脆断言“中美关系已经出现转折”。②

显然，对于同样的问题，中国有着完全不同的解读。中美双方政治制度不同，传统文化各异，对国际问题的看法存在差别。诚如中国学者所言，中美合作在短期内不可能解决相互间的矛盾、冲突与防范。在过去的40 年中，中美始终是在控制矛盾和分歧的前提下通过扩大合作来寻求关系稳定的发展，在不断寻求合作的同时，深层次矛盾始终如鲠在喉。在这样的背景下，中美之间存在互信降低、认知错位以及期望落差是自然而然的，双边关系的波动也是可以预期的。

自2010 年起，中美关系震荡不断。除了“天安”号事件、东海军演、南海争端等突发性危机，贸易失衡、操纵汇率等老生常谈的议题再度升温，国际舆论中的“中国傲慢论”以及“中国威胁论”甚嚣尘上。而美方执意会见达赖、对台军售等也招致中国方面的强硬反击。在急转直下的形势面前，奥巴马政府内部也悄然发生变化。美国政府内部的合作派感到急躁，觉得中国不合作；

---

① http：//news. 163. com/10/0813/09/6DV5S3A4000146BD. html.

② http：//news. ifeng. com/mil/special/hehangmu/content - 1/detail _ 2010 _ 08/13/1946003_ 0. shtml.

强硬派很得意，觉得对华政策得手；反华派起劲，看到了机会。而在政策层面，奥巴马政府也逐渐从对华“战略再保证”，偏移到了重返亚太的“战略再平衡”。副国家安全顾问本杰明·J. 罗兹(Benjamin J. Rhodes)表示：“我们试探了通过积极接触争取中国合作的限度……我们需要采取更强硬的立场，我们正是那么做的。”

对于重返亚太战略，奥巴马政府宣称该战略目的在于“增强美国在地区的领导地位”。但有学者认为，所谓“战略再平衡”，是对中国影响力的增长、尤其是军事实力明显增长而意图仍不透明的现实做出回应，“吓阻”中国挑战美国亚太主导地位的意图。即便奥巴马政府不断澄清“再平衡战略”是一项全面的战略，并不只是针对中国，但应对中国的实力和影响力增长无疑是其最重要的动机之一。而构成战略再平衡的，实质上是美国的一系列“战略杠杆”。有学者指出，美国的“重返”无形中对中国形成了巨大的战略压力，而中国就此做出的任何反应，包括军事现代化的进展都会因为周边国家的恐惧而自然而然地将周边国家推向美国一方。在2012年“黄岩岛”事件与日本“国有化”钓鱼岛闹剧背后，若隐若现的美国身影，无疑验证了这种判断。

以上从宏观的视角回溯了奥巴马第一任期内的对华形象认知，体现了其高开低走的特点。其实，奥巴马政府对华认知不乏大量正面积极的内容。奥巴马及其官员多次表示“美方欢迎一个强大、繁荣、成功、在国际事务中发挥更大作用的中国”。[①] 一向对华强硬的前任国务卿克林顿·希拉里在《美国的太平洋世纪》一文中，表示“一个欣欣向荣的中国也对美国有利”，中美合作而不是对抗能使两国都“受益”。[②] 在2012年3月7日美国官方举行的庆祝尼

---

① 《中美联合声明》，http://news.xinhuanet.com/world/2011-01/20/c_121001428.htm.

② Hillary Clinton, “America's Pacific Century”, *Foreign Policy*, November, 2011, pp. 58-60.

克松访华40周年纪念会上，希拉里国务卿发表长篇讲话，其中提及其国务卿任内已六度访华，奥巴马总统上任三年更与胡锦涛主席会晤10次（未算2012年3月26日首尔会晤），并称“中美联手虽然不可能解决全球所有问题，但若没有中美参与，世界上任何问题都不可能得到解决”。她并表示希望中国成为美国“完全的利益攸关方”，积极扮演“全球主要玩家”的角色。①

但从第一任期的中期截至现在，奥巴马政府对华形象观趋向一些负面认知，笔者从中美战略冲突论、对台湾问题的认知和网络对抗论三个视角进行阐述。

第二节　中美战略冲突论

随着中美实力差距逐步缩小，美国政界、学界热议权势东移、“中国超美论”和“两超并立论”。许多学者认为，中国在全球层面与地区层面与美国形成了战略交叉和战略冲突。

一、全球层面：崛起的中国对美国霸权形成冲击

美国人认为，以前的中美矛盾是“超”与“强”之间的利益冲突，而现在逐步演变为霸权国和崛起国间的博弈，甚至是世界“老二”在向“老大”逐步发起挑战，这在美国政界形成了中美重蹈历史上大国兴衰的印象。

① WPD313，“Secretary Clinton on 40 Years of U. S. -China Relations”，*Washington File*，March 8，2012，p. 16.

（一）“中国经济将在短时间内赶超美国”

新中国成立以来的半个多世纪，中国作为一个弱国，一直被动地适应美国及西方的对华战略，是一种反应式战略。而21世纪的头10年，中国抓住机遇，占尽天时、地利、人和，现代化建设取得了史无前例的发展。天时是指世界经济全球化、中国加入世界贸易组织；地利是指美国聚焦于反恐和防止大规模杀伤性武器的扩散，中国给予协作；人和是指中国的睦邻政策取得显著成效。当前中美关系处在一个新节点，中美两国之间的实力差距缩小。改革开放30多年来，中国经济年均增速超9.5%，2002—2011年的10年间，中国经济平均增速更达10.7%，是美国年均增速的近4倍，经济总量由占世界4.4%提高至10%，不断拉近了同美国的距离。2000年中国的GDP仅为美国的1/10，2011年猛增至48%。2012年中国经济增速有所放缓，但前三季度仍增长7.7%，全年有望超过预定的7.5%的目标，将是美国同年经济增速的3倍多，中国经济总量有望达美国经济总量的一半。2011年中国外贸总额达3.6876万亿美元，仅比美国同年外贸总额少447.6亿美元。2010年中国超过日本成为继美国之后的世界第二经济大国，出口总量超过德国居世界第一，制造业总产值超过美国成为世界第一。2012年中国外贸总额有望达3.9万亿美元，超过美国跃升为世界最大对外贸易国。截至2012年10月底，中国外汇储备达3.29万亿美元，占全球外汇储备的1/3。中国对世界经济发展的贡献早在2007年就已超美国。这些说明中国经济在世界经济中占有举足轻重的地位。中国的经济、科技和国防实力不断取得重大进展，国际地位空前提高，软实力大幅提升。

与此同时，美国国内出现“中国超美论”、“美国衰落论”的声音，认为中国如果按照当前的发展速度持续下去，将在未来二三十年甚至更短的时间里超过美国。2011年《福布斯》杂志预测中国最快10年内超过美国成为全球第一大超级大国。渣打银行预测，到2020年中国将超过美国成全球第一大经济体，中国国内生产总值将从2010年的5.7万亿美元增加到24.6万亿美元，而美国国内生产总值则将从14.6万亿美元增加到23.3万亿美元。同样，国际货币基金组织按购买力平价折算的汇率计算中国经济规模10年内将超过美国。[①] 在科技能力方面，虽然美国至今仍处于世界领先地位，但中国和其他主要发展中国家的公司企业不无率先开发众多新兴技术的独特机会，在电力配备、洁净水源开发、下一代因特网和新信息技术、太阳能发电等方面已对美国构成挑战。奥巴马在2011年《国情咨文》演讲中10次提到中国，列举中国在科研、教育等领域取得的领先于美国的种种成就，并以1957年苏联发射人类首颗人造卫星作比，称美国正迎来新的“卫星时刻”，国人必须有危机感，否则美国在未来的竞争中有落后的危险。另外，中美经济已形成深度相互依赖，美国在诸多重大国际问题上也寻求中国帮助。这些都显现“亚洲权力正在加速向中国转移”，美国产生了前所未有的焦虑感，中国被美国视为对其独超地位的最大挑战者，深为美国所忌。

（二）国际影响力与日俱增

随着中国经济的快速发展，中国对亚太地区秩序的塑造能力日益增强，尤其是中国近年来在东南亚的影响力增强，使美国备感竞争压力。中国积极参加了包括东盟地区论坛、中国—东盟自由贸易区、“10+1”、“10+3”、东亚峰会和中日韩自贸区谈判等大东亚地区所有区域合作机制，并为推动这些合作机制与组织朝正确方向发展发挥了不可或缺的独特作用，对区域一体化做出了重要贡献。美国却被挡在大多数亚洲合作机制门外，特别是近些年来中国同地区国家发展经贸关系的速度远超美国，已取代美国成为日、韩和东盟的最大贸易伙伴国。美国从冷战思维和“绝不当

① http：//intl. ce. cn/specials/zxxx/201105/30/t20110530_ 22449666. shtml.

老二”的霸道逻辑出发，看不惯中国发展壮大和对地区影响力的提升，把社会主义中国视为主要竞争对手和对其独超霸权地位的最大潜在“威胁”。美战略重心东移即实现所谓的“战略再平衡”，主要着力点就是应对、防范与强化遏制中国，以阻挠中国的复兴进程。奥巴马政府感到，中国对周边辐射力和吸附效应增大，自信心理提升，“示强”行为不断增强。而2010年以来中美在一系列问题上的密集过招、全面博弈，使美深感“一个更加自信的中国”似乎正在悄然改变韬光养晦外交、改革开放路线、和平崛起战略、建设性合作方针，如何“打掉中国的傲慢”成为美必须考虑的大问题。虽然美国对华战略基本框架未变，但在策略上似乎出现明显变化：由以往“示好”以“拉”住中国，更多转向全面“示强”以“压”住中国。“软的更软，硬的更硬”已然成为美国对华政策的新特征。

另外，中国综合国力的上升也引发美国战略心态上的微妙变化。中国成功举办奥运、世博、六十周年国庆，彰显出一种昂扬向上的民族精神和崛起势头，金融危机应对得力也使得中国经济依旧保持高速增长，并引发国际社会对中国模式的刮目相看和认真对待。反观美国，连续遭受“9·11”恐怖袭击和金融海啸重创，经济低迷，失业高启，民意低沉，甚至一度大行其道的美国模式也遭到诟病。这样一种力量对比之“实”与“势”的变化，投射出来的是双方战略心理相应出现变异。美国战略自信下降、焦虑感上升，中国则是民族自信心和自豪感彰显。而随着中国国际地位的不断上升，中国作为现有国际体系潜在挑战者的作用日益剧增，美国及西方国家在各种国际场合提出了“中国责任论”，以此来要求中国按照西方国家的价值观和民主、人权等标准发展。让美国更为不安的是，“中国并没有遵循美国的政治、宗教和经济自由法则而取得了成功”，中国的发展模式在发展中国家受到青睐，对美国模式构成挑战。这将不可避免地导致中国与现有国际体系中的发达国家之间冲突的加剧，特别是美国与中国之间的竞争与冲突将呈现出更加复杂的态势。

（三）“中国军力发展对美国安全产生重大挑战”

奥巴马政府发布的军事战略报告与各项军力报告，多次提到中国的威胁，表明了其对中国军事现代化的高度关注与战略疑惑：

首先，中国军事现代化的战略意图不明确。

中国正在“坚定推进稳健而系统的军事现代化”，其主要目标是建立一支能够赢得“信息化条件下局部战争”的强大军队。美国政府强调，随着中国海外利益的扩展，中国发展军事力量无可厚非，但美国无法理解中国实现军事现代化的战略意图。换言之，美国无法确定中国军事现代化在维护中国利益的同时，是否还存在对抗美国的意图。美国国防战略指南宣称：“从长期看，中国作为地区强国的崛起将会从各个方面影响美国的经济和安全。……然而，中国军事力量的增长必须要在更明确地澄清其战略意图的前提下进行，以避免引起该地区摩擦。美国将继续进行必要的投入，以保障我们能够遵守同盟条约和国际法做到进入地区和行动自由的能力。”① 美国尤为关注中国海军在东海、南海的“频繁活动”，认为这是对其在西太平洋传统海权利益的直接挑战。美国《时代》杂志撰文称，中国海军的崛起堪比“维多利亚帝国时期英国皇家海军和冷战时期美国海军”，“疑云笼罩着将要发生的事情”，“现在中国海军实力还只是一支地区力量，到时世界可能是另一番景象”。据美国国防部估计，2000 年现代化舰艇在中国潜艇和水面部队中的比重均不到 10%，而至 2010 年已分别增至 56% 和 26%。中国军队的有效控制海域和威慑距离也不断扩展至海岸以

---

① Department of Defense, United States of America, Sustaining U. S. Global Leadership: Priorities for 21st Century Defense, January 2012, p. 2.

外1850公里。[①] 此外，美国对中国捍卫核心利益的意志与举措的敏感性增强，揣测中国“新提法”的战略内涵，担心原来问题的“再定义”会将美国排挤出亚洲。

正是在中国迅速崛起这种不利于美国的战略态势下，美国对美中关系重新定位，以约束和限制中国的发展。从“合作性威慑”战略，到“预防性防务”战略，再到“区域安全”、“遏制与威慑”和“先发制人”战略，美国军事战略由守势战略态势转向了攻势战略态势，在亚太地区积极扩张。

其次，中国军事现代化的快速发展增加不确定因素。

美国政府对于中国军事现代化的具体进展情况十分关注，分析中国的军事发展及军力配置情况是历年美国的中国军事发展报告的必备内容。这是考察中美军事实力对比的一个重要信息。

奥巴马政府认为，随着中国军队现代化步伐不断加快与中国军力的增长，尤其是中国海军、空军和导弹投射力量的增强，美国处理此类冲突的代价将稳步增长。2010年美国《国家安全战略报告》声称要“密切监控中国的军事现代化计划，并据此做好相应准备以确保在地区和全球范围内对美国利益和盟友不会产生负面影响”。[②] 2011年美国出台的《军事战略报告》进一步指明，美国一直担心中国会利用经济增长而加强军事实力，声称将继续仔细监测中国的军事发展和影响及其在台湾海峡带来的军事平衡，将继续关注中国的军事现代化程度和战略意图，以及在空间和网络

---

① Ronald O'Rourke，“China Naval Modernization：Implications for U. S. Navy Capabilities - Background and Issues for Congress”，Congressional Research Service Report，pp. 37，5. http：//www. fas. org/sgp/crs/row/RL33153. pdf.

② National Security Strategy2010，p. 43，http：//www. whitehouse. gov/sites/default/files/rss_ viewer/national_ security_ strategy. pdf.

空间中的自信。[①] 2012 年 1 月 5 日，美国公布的《国防战略报告》又认为，“维护和平、稳定，商业的自由流通和维持美国在这个充满活力地区的影响力，将部分取决于正在出现的军事能力和存在的基本平衡。从长远来看，中国作为一个地区大国的出现将有可能以各种方式影响美国的经济和我们的安全。”而且“像中国和伊朗这样的国家在持续追求非对称手段对付我们的力量投射能力”。[②] 正因如此，美国试图通过在经济上深度融入、外交上前沿部署、军事上保持存在、制度上积极参与等措施，实现“再平衡”（re-balancing）的战略目标，以使美国与中国在亚太地区的影响力重新恢复到“9·11”事件以前的状态，即美国主导亚太地区的议程设置。2012 年 1 月 5 日，奥巴马政府公布的题为《保持美国在全球的领先优势：21 世纪国防的优先事项》的新版美国国防战略评估指南认为，“从长远看，中国在亚太的崛起对美国经济和安全等许多方面产生了潜在的影响”，并且明确指出中国的军事发展对美国安全构成了挑战。它强调，一些地区国家“比如中国和伊朗”发展的“反介入和区域拒止等非对称能力”，包括电子网络战、巡航和弹道导弹、先进的防空系统、水雷以及其他复杂的武器系统，对美国的“军事投射能力”产生了重大挑战。美国对于中国海军力量与核力量的发展情况尤为关注。美国国防部估计，到 2015 年中国的航母将形成作战能力。美方认为，海洋对峙可能导致更广泛的冲突，海洋争端有可能升级为双方的陆地冲突。南中国海地区也存在诸多潜在的导火索。一旦南中国海或东南亚发生冲突，这种局势将给美国空军和海军力量带来新的不确定因素。美国海军和空军正针对其所谓的中国“反介入”与“区域拒止”、加紧演

① National Military Strategy of The United State of America2011, Redefine America's Military Leadership, p3, p. 14, http: //www. jcs. mil/content/files/2011 - 02/020811084800_ 2011_ NMS_ -_ 08_ FEB_ 2011. pdf.

② Sustaining US Global Leadership: Priorities for 21st Century Defense, pp. 2 - 4, http: //www. defense. gov/news/Defense_ Strategic_ Guidance. pdf.

练“空海一体战”。之后，美中经济安全评估委员会又公布了一份《中国军事现代化中的独立武器发展》报告。报告以 4 项尖端武器（“元”级潜艇、反卫星武器、反舰弹道导弹和歼 -20）为例，说明美国“低估”了中国军事发展，产生了严重地缘政治后果，美国为此痛心疾首。

美国虽然认为“中国军力发展对美国安全产生重大挑战”，但仍然继续寻求中美军事合作的可能性。中国政府十分重视发展对美军事关系，并将其作为培育中美战略互信的一个重要支点。奥巴马政府也重视与中国在军事方面的沟通与合作。从奥巴马政府历次中国军事报告可以看出，美国一直在试探进行中美军事合作的可能性。作为一个霸权国家，为了取得其霸权的合法性，美国需要向国际社会提供“公共产品”。但是，囿于国际问题众多而棘手，再加上美国自身出现了一系列问题，美国向国际社会提供“公共产品”的能力受到了影响和质疑。根据奥巴马政府的战略思想，美国可以通过向盟友、伙伴“让渡”部分权力的方式，换取这些国家承担更多的国际责任，其中也包括中国。美国政府意识到，军事现代化已经使得中国能够在更大程度、更广范围承担起国际责任，能够为国际社会提供更多的“公共产品”，如打击海盗、人道主义救援等等。因此，中国在国际社会承担责任能力的增强是美国所乐见的。然而，美国政府对于中国军事能力的发展又有所忌惮，因为这种能力既可以转化为承担国际责任的能力，也可以增强中国的军事投射能力。对美国来说，理想的状态是保持与扩大美中军事交流，这一方面可以了解中国最新的军事发展动向，另一方面也可以促使中国在美国所制定的国际规范之下承担国际责任。美国国防部发布的《2012 年中国军事与安全发展》报告指出，美国希望在“相互尊重、互利共赢的合作伙伴关系”下“与中国建立健康、稳定、可靠和持续的两军关系”。在 2012 年美国海军学院毕业典礼上，帕内塔表示，他将会于该年晚些时候访问中国，以探讨美中两国加强防务合作的问题，同时指出，亚太地区的关键是美中两军共担安全责任，促进亚太和世界和平，为两国之间的防务合作开创一个新时代。

二、地区层面：美国对“亚洲权力正在加速向中国转移”倍感焦虑，美国战略重心东移

美国的亚太战略是其全球战略与整体外交、安全战略的重要组成部分。奥巴马政府的亚太战略既有全球和地区层面的考虑，也有因应中国崛起的战略意图。美将亚太视为其全球领导地位的关键，通过多种方式介入地区事务，努力将中国纳入其主导的地区秩序；而亚太是中国崛起的战略依托，中国试图排挤美国并最终建立中国主导的地区秩序。由此，美国精英阶层认为，中美在争夺亚太领导权方面的矛盾很难调和。①

美从20世纪90年代中期就已经开始运筹战略重心东移。克林顿政府于1995、1998年连续发表《美国东亚战略报告》，抛出“亚太共同体”倡议，做足战略重心东移的理论和思想准备。1999年科索沃战争结束后，“西线无战事”，美国战略重心东移具备重大现实条件。北约东扩乘势而起，“重心东移论”在美战略界与舆论界掀起高潮。

2001年小布什政府上台之初，也准备加速战略重心东移，打出“谦逊的国际主义”旗号，主张收缩战线，削减在中东的前沿部署和军事基地，加大亚太投入，被广泛认为其关注重点将明显向东倾斜。但“9·11”事件打乱小布什政府战略部署，美战略重心东移进程止步于中东和南亚。21世纪头10年的大部分时间里，

① 参见 Aaron L. Friedberg, A Contest for Supremacy: China, America, and the Struggle for Mastery in Asia, W. W. Norton & Company, New York, 2011; Toshi Yoshihara and James R. Holmes, Red Star over the Pacific: China's Rise and the Challenge to U. S. Maritime Strategy, Naval Institute Press, Annapolis, Maryland, 2010.

美深陷伊拉克和阿富汗两场战争，主要精力被消耗在应对恐怖主义和极端伊斯兰主义方面，对亚太关注力度不足，美在亚太主导地位随之弱化。

奥巴马上台前后，美战略界就美国战略目标与重点等根本性问题展开大辩论，并得出至少以下两点结论：其一，反恐与应对大国崛起是美长期面对的两项重大战略任务，不可偏废。小布什政府受到反恐议程拖累，顾此失彼，犯了战略错误。随恐怖主义遭到重创，伊拉克、阿富汗处于改造进程中，应对大国崛起应成为下届政府的紧迫课题。其二，亚太是大国崛起的核心舞台，应是美战略重心所在。亚太既是全球最富活力的地区、全球经济增长的发动机和决定21世纪全球格局的影响力中心，也是全球变数最大、风险最大的地区①，事关美全球领导地位；美深陷中东期间，中、印在亚太迅速崛起，东亚一体化如火如荼，日、韩、澳等盟国离心倾向加剧，美亚太主导地位面临严峻挑战。

战略界的这些共识成为奥巴马政府国安团队制定国家安全战略的思想依据。奥巴马总统自称美首位“太平洋总统”，反复强调美国是“亚太国家”，高调宣称“重返亚洲”、“重返东南亚”，誓言继续充当“亚太领导”角色。上任之初，奥巴马政府全面运用“巧实力”，努力修复美与伊斯兰世界关系，重启美俄关系，巩固美欧关系，对“问题国家”实施“伸手外交”，适时调整反恐战略，将恐怖主义视作“21世纪的诸多挑战之一”，不再片面地从狭窄的反恐棱镜中看待世界，为战略重心全方位移师亚太创造条件。国务卿希拉里·克林顿就任不足一月即首访东亚，成为过去50年来首位首访亚洲的国务卿。奥巴马总统也在上任第一年访问中国等东亚四国，签署《东南亚友好合作条约》，举行首次“美国—东

① Evan A. Feigenbaum and Robert A. Manning, “The United States in the New Asia”, Council Special Report No. 50, November 2009, http://www.cfr.org/content/publications/attachments/Asian_Multilateralism_CSR50.pdf.

盟”领导人峰会。

综观奥巴马第一个任期，美亚太战略布局快速铺开，战略重心东移已成事实。奥巴马政府既通过强化与东盟对话合作筑牢亚太战略抓手，也与中国确立良好关系开端，在美印关系、美俄关系等方面做了大量功课。但美国仍然面临着同日韩等国盟友体系松动、亚太一体化进程加速发展、新兴国家群体崛起势头加速的严峻挑战。进一步加大亚太战略投入，不断完善亚太战略各个环节，切实确保美在亚太主导地位，成为奥巴马政府外交工作的重点之一。

（一）美国“重返亚太”战略出台的背景

美国强化在亚太地区的战略部署，一方面是因为自身利益越来越倚重亚太地区，亚太地区在其全球战略中的地位不断上升；另一方面，更为重要的是中国对亚太地区的影响力逐步扩大，美对华焦虑、疑虑不断上升。美国全球战略重心东移最为显著的原因是中国的快速崛起。

首先，进入21世纪以来，亚太地区的经济迅速发展，世界经济重心开始由大西洋地区向亚太地区转移。亚太地区是世界上经济最具活力的地区之一，拥有世界最大的新兴市场。目前，该地区出口占全球出口总量的30%，外汇储备占世界总量的2/3，经济规模已占世界一半以上。根据高盛公司的预测，全球经济重心还会加快向亚太地区转移，2027年中国经济总量将超过美国，到2050年，全球排名前10位的经济体中有4个是亚洲国家、8个是环太平洋国家，届时东亚经济将远远超过北美和欧洲。

亚太地区在美国全球战略中所占分量越来越重。中国和日本分别是美国国债的第一、第二大买家，两国在购买、出售美国国债上的一举一动都牵动着美国经济政策的实施效果。在美国的七大贸易伙伴中，中、日、韩名列其中。美国和新加坡、澳大利亚有自由贸易协定，另外还在与马来西亚进行自贸谈判。希拉里宣称，美国在经济和战略上继续领导亚洲方面具有重要的利益，“在经济上，我们无法摆脱与之相连。美国公司对亚太国家商品和服务方面的出口高达3200亿美元，并创造了成百万的高工资就业机会。”

其次，美国担心日益崛起的中国通过强化区域主义挤压其战略空间。中国是亚太的“天然大国”，美国是亚太的“外来户”，但在亚太苦心经营一个多世纪，各种同盟关系、利益关系盘根错节。习近平访美时接受美国《华盛顿邮报》记者采访，强调太平洋很大，足以容纳中美两个大国，可以说为中美两国在亚太搞“合作范式”提出了期待。[①] 不过，在具体实践中，美国在亚太享有传统优势，而中国崛起首先是在亚太崛起、在亚太扩大影响，其结果不能不挤压美国因历史原因而在亚太享有的过多“份额”，并有可能引起美国的战略反弹。美国大张旗鼓地重返亚太，一个重要背景就是担心因中国崛起而把美国从亚太“挤出去”，因而其战略本质是“以攻为守”。[②]

冷战结束后，美国独自享受冷战的红利，但“9·11”事件把小布什政府的外交重点转向国土安全和反恐问题，伊拉克战争、阿富汗战争牵制了美国主要的精力和资源，美对东盟的忽视造成了美在东南亚地区影响力的下降，而中国在东南亚地区的影响力不断上升，被美国视为挑战其在东南亚的地区秩序。中国尝试在构筑地区秩序上做出建设性的努力：东盟“10+1”、“10+3”、东亚峰会、大湄公河次区域经济合作等显示出旺盛的生命力。2010年1月1日，中国—东盟自由贸易区全面正式启动，中、日、韩三国也已在“10+3”框架外建立领导人定期峰会机制和外长定期会晤机制。过去15年来，美国已从东盟10国的最大贸易伙伴滑落至第四，而首位则由中国取而代之，使美国认为东亚地区的战略天

① Economist, " "Lexington: Buttering-up and scolding", *Economist*, February 18, 2012, p. 33.

② Joseph s. Nye, Jr, "The Future of American Power", *Foreign Affairs*, November/December, 2010, p. 3.

平开始向中国倾斜。美国重返东南亚是向一些谋求地区秩序的大国显示自己仍然是该地区的领导者。美国担忧，如果任由中国等亚洲大国领导的亚洲内部集团发展，美国会被排除在重要的亚洲经济和安全结构之外，继而对亚洲的介入能力也将被大大削弱，美国应防止在太平洋上出现一条割裂美国与东亚的分界线。在美国看来，任何一个缺失美国的东亚秩序都是不完整的和不能接受的，美国重返东南亚很大程度上是为了平衡中国在该地区的影响力，压制中国构筑地区秩序的空间。为此，美国必须参与到那些能够决定亚洲未来走向的机制中去，塑造服务于美国利益的地区架构。

（二）美国“重返亚太”战略的具体部署

面对中国崛起带来的压力，美国对中国采取“竞争”和“两面下注”的策略：一方面，在亚太地区同中国展开激烈的外交竞争，将中国在亚洲扩大的影响“推回”。不断渲染和利用亚洲国家与中国的矛盾，敲打中国与周边国家关系的脆弱节点，拉拢在中美之间寻求平衡的国家，维系并巩固美国在亚太地区的“轴辐式”军事同盟。另一方面，保持战略“耐心”，通过参与和建立更加广泛的多边机制，寻求同中国的合作，以增强地区国家和盟国对美国的“信心”。

首先，在军事上，展开在亚太地区的前沿部署和军事演习，强化美国的军事存在。

虽然冷战后美国对其海外基地进行了裁撤，但是在亚太主要战略对手附近的海军基地并没有削减。在美国“重返亚太”战略的大背景下，美国以岛链为依托在亚太地区展开“前沿部署”，以此控制中国的战略出海口。当前美国的举措就是，重建第一岛链，巩固第二岛链。2010 年中国海军已冲出第一岛链，美国直接面对到中国越来越大的军事力量，已经开始感受到第一岛链有所松动。美国妄图在越南的金兰湾和菲律宾的苏比克湾部署兵力，如果实现的话，第一岛链就形成了一个 U 字形或者是 G 字形的对华封锁。另外，据英国《每日电讯报》报道，美国将耗资 126 亿美元在关岛修建核动力航母停靠的码头、导弹防御系统和实战演习基地等军事基础设施。这一项目是二战后美国在西太平洋推进的规模最大、开支最多的基地项目。美国试图把关岛打造成包括美国本土在内全世界最大的军火库，使其成为集补给、指挥于一体的“多功能军事基地”。美国大规模扩建关岛军事基地，就是要把它的战略纵深拉长，使关岛成为退可以守进可以攻的战略基地。另外，为加强亚太地区的空中监视能力，2010 年美国空军在关岛安德森基地部署一架“全球鹰”无人侦察机，覆盖整个亚太地区。美国《连线》杂志称，根据五角大楼发出的信息，美军把 B2、F22、F35 三种隐形战机，部署到太平洋基地的计划，将于 2017 年完成，届时中国将处于这些隐形战机的打击范围之内。

另外，美军在亚太地区的军事演习频率增加、规模扩大。为应对“天安”舰事件，美韩在日本海举行了规模空前的联合军演，出动了包括最先进的 F－22“猛禽”在内的 200 多架战斗机及 8000 多名士兵来显示实力。“延坪岛炮击事件”后，美国还派航母参加黄海军演，将中国部分地区纳入其作战识别圈。美日也在冲绳海域举行了两国最大规模的联合演习，参加的官兵达 4 万多人，美国“华盛顿”号核动力航母和 B－52 轰炸机均参加了演习。美军还单独在关岛附近举行“勇敢之盾”军演，其假想区域不再是台海而是南海，从驻日美军基地抽调了大批兵力参演。此外，美国明显加强了同东南亚国家的军事合作，其中某些领域的合作还带有突破性。比如，美国“华盛顿”号核动力航母访越，并首次与越南在南海举行搜救及应急行动联合演习；美国承诺向菲律宾提供价值 1840 万美元的精确制导导弹，使其首次获得此类武器；美国与印尼签署《防务合作框架协议》，恢复了与印尼特种部队中断 12 年之久的合作关系；美国还借机探讨在南海周边建军事基地的可能性。

美国在亚太地区一连串军事活动表明：美国不会忽视亚太地区，而是要彰显美国在亚太地区的影响力，对处在成长中的中国形成强大的现实上或心理上的打压，在一定程度上抑制、削减中国崛起进程中对全球及亚太地区政治经济秩序形成的现实冲击。同时，防止传统亚洲盟国日本和韩国的离心倾向。以美国为中心建立的亚太新战略框架是扩大原有的战略结构，由单纯的日美同盟转变为美日澳印四角联盟。进而以此四边定盘，将新加坡、越南、菲律宾、韩国等国家逐步整合进去，从而形成以美国主导的、以美日澳印四边联盟为骨架的“亚洲版北约”。其战略目的是提前做好在两岸和平统一后，或中国的军事力量足以突破第一岛链乃至第二岛链的情况下，仍能有效封堵中国。

其次，在经济上，推动“TPP”和次区域经济合作，扩大美对亚太经济的影响力。

后金融危机时代，亚太在全球经济中分量上升，前景更加看好，成为全球经济的增长引擎，亚太区域经济合作发展迅猛。2010年初，包括“中国—东盟自贸区”在内、以东盟为核心的5个自贸区同时启动，中国、东盟、日本、韩国等在“10+1”、“10+3”和中日韩三边机制内的经济合作持续深入，对美构成强烈刺激。亚太是奥巴马政府实现“出口倍增”计划最重要市场，涉及美未来全球经济领导地位。为防止在新一轮经济整合中被“边缘化”，确立和强化美在亚太经济格局的主导权，奥巴马政府着力在双边渠道和地区层次拓宽与域内各国的经济联系，打造以美为主的亚太经济圈。

多边层面，美不断推出地区经济合作倡议，争取地区经济秩序主导权。TPP（跨太平洋伙伴关系协定）是美国布局未来资源版图的重要战略步骤，也是美国主导的亚太地区经济合作的新框架。自2010年3月正式参与TPP谈判后，美国与TPP发起四国——智利、新西兰、新加坡和文莱以及与秘鲁、越南、澳大利亚、马来西亚共举行了4轮谈判。2011的APEC（亚太经济合作组织）会议上，日本、加拿大和墨西哥也提出要加入谈判，特别是第三大经济体日本的加入，让美国备感振奋：相对于美国平均5%的关税水平，日本平均关税高达21%，且包括农产品在内的多个市场受到高度保护，更重要的是，用美国商会官员奥弗比的话说，“这是日本重新确立和美国联手在亚洲的领导地位”。此外，泰国2012年11月宣布将讨论参与谈判，菲律宾也正在考虑当中。东盟有越来越多的国家开始追赶先行加入的四国。不过，由于TPP原则上只接纳APEC成员，因此尚未加入APEC的缅甸、柬埔寨和老挝担心被落下。产业竞争力较弱的印尼现阶段对加入TPP仍持消极态度。按所设计的“路线图”，美国力推TPP在2015年前建成为一个“跨太平洋东西两岸的自由贸易协定”（FTAAP）。用奥巴马的话来说，“美国将与TPP伙伴接触，以打造一个既可广纳成员，又具有高标准，适用于21世纪的区域贸易协定”。

实际上，美国是在利用TPP这一新的协议来架空APEC。借助TPP的已有协议，开始推行本国的贸易议题，试图将TPP建成最大的亚太自由贸易区，然后借助TPP主导亚太地区经济，对亚太国家分而化之，重建其控制权。TPP无疑已经成为美国重新塑造亚太经贸格局、强化经济控制能力的新手段，以此降低和削弱中国不断崛起的影响力，并达到制衡、孤立中国的战略目的。随着欧洲在欧债危机下逐步衰落，TPP有可能成为欧盟衰落后取代北约联盟的一个新的世界利益集团，并建立世界危机后全球的信用新秩序。美贸易代表办公室副代表马兰提斯还提出，希望通过加强贸易经济领域对话，形成一个以美国为核心的“亚太地区21世纪高度自由的贸易框架”，确保亚太市场对美开放。同时，美还积极插手湄公河流域开发，调控次区域经济合作进程。希拉里会见柬埔寨、老挝、泰国和越南等国外长，承诺注资1.87亿美元支持“湄公河下游行动计划”，用于改善该地区的教育、卫生、基础设施和环境建设。在访问柬埔寨期间，希拉里鼓动柬埔寨不要在经济上过分依赖中国，就湄公河水坝问题向中国发难。

双边层面，奥巴马政府加大对印度、印尼、越南等人口众多、市场潜力巨大国家的拉拢力度，在双边关系中增加经贸合作与“发展援助”内容。对印度，奥巴马出访期间与印签署了95亿美元的出口大单，明显加强高技术出口和民用核能方面的合作。对越南，美帮助其发展核电，加强双方核能合作。越南外交部称，美越正为启动民用核能合作协定谈判“交换意见”，美国支持越南兴建核电厂。据报道，美越已经就分享核燃料与核技术问题展开深入谈判，其中包括越南在本国境内进行铀浓缩。对印尼，奥巴马出访期间明确提出希望未来几年美国对印尼实现出口翻番，使其成为美头号贸易伙伴，并承诺召集更多美国商人赴印尼投资。同时，针对两岸经贸联系不断升温，奥巴马政府试图强化美台经济关系，决定尽快（美在台协会称将于12月）重启“贸易暨投资框架协议”（TIFA）协商。此外，美还承诺将于2012年在斐济开设办事处，对太平洋岛国在应对气候变化方面予以援助。另外，美韩自由贸易协定于2012年3月生效，这成为继1994年美国与其最大贸易伙伴加拿大和墨西哥签订北美自由贸易协定以来的第二大自贸协定。该协定将使韩国向美国生产商开放汽车市场，使美国至少可增加7万个工作岗位。完成与韩国签订自由贸易协定后，美国下一步骤就是推动韩国早日加入TPP。

再次，在外交上，美国以亚太地区为中心积极展开密集外交攻势，提升美对亚太地区格局的塑造能力。

其一，巩固和整合与传统盟友的关系，强化全方位安全合作，以此夯实美“重返”亚太战略的根基。

奥巴马执政初期，视巩固双边同盟为美亚太战略核心支柱，试图重振盟友体系。但因其忙于应对国内金融危机和修复全球国家形象，在对亚太的实际投入方面仍显不足。[①] 奥巴马一再推迟对印

① Joshua Kurlantzick, “How Obama Lost His Asian Friends”, *Newsweek*, July 06, 2010, ttp: //www. newsweek. com/2010/07/06/how-obama-lost-his-asian-friends. html#.

尼和澳大利亚的访问，引起两国对美国“重返”亚太决心的质疑；传统盟友体系离心倾向加剧，如日本执意要求美军撤出普天间基地，倡导“东亚共同体”和“回归亚洲”的调门升高，等等。重新夯实传统盟友体系，强化美亚太战略根基，并寻找新的战略抓手，成为奥巴马政府亚太战略的紧迫任务。为此，执政第二年，奥巴马政府主动寻求强化同日本、韩国和澳大利亚、新西兰等盟国安全合作，积极与越南、印尼等国拓展安全关系。

美日关系方面，2010 年初，两国高调纪念《美日安保条约》修订50 周年，美日各自发表声明，重申美对日本安全承诺，强调维护亚太地区和平稳定是两国共同战略目标，积极扩大两国在核不扩散、打击海盗、应对气候变化等全球问题上的沟通合作；5 月 28 日，美日两国就普天间基地搬迁问题达成共识，大体维持两国 2000 年达成的搬迁协议，消除两国关系重要障碍，并利用日对朝鲜和中国问题担忧促其重新认识与美同盟的重要性，双边安全关系明显强化。

美韩关系方面，奥巴马政府发表《弹道导弹防御评估报告》称，希望韩国进一步采取措施，提升与美联合作战能力，并加强反导合作；美韩举行首次外长与防长共同参加的“2 + 2”会议，高度评价《韩美同盟未来展望宣言》，确认推迟移交战时作战指挥权；美韩防长举行第 42 届年度安保会议，正式签署《国防合作指针》、《战略同盟 2015》和《战略计划方针》等文件，构筑两国“21 世纪全面战略同盟”，还决定设立“延伸威慑政策委员会”，全方位深化两国安全合作。

美澳关系方面，美不失时机地扩大同澳安全合作。美国务卿希拉里、防长盖茨与澳大利亚外长、防长举行第 24 届年度磋商，这是 2001 年以来美首次同时派出两位正部长赴澳参会。双方明确强调美澳同盟是美“亚太战略之锚”，重申两国拥有共同利益和共同价值观，以建交 70 周年为契机全面推动两国“持久合作关系”；同时，两国还承诺进一步加强军事基地共享以及在太空、网络等

“全球公地”领域的实质性合作，加强在亚太和国际事务中的协调。

值得注意的是，美亚太双边同盟“多边化”特征初步显露。2012年2月，韩首次与美日一起参加“金色眼镜蛇”联合军演，军演总指挥、美太平洋司令部陆军司令密克森宣称，美日韩正讨论新的联合军演方案；7月，美韩举行联合军演，日本海上自卫队首次以观察员身份参加演习，引起外界对美日韩三国军队可能进一步“整合”、“联动”的高度关注；9月，美日韩三国在华盛顿举行三边防卫对话；同月，美助理国务卿坎贝尔、助理国防部长格里格森、驻韩美军司令夏普等人在参院作证时强调，将继续推动美日韩三边对话机制，并努力建设美日韩战区导弹防御体系。

其二，深化同东盟对话合作，大力拉拢和规制新兴大国，为亚太战略打造更多抓手。

为适应亚太格局新态势，美不仅注重巩固传统盟友体系，更根据地区各国关系现状、力量对比和发展前景新态势，着力调控同东盟及其他新兴大国间关系，为巩固美在亚太地位而“多面下注”。

一方面，在提升与东盟关系的同时，尤其注重加强对越南、印尼等新“战略支点”国家的扶持力度。2010年7月，美国国务卿希拉里出席东盟地区论坛，公开介入南海争端并明显偏袒越南；9月奥巴马在纽约与东盟10国领导人举行第二届“美国—东盟峰会”，商讨地区经贸、人权、安全及缅甸大选等问题，就深化双边关系达成共识，发布《第二届美国—东盟领导人会议联合声明》，宣称“共同维系地区和平与稳定，保证地区安全”，强调和平解决地区领海争端的重要性；10月，国务卿希拉里·克林顿出访越南、马来西亚、柬埔寨等东南亚国家及澳大利亚、新西兰、巴布亚新几内亚等国，出席在越南召开的第五届东亚峰会，与越建立安全、防扩散、环境全方位“伙伴关系”。另外，美越国防合作进入新阶段。2010年8月，美“乔治·华盛顿”号航母和“约翰·麦凯恩”号驱逐舰先后访问越南海域；美副防长助理罗伯特·谢尔和越南副防长阮志咏在河内举行首次副部长级国防政策对话会，就国防合作、地区和国际热点问题进行了磋商。在同印尼关系方面，2010 年 7 月盖茨访问印尼时，就美恢复同印尼特种部队合作达成共识；11 月奥巴马访问印尼，双方正式建立“全面伙伴关系”，承诺加强经济、政治和安全各领域合作。美国与菲律宾已经举行了三次双边战略对话，2012 年 6 月菲律宾总统阿基诺对美正式访问，强调菲美两国关系“加速深化”。

另一方面，有区别、有重点地深化与中、俄、印互动并进行规制和引导，尤其是提升美印合作层级。在对华关系方面，积极谋求在国际机制改革方面搞好双边合作协调，通过战略与经济对话机制维系双边关系积极势头，主动寻求恢复同中国的人权对话和军事对话，稳定双边关系基本框架；同时，对中国军事发展表示强烈关注，加强在西太平洋地区军事投入，推出“海空一体战”等长远作战设想，将其防范对象指向中国。在对俄关系方面，积极排除影响双边关系发展系列障碍，乐见俄加大对亚太战略的关注和投入；在对印关系方面，双方举行战略对话，并再次确认“全球战略伙伴关系”，美承诺支持印度崛起并愿意与之建立强有力关系，在气候变化、太空安全、印巴维稳等一系列全球和地区议题上达成共识，着力整合两国间现有合作机制，实现战略对话机制化。

其三，积极介入地区热点议题，利用中国与周边国家的南海主权争议作为“重返”东南亚的战略支点。

当前，亚太各国战略取向和实力对比发生变化，地区格局势必调整，有两个特征：一是各国间经济联系日益紧密，经济一体化快速推进，尤其是东亚表现得最为明显；二是各国间政治互信明显滞后，中国快速崛起引发周边各国战略疑虑和心理失衡。各国缺乏政治互信和深层利益纠葛交互作用、加速发酵，加之各种偶发因素，亚太地区热点问题频发，对格局调整产生巨大影响。朝核问题久拖不决，东北亚安全局势难有改观；缅甸问题持续发酵，中美关系又增芥蒂；“天安”舰事件恶化半岛安全形势，对中韩关系造成严重冲击；钓鱼岛主权争端再度凸显，中日战略互惠关系遭遇挫折；南海主权争端则成为中国与东盟部分国家进一步深化关系的巨大障碍。奥巴马政府抓住机会，积极介入亚太地区热点争端，主动推动亚太地区格局调整，利用各国之间的矛盾猜忌，在地区主要力量之间实现相互牵制和权力平衡，影响和规范新兴国家崛起，塑造对美有利的亚太格局。

一方面，利用“天安”舰事件，重新强化美国在东北亚安全格局中的影响和主导地位。2010 年 3 月“天安”舰事件发生后，美迅速组建以西方国家为主的原因调查团，宣称朝鲜策划对“天安”舰的攻击，坚定支持韩国采取强硬行动，在争议地区进行实弹演习，造成朝韩关系持续紧张。美国利用韩国在安全方面对其依赖增加，强化美韩同盟关系，最直接的效果就是将美军向韩方移交战时作战指挥权的时间从 2012 年推迟至 2015 年。美韩建立外长、防长“2 + 2”会谈机制，两国防长和外长还同时到“三八”线视察。此外，第 42 届韩美安保协议决定设置“延伸威慑政策委员会”，落实美对韩提供核保护伞、常规打击能力等承诺，韩国则表示将积极考虑部署美国的导弹防御系统。在强化美韩同盟的同时，美国也利用半岛紧张局势重新加强了美日关系。美国在普天间军事基地问题上拒绝向有“脱美”倾向的鸠山政府妥协，使其在日本国内和美国的双重压力下被迫下台。菅直人政府上台后，日本重回对美依附路线，接受美国提出的按 2006 年达成的日美协定处理军事基地争议问题。随着美韩、美日同盟的加强，美日韩由双边互动向三边协调过渡。在美国的大力推动下，日韩加强了外交和安全合作。2010 年 7 月，日本首次以观察员身份加入美韩黄海军演。2011 年 1 月，日韩举行防长会议，双方就互相提供军事后勤支持进行谈判，并同意有必要签署《军事信息总体安全协议》。

另一方面，利用中国周边海洋争端，挑起周边国家与中国的矛盾，以此牵制中国发展。冷战时期，出于遏制苏联的战略需要，美对南海问题奉行不介入政策，被称为“严格的中立主义”。但冷战结束后，尤其是20世纪90年代，菲律宾与中国因“美济礁事件”发生冲突，克林顿政府对南海问题关注加强，呼吁和平解决争端，时任助理国防部长约瑟夫·奈表示，美国南海政策的要义就是“积极的中立主义”。但2010年以来，美国官员的一系列表态显示，其南海政策正在向“积极介入”方向转变。在第17届东盟地区论坛外长会议期间，美国抛出南海议题，首次公开提出南海问题涉及美国的“国家利益”。国务卿希拉里·克林顿称，南中国海“航行自由和公共海、空域开放”是美国国家利益，并称这不仅是美国与东盟成员国或东盟地区论坛（ARF）参与国的共同利益，也是美国与其他海洋国家和国际社会的共同利益。针对南海问题持续升温，美助理国务卿坎贝尔、国务卿希拉里、防长盖茨等人通过各种渠道多次公开喊话，要求南海问题“国际化”，敦促各方必须依国际海洋法办事，和平解决，推动建立争端解决国际机制。美国妄图使南海问题复杂化，其偏袒越南、菲律宾的意味尤为明显，给中国与周边国以双边方式妥善解决争端制造障碍。另外，面对中日钓鱼岛之争，奥巴马政府一方面敦促各方保持克制，防止局势失控，并声称美方对此“不持立场”，另一方面，希拉里等高官又暗示，钓鱼岛实际归日本管辖，是《美日安保条约》适用对象。2013年1月5日奥巴马签署《国防授权法》，第一次加入了“钓鱼岛防卫适用于日美安保条约第五项”的内容。奥巴马签署这一法案，等于是放弃了美国政府在钓鱼岛问题上“不选边”的立场，给予了日本政府在钓鱼岛领土主权问题上最强烈的支持。[①]

---

① http：//world. huanqiu. com/regions/2013 -01/3445378. html.

（三）美国“重返亚太”战略的影响

美国战略重心东移，使中国周边环境尤其是安全环境面临极其严重的挑战。

其一，美国对华地缘战略压力显著增大。美国将在亚太加强军事存在和战略部署作为实施“空海一体战”的主战场，在很大程度上是针对中国的。美在西太平洋第一岛链强化军事同盟关系，扩展军事基地，部署濒海战舰，增加先进的战略侦察和实战军器，扩大和完善反导系统，有对华建构“新月形”战略围堵的意图。日本媒体甚至称已形成美国主导的亚太对华包围圈①。美还将第二岛链中心关岛建成其海外最大的军事基地，大幅提升从第二岛链向第一岛链投送军力与快速反应的能力。随着美国在关岛海空军基地设施的不断完善以及先进战机和舰艇部署到位，关岛已逐渐成为美军在西太平洋地区的一级“战斗力根据地”。美国加强关岛的战略支点作用，大大提高了其监察和干预中国东海、南海事态的能力。美国国会研究服务局报告称，美国空中力量从关岛起飞，对亚洲地区实施军事打击，仅需2—5个小时；美军舰艇编队从关岛出发，抵达亚洲沿海执行作战任务大致需要2天，比从夏威夷出发快4天半。

其二，中国领土主权遭受前所未有的严峻挑战。中国和一些邻国的岛屿争端以往虽然有起伏，但保持相对稳定。在美国声称重返亚洲尤其是全面展开战略重心东移亚太的布局后，南海、东海风云突变。美国公然介入与其毫无关系的岛屿争端，支持一些东南亚国家将南海问题国际化。所谓国际化就是“美国化”，是为美国直接插手南海问题制造合理依据。美国还或明或暗地指责中国关于南海问题的正当合理立场。由于美国搅局，有些国家更加肆

① 《日媒体称美国主导亚太对华包围网已形成》，《环球时报》，2012年3月23日。

意侵犯中国的主权，日本还悍然决定“收购”中国的固有领土钓鱼岛，宣布将其国有化，陷中日关系于一场严重危机，几乎将两国拉入对抗的边缘。在中国同有关邻国的岛屿之争激化之后，美国口头上表示对这些争端“不持立场”，实际上却采取倾向性明显甚至带有浓厚军事色彩的举措，如2012年下半年中日钓鱼岛争端加剧后，美先后同日举行“夺岛演习”，派航母编队到钓鱼岛附近海域游弋，在日本增设反导雷达。2012年发生黄岩岛事件以后，美不仅与菲进行联合军演，还向菲出售两艘“汉密尔顿”级巡舰；在越南国会通过“海洋法”，把中国的南沙群岛、西沙群岛包含在越“主权管辖”范围内之后，美国派军舰抵越，同越南举行海上交流活动。美国的偏向和搅局使南海、东海问题更加复杂化，增大了中国维护合法权益的难度。

其三，中国睦邻关系受到严重干扰。美将战略重心东移的同时，宣扬所谓“中国威胁论”，不断挑起亚洲邻国对中国的疑虑。美利用军演和采取向一些国家提供有条件援助等方式，拉拢它们亲近美国和疏离中国，甚至用赤裸裸的挑拨离间手段在中国与友好邻国之间打进楔子。美国炒作南海问题，将中国崛起与“不安全”、“不负责任”、“炫耀武力”、“以强凌弱”划等号，严重损害了中国的形象，败坏中国同周边国家的关系，损害中国与邻国的睦邻友好与和平稳定的周边环境，试图达到干扰和阻滞中国发展进程的目的。

其四，对中国地缘经济利益产生负面影响。中国充分发挥地缘邻近的优势，在区域经济合作机制中起着举足轻重的作用，并已取代美国，成为亚太新兴经济体和日韩澳等美国盟国的最大贸易伙伴。美国对此倍感失落，为挽回颓势，进而谋取在亚太区域经合机制中的主导作用和重新夺回在东亚经济关系中的龙头老大地位，力推TPP，挤进东亚峰会，以架空APEC和削弱以至边缘化其他区域经合组织，并将亚洲定为其出口翻番战略的重点地区。美国亚太经济新战略，挤压和弱化中国在区域经合机制中的空间和作用，削弱中国在区域经济关系中地位意图明显，这将对中国进一步拓展区域经济空间尤其是扩大对亚太国家的出口造成不利影响。

第三节　对台湾问题的认知

奥巴马入主白宫以来，美国的对台政策一直处于平稳状态。2009年11月，在奥巴马访华期间发表的《中美联合声明》中不仅强调了“台湾问题在中美关系中的重要性”，而且“双方一致认为，尊重彼此的核心利益对确保中美关系稳定发展极端重要”。[①]在与胡锦涛主席的会谈中，奥巴马强调：“在台湾等问题上，美国承认和尊重中国的主权和领土完整，无意干涉中国的核心利益。美方重申坚持‘一个中国’政策和中美三个联合公报，支持海峡两岸改善关系。美国的‘一个中国’的政策是坚定的、不会改变。”[②] 从中可以看出，随着中美战略对话与合作不断加深、两岸关系沿着和平发展方向继续前行，美国的对台政策环境已经发生了一定程度的改变，由此，奥巴马政府对台认知也有别于历届美国政府，但其对台政策基本维持稳定的基调。

一、两岸关系进一步缓和

从20世纪90年代中后期到2008年，由于台湾岛内分裂活动加剧，两岸关系持续紧张，并危及到美国的操控空间，迫使其不

① 《中美联合声明》（2009年11月17日，北京），载《人民日报》2009年11月18日，第2版。

② 《胡锦涛同美国总统奥巴马举行会谈》，载《人民日报》2009年11月18日，第4版。

得不由过去的“战略模糊”转向“战略清晰”。2008 年之后，海峡两岸关系大为缓和。自 2008 年以来，双方签署了一系列经济合作协议，尤其是 2010 年达成的《海峡两岸经济合作框架协议》（ECFA），大大促进了两岸经贸交往和人员往来。据台湾方面统计，2010 年台湾与大陆货物贸易达 1086 亿美元，增长 44. 3%。其中台湾对大陆出口 726. 4 亿美元，增长 42. 7%；台湾从大陆进口 359. 5 亿美元，增长 47. 7%。台湾与大陆的贸易顺差 366. 9 亿美元，增长 38. 1%。大陆已成为台湾最大的贸易伙伴、第一大出口目的地和第二大进口来源地。[①] 随着两岸“三通”的实施，人员往来迅速扩大。2010 年有 240 万台湾人到大陆，增长了 37%；160 万大陆人到台湾，增长了 41%。[②] 与此同时，两岸文化教育交流也在稳步推进。2011 年 4 月，台湾宣布同意招收大陆学生赴台读书。

奥巴马总统赞赏两岸关系出现的积极变化。他声称：“我们支持台湾海峡两岸建立信任的举措，同时也支持中国大陆与台湾之间关系的改善。在双方善意的努力之下，两岸关系迎来自 20 世纪 90 年代以来的最好时机。”[③] 副国务卿詹姆斯 · 斯坦伯格指出：美国“欢迎两岸关系的改善”，“多年来，在如何鼓励台海两岸和平解决问题与和平对话问题上，美国共和党政府与民主党政府之间有着重要的政策连续性，我认为我们希望看到这种政策继续

① “2010 年中国台湾省货物贸易及两岸双边贸易概况”，http：//countryreport. mofcom. gov. cn/record/view110209. asp？ news_ id = 23365.

② Ourism Bureau，http：//admin. taiwan. net. tw/statistics/File/201012/table25 _ 2010. pdf；http：//admin. taiwan. net. tw/statistics/File/201012/table02_ 010. pdf.

③ Barack Obama，“U S-China Policy Under an Obama Administration，” China Brief，October 2008，p. 15，available at：http：//www. Amcham-china. org. cn/amcham/upload/wysiwyg/CB2008October/3-US-China_ Policy_ Under_ a_ Obama_ Administration. pdf.

下去。”[①] 两岸关系逐步进入和平发展轨道之际，对两岸关系改善明确表示赞赏和支持，是奥巴马政府对台政策的一个重要方面。

二、台海两岸军力对比进一步向大陆倾斜

美国的台海政策始终兼顾“接触”与“防范”的要求，但随着大陆军事现代化的快速发展，美国认为，台海军力平衡进一步向有利于大陆的方向倾斜，美国的这一政策效果面临越来越大的挑战。

受益于经济的持续快速增长和科技的长足发展，大陆军事现代化在过去10年取得了巨大进步，防空能力、远程精确打击和兵力投送能力大为增强。未来，随着一系列先进作战平台的陆续服役，比如具有第四代水平的隐形战斗机J-20、装备有新一代潜射战略导弹“巨浪-2”的晋级核潜艇、“辽宁”号航空母舰、“北斗”定位系统等，以及根据联合作战和网络战等现代作战理念的整合，大陆的军事实力将进一步提升。美国2011年《中国军力报告》承认，两岸军力对比进一步向有利于大陆的方向倾斜。[②]

与大陆相比，台湾由于经济增长长期低迷，其与大陆经济的规模差距不断拉大，其军事投入也日渐相形见绌。从1994—2011年，台湾军费支出只有2000、2008和2011年3个年份超过1994年的水平，其余14个年份均低于1994年的水平。就相对规模而言，台湾军事支出占岛内生产总值和财政支出的比例分别由1994年的

① James B. Steinberg, “Remarks before the 18th General Meeting of the Pacific Economic Cooperation Council,” May 12, 2009, available at: http: //www. state. gov/s/d/2009/124540. htm.

② Office of the Secretary of Defense, Military and Security developments Involving the People 's Republic of China 2011, August 24, 2011, p. 1.

3.8%和24.3%下降至2011年的2.1%和16.6%。[1] 尽管目前台湾军事支出的相对水平仍高于大陆，但其绝对规模早已被大陆超越。不断扩大的投入差距，必然限制台湾军力的发展速度及其维持两岸军力平衡的能力。台湾在2009年公布的第一份《四年防务评估报告》中提出要进行军事转型，建立一支规模小但具有联合作战能力、更职业化的志愿兵。这一计划的最大挑战仍然来自于财政负担。2011年台湾财政预算赤字达到125亿美元，占岛内生产总值的2.63%，接近国际通行的危机警戒线。作为台湾军事转型的一项重要内容，仅实行募兵制就需要在2012—2016年间每年支出50亿美元的人员费用，占岛内生产总值的1%，占军费支出的50%。在武器更新方面，仅2011—2014年间台向美国提出的采购计划就面临17.8亿美元的预算缺口。[2]

奥巴马政府认为，虽然当前台海局势相对稳定，并呈现出积极的发展态势，但中国军事现代化的最核心驱动力是“应对台海冲突”。2012年5月18日，美国国防部发布了《2012年中国军事与安全发展》报告，指出中国军队在台湾问题上期望发挥三大功能：震慑台独；威慑、扰乱或阻止第三方（包括美国）干预；在军事对抗中打败台军。为此，“报告”猜测了大陆几种可能的对台打击方式，如区域拒止战略、海上隔离或封锁、有限作战或高压选择、空中作战、两栖打击等等。“报告”继承了上一份中国军事发展报告的观点，认为“两岸军事平衡（包括人员、力量结构、武器和军事理论发展）继续朝着有利于北京的方向发展”。“报告”还对当前台海局势进行评估，认为自2008年以来台海局势虽得到了很大程度的改善，但“北京和台北并没有在发展政治和安全互信上

---

① Shirley A. Kan, Taiwan: Major U. S. Arms Sales since 1990, Congressional Research Service, February 24, 2011, p. 32.

② Alexander Chieh-cheng Huang, “A Midterm Assessment of Taiwan's First Quadrennial Defense Review”, February 2011, http://www.brookings.edu/papers/2011/02_taiwan_huang.aspx.

采取任何措施”。中国政府的基本立场已经得到了美国政府的认可，即台湾是中国的核心利益，这一点不容谈判。尤其是在2005年《反分裂国家法》颁布之后，中国政府的台湾战略有了明确的法理基础。关于这一点，美国政府是充分知晓且高度谨慎的。

三、对台军售问题

目前，美国国内关于对台军售主要存在三种论点：

第一种是“放弃论”，认为美国应该减少乃至最终停止对台军售。持这种观点有两点理由：一是美国对台军售影响中美关系，破坏中美关系良性发展；二是解决台湾问题的最佳方案并非要向台湾出售武器。早在20世纪90年代，曾任国防部部长助理的蔡司·弗里曼（Chas W Freeman）就对美国的对台军售政策提出质疑。他认为，维持台湾的优势或两岸军力平衡从长期来看是不可持续的，还可能动摇大陆对和平解决台海问题的信心与决心，从而危及台海稳定与美国的利益。[①] 此后，美国参谋长联席会议前副主席比尔·欧文斯（Bill Owens）、美国参议院情报委员会主席戴安·范士丹（Dianne Feinstein）和参议员阿伦·斯派克特（Arlen Specter）等政要相继公开表达了关于对台军售的质疑。[②] 而最引人关注的是2011年1月普理赫等人在米勒中心研讨美中关系后发表的《与中国关系的前景》以及格拉泽在《外交》杂志2011年3/4月号上所撰写的《中国崛起会导致战争吗?》，分别从确保未来合

---

① Jr. Chas. Freeman, “Preventing War in the Taiwan Strait”, *Foreign Affairs*, July/August, 1998. pp. 11 - 12.

② Bill Owens, “America must start treating China as a friend”, *Financial Times*, November 17, 2009; James T. Areddy, “A conversation with Dianne Feinstein”, *Wall Street Journal*, June 6, 2010; Shirley A. Kan, Taiwan: Major U. S. Arms Sales since 1990, Congressional Research Service, February 24, 2011, p. 63.

作收益最大化和对抗风险最小化角度，提出美应考虑停止对台军售。①

第二种是“加强论”，认为美国不仅不能减少，还应加强对台军售。自从20世纪90年代特别是进入21世纪以来，美国逐渐形成一种主流观点，即坚持认为中国大陆对台军事斗争准备包括短程弹道导弹的部署极大地改变了两岸军力平衡，因此，美国按照《与台湾关系法》，有义务向台湾提供充足的防御性武器，这使得对台军售在美国政界是一种政治倾向。值得注意的是，近年来，美国政策界在对台军售问题上产生了一种“理所当然”（take-for-grantedness）的心态，甚至将中国对美国对台军售的强烈反对视为“不讲理”和“傲慢”。② 在这种背景下，逐渐兴起的减少对台军售的主张，尤其是米勒中心的研究报告和格拉泽的论文，激起了这批人更大的担忧和反弹。美台商会会长韩儒伯（Rupert Hammond-Chambers）、北美台湾人教授协会会长李学图（Shyu-Tu Lee）、卡内基国际和平研究中心副总裁包道格（Douglas Paal）、美中经济与安全评估委员会前副主席卜大年（Dan Blumenthal）、企业研究所高级研究员迈克尔·马扎（Michael Mazza）及保罗·莫祖尔（Paul Mozur）和戴维·匹林（David Pilling）等人认为：格拉泽将影响美中关系正常发展的障碍简单地归结为台湾问题是不对的，即使没有台湾问题，其他众多分歧同样会制约美中合作；台湾是美国一个长期盟友、民主样板和对华战略前沿，放弃对台军售不仅不可能解决美中之间的所有问题，还可能激起中国更大的地区

① Miller Center of Public Affairs, A Way ahead with China: Steering the Right Course with the Middle Kingdom, March 29, 2011; Charles Glaser, “Will China's Rise Lead to War? Why Realism Does NotMean Pessimism”, *Foreign Affairs*, March/April 2011, Vol. 90, No. 2.

② John Pomfre, t “China's Strident Tone Raises Concerns Among Western Governments, Analysts,” *The Washington Post*, January 31, 2011; Geoff Dyer, “China Flexes Its Diplomatic Muscles,” *The Financial Times*, January 31, 2011.

扩张欲望，损害美国的价值观、国际威望、信用和战略安全利益；美不仅不应放弃对台军售，还应加强对台支持。基于此，迈克尔·马扎认为，“台湾不再是冷战的遗物。事实上，它正处于中美战略竞争的最前沿，而这种竞争很可能决定21世纪美中之间的战略格局”。[①] 面对逐渐兴起的反思主张，美国众议院外事委员会主席伊莱亚娜·罗斯—莱赫蒂宁（Ileana RosLehtinen）于2011年6月16日举行了一场关于“台湾为什么重要”的听证会。莱赫蒂宁明确表示，此举就是为了回应国内的反思浪潮，提醒美国各界认识继续支持台湾的极端重要性。[②] 莱赫蒂宁还与其他亲台议员一起向参众两院提出《2011年对台政策行动议案》，认为美国不仅不应减少对台军售，还应该进一步扩大与台湾在军事、经济、政治和外交上的合作，向台湾提供更先进的进攻性武器。[③]

第三种是“维持论”，认为美国应该继续维持传统的对台军售原则，即主要限于台湾自卫所必须的技术和装备，以威慑大陆使用武力，但应尽量避免向台提供进攻性武器装备，以免过分激怒中国。这种观点体现了对美国整体利益的综合考虑：一方面通过对台军售维持其所谓的国际信用和对中国的牵制，另一方面在中

① Rupert Hammond—Chambers, “Time to Straighten out America's Taiwan Policy”, March 7, 2011, http://online. wsj. com/article/SB10001424052748704504404576183831310151722. Html; Paul Mozur, “To Avoid War, Stop Taiwan Arms Sales?” March 8, 2011, http://www. foreignpolicy. com/? reload = true; David Pilling, “US cannot sacrifice Taiwan for court the Chinese”, Financial Times, March 30, 2011; Richard C. Bush, “Taiwan and East Asian Security”, Foreign Policy Research Institute, Spring 2011, p. 288; John F. Copper, “Why we need Taiwan?” August 29, 2011, http://nationalinterest. org/commentary/why-we-need-taiwan-5815; Michael Mazza, “Why Taiwan Matters?”, March 8, 2011, http://www. aei. org/article/103283.

② U. S. Government Printing Office, “Why Taiwan Matters”, Hearing before the Committee on Foreign Affairs House of Representatives, June 16, 2011, p. 1.

③ Taiwan Policy Act of 2011, September 9, 2011, p. 15, http://www. hcfa. house. gov/112/ROSLEH_ 065_ xml. pdf.

国尚未对其重要利益构成现实威胁而又具有强大反制实力的情况下，尽可能获取与中国交往的收益。为此，美国还应避免因支持台湾而被其独立行动拖入与中国的全面冲突之中。卡内基国际和平研究中心的史文（Michael D. Swaine）指出，台海地区25年来之所以没有爆发冲突，就是因为美国能够维持对台与对大陆政策的相对平衡。如果没有对中国同样强有力的保证，即不利用自身的军事优势支持台湾独立，仅凭《与台湾关系法》是不够的。在目前形势下，这种威慑与保证的平衡政策是不可替代的。据此，美国应继续向台湾提供必要的防御援助，但应避免提供进攻性武器。后者不会增进台湾安全，只会破坏控制危机升级的努力。① 面对近年来逐渐兴起的放弃对台军售主张，乔治敦大学历史教授唐耐心（Nancy Bernkopf Tucker）和战略与国际研究中心高级研究员葛来仪（Bonnie Glaser）认为，放弃对台军售并不能解决美中之间的众多矛盾，目前也不具备这样做的条件。相反，这不仅将损害美国利益，还会误导中国，惊吓台湾。鉴于亚太地区的现实环境，美国不能抛弃台湾、减少对其承诺。当然，美国也必须同时想办法缓解中国的担忧。②

从根本上讲，不论是“放弃论”、“加强论”还是“维持论”，其出发点都是着眼于美国的利益需要，所不同的是手段、方式和程度的差异。“放弃论”的主张并不是无条件的，而是要以中国停止反台独的军事斗争准备，进而承诺放弃使用武力为交换的。“加强论”的主张就是要充分利用台湾的战略地位应对中国崛起可能带来的挑战。“维持论”并不意味着对台军售的规模和质量不变，相反将根据对海峡两岸军力对比变化的评估不断提升，但在度的

① Testimony by Michael D. Swaine, in House Committee on International Relations, “The Taiwan Relations Act: The Next 25 Years”, April 21, 2004, http://carnegie.ru/publications/?fa = 1511.

② Nancy Bernkopf Tucher and Bonnie Glaser, “Should the United States Abandon Taiwan?” *The Washington Quarterly*, Fall 2011, pp. 24, 35.

把握上有别于“加强论”。

四、涉台政策的三种主张

近年来，随着中国的崛起和中美相互依赖的加深，美国一些前政府官员和学者开始提出重新思考美国对台政策问题。一些人认为，需要减少台湾问题对中美关系的影响，《与台湾关系法》已经过时，美国售台武器的做法需要调整，这些人的意见在美国属于少数派。主流派的意见是主张维持现行的美国对台政策，保守势力更是把“中国威胁论”、“中国崛起扩张论”与美国对台政策结合起来，强调台湾对美国的战略价值。

（一）“弃台论”

第一种主张认为，随着中国大陆经济、军事实力强势崛起，美国无法长久担负维持台海力量均衡的角色，同时还面临与中国大陆爆发战争的风险，美国需要放弃对台军事支持，以减少冲突赢得美中和平。

美国著名战略家布热津斯基（Zbigniew Brzezinski）指出，台湾的未来地位是美中之间最为旷日持久的问题，美国无限期对台军售，只会激起中国大陆对美国不断累积的强烈的敌意。[①] 因此，布热津斯基认为，为了更好地维护中国大陆崛起后的美中关系，美国需要在未来10年内间接地面对台湾问题。[②] 曾任职五角大楼联合参谋部、美国乔治·华盛顿大学政治学和国际关系学教授查尔斯·格拉泽（Charles Glaser）撰文指出，随着实力增强尤其是核能

---

① Zbigniew Brzezinski, “Balancing the East, Upgrading the West: U.S. Grand Strategy in an age of Upheaval”, *Foreign Affairs*, January/February 2012.

② 余东晖：《布热津斯基：台湾问题不会无限期等下去》，中评社华盛顿2012年3月9日电。

力增强，中国坚持对台湾拥有主权的“不可谈判性”，加上美中之间不选择“外交解决”台湾问题，双方核战的风险就越来越高，要想避免美中之间存在的冲突乃至核战争的风险，美国必须对台海政策做出必要的调整，应考虑逐步收回对台湾的承诺，这样才能消除美中之间最明显和争议性最大的冲突点，为两国今后数十年关系发展“开太平”。[①] 美国海军战争学院助理教授迈克尔·蔡斯（Michael S. Chase）同样指出台湾问题的严重性与敏感性，他警告美国一旦卷入台海冲突，就意味着与一个拥有核武器的新兴大国之间发生战争，这种形势对美国而言是风险巨大，也会破坏地区安全局势，对各方都不利。[②] 美国著名中国问题专家卡内基亚洲项目高级研究员史文（Michae D. swaine）发表文章也指出，随着军事实力迅猛发展和经济政治筹码越来越多，中国大陆为报复美国对台军售，让美国感到“严重痛苦”的想法日益增强。美国应承认现行对台政策可能会带来灾难性后果，因此必须寻找新的出路，现在应考虑在跟台湾协商的情况下与大陆政府直接谈判，达成包括有关中国大陆军力水平部署、对台售武和提供军事援助等内容的互信方案，帮助开启最终解决台湾问题的两岸政治对话。乔治·华盛顿大学教授沈大伟（David Shambaugh）表示，过去几年台海形势已发生了重大变化，美国应当重新评估对台政策，特别是军售政策，而不是把政策设在“自动驾驶”的状态。乔治·华盛顿大学国际关系教授罗伯特·萨特（Robert Stutter）指出，奥巴马政府对台的支持政策并不能掩盖美国公众对台湾支持度下滑的事实，尤其是不支持美国为了台湾而与中国大陆开战的行为。[③]

---

① Charles Glaser, “Will China's Rise Lead to War?” *Foreign Affairs*, March/April 2011.

② Michael Chase, *Taiwan's Security Policy: External Threats and Domestic Politics*, Lynne Rienner Publishers, 2008.

③ 余东辉：《美知名学者称应重新评估对台军售政策》，载美国《侨报》2011年11月4日。

第二种主张认为，随着中国大陆崛起以及两岸关系的显著改善、经济文化联系愈加密切，两岸最终统一的趋势将不可避免，美国必须加以正视，不能制约和平发展以及和平统一。

美国乔治敦大学教授唐耐心（Nancy Tucker）表示，两岸统一虽然对美国有诸多不利，但若为两岸民意之所趋，则美国实在也无能为力，必须加以正视。如果海峡双方选择和平统一，美国将不持异议。[①] 美国前助理国务卿帮办柯庆生（Thomas Christensen）认为，如果海峡双方选择和平统一，美国可能无力予以阻止。[②] 布热津斯基也指出，由于大陆崛起以及两岸日益紧密、更加广泛的社会联系，台湾也不可能无限期避免与中国大陆建立更正式的关系。[③] 他强调，台湾海峡两岸和平发展并迈向统一的进程正在向前推进，美国不应挡道，而且必须认真考虑将来某个时候不再继续对台售武。布热津斯基表示，台湾问题最终由两岸自己解决，美国希望和平解决；他感觉到中国大陆也希望和平解决台湾问题。但和平解决台湾问题需要时间、耐心、坚持和足够的决心，不会非常遥远，但也不会是今后四年。[④] 萨特也认为台湾对中国大陆越来越依赖，两岸越来越融合已是大势所趋，“美国如果试图阻止将是愚蠢的，而且也会对美国产生反作用”。[⑤] 美国国会研究部中国问题研究专家凯利·丹博（Kerry Dumbaugh）指出，美国对台政策虽总体保持稳定，但这一政策的环境与背景正发生巨大变化，中

---

① Nancy Bernkopf Tucker，“If Taiwan chooses Unification，Should the United States care？” *The Washington Quarterly*，Vol. 25，No. 3，summer 2002.

② Thomas Christensen，“The contemporary Security Dilemma：Deterring a Taiwan Conflict”，*The Washington Quarterly*，Vol. 25，No. 4，autumn 2002.

③ Zbigniew Brzezinski，“Balancing the East，Upgrading the West ：U. S. Grand Strategy in an age of Upheaval”，*Foreign Affairs*，January/February 2012.

④ 余东晖：《布热津斯基：两岸和平统一　美不应挡道》，中评社华盛顿 2012 年 6 月 1 日电。

⑤ 余东晖：《美学者语中评：美勿阻两岸融合大势》，中评社华盛顿 2012 年 2 月 4 日电。

国大陆实力迅速增强，两岸关系大大改善，特别是经济联系日益密切，这些变化引起人们反思，检视美国对台政策是否还适应抑或应该被修改。[①]

第三种主张认为，中国大陆已迅速成长为举足轻重的世界大国，任何全球和地区问题都离不开中国大陆的参与和配合，美国越来越需要加强与其在全球范围的合作，扩大共同利益，实现合作共赢，维护美中关系至关重要，为此有必要放弃对台军售乃至对台湾的安全承诺。

一些学者普遍认为，美中将决定21世纪的世界格局，美国实在没有必要卷入20世纪40年代中国内战的遗留问题，如果能移除台湾这一障碍，美中将共享富有成效的双边关系。美国哈佛大学肯尼迪政府学院研究人员保罗·凯恩（Paul V. Kane）认为经济繁荣对美国来说远比在军事领域取得成就的意义要大，建议奥巴马若要纠正美国的发展路径，赢得连任，只需采取一个大胆的行动，就是放弃对台军售，以此换取中国大陆放弃持有的1.41万亿美元的巨额美债。凯恩进一步指出，美国与台湾关系只是一项冷战的遗产，并且1979年已有过调整的先例，美国的外交政策就是要摆脱这一过时冷战遗产的纠缠，重新调整政策定位，以契合现时的经济和战略利益，还可避免卷入一场与中国大陆开战且代价极其昂贵的战争风险。[②] 美军参谋长联席会议前副主席威廉·欧文斯（William Owens）认为，美中关系对两国对整个世界都至关重要，美国要对美中关系做一个坦诚的、务实的评估，应将中国大陆视为朋友，而不是未来的敌人；美中相处应该开诚布公相互信任，而非两面下注、警惕防范。欧文斯指出，美对台军售已无必要，美国应重新检讨《与台湾关系法》，因为这个过时的法律对美国的

① Kerry Dumbaugh, Taiwan-U. S. Relations: Developments and Policy Implications, CRS Report for Congress. R40493, November 2, 2009. p. 1.

② Paul V. Kane, "To Save Our Economy, Ditch Taiwan", *The New Nork Times*, November 10, 2011.

伤害超过获取的利益。①

这些学者都是推动美中关系发展的正面力量，强调了维护美中关系健康发展的重要性，表示要将台湾问题放在这个大局中来思考、来谋划、加以妥善解决，也提出了自己对台湾问题尤其是对台军售问题的解决办法，力求找出美中冲突的根本问题。他们中有些是直接参与对华决策的重量级前政府高官和战略家，有着直接与中国大陆打交道的丰富经验，对美中关系关键点、敏感点和发展趋势把握准确。布热津斯基即是其中的典型代表，作为卡特总统的国家安全事务助理，他直接参与美中建交全过程，一直以来深入思考美中关系如何保持稳定发展；有些是中国问题研究知名学者，对美国与两岸的关系有着十分清醒的认识，看得到利害，思想也很解放，不固守陈腐；有些是与中国大陆保持密切商业关系的人士，希望美中关系保持稳定，促进合作共赢。

（二）维持现状②

“弃台论”在美国仍然属于少数派，但美国政界和学界主流派的意见是主张维持现行的美国对台政策。维持现状主要基于以下几点原因：

第一，台湾具有重要的地缘战略价值。美国政界学界多年来形成的共识——台湾是一个海上军事战略要地，具有突出的地缘战略价值。它位于西太平洋第一岛链上的中间位置，西隔台湾海峡与中国大陆相望，东北临琉球群岛、日本列岛、千岛群岛，南接巴士海峡，纵深达数千海里。台湾向东1000多海里，又可以达到第二岛链，对半个太平洋区域的活动进行监控。冷战后，台湾是美

---

① Bill Owens, “America must Start Treating China as a Friend”, *The Financial Times*, November 17, 2009.

② 本节内容节选于杜雁芸：《美国介入台海事务的动因分析》，《理论界》，2008年第9期。

国保持亚太地区军事存在的重要环节，其价值在于：（1）它是美国包围中国大陆的“西太平洋岛链部署”的重要组成部分。（2）控制了台湾，可北联日韩，南慑东盟，西扼中国大陆临近海域出口。（3）台湾海峡是疏通日本到东南亚和中东能源产地的重要国际水道，也是俄罗斯北方舰队南下的必经之路。这种地缘战略价值为美国所看重。1994年美国海军部长詹姆斯·福雷斯特尔声称：“台湾是未来太平洋最关键之处，谁掌握了台湾，谁就控制了亚洲大陆整个海岸。”[①] 美国在失去了菲律宾的克拉克空军基地和苏比克海军基地后，美国军事基地北撤了1000海里，台湾作为美国在西太平洋潜在的作战基地，其可作为美军向波斯湾、印度洋部署力量时的补给地、休整地，具有重要的军事价值。美国视台湾为牵制中国和称霸亚太的重要战略要地，保持与台湾的军事关系，有助于增强美国在欧亚大陆东部的军事战略部署，从而确保其对欧亚大陆的控制。如若中国大陆掌控了台湾，以台湾为基地，有效地控制台湾海峡和巴士海峡，从而遏制南中国海乃至印度洋进入太平洋的战略孔道，并将中国海军的防卫力量扩展到太平洋，从而对美国的亚太战略和全球利益构成挑战，这是美国无法接受的假设。一旦失去对台湾的控制，美国在太平洋地区的影响力将大大降低。美国企业研究所研究员卜大年（Dan Blumenthal）在《外交政策》网站上发表文章指出：如果台湾落入中国手中，中国就会把台湾军事化，日本将失去战略纵深，中国将控制南中国海，并进一步推进到太平洋，“从珍珠港事变以来，美国将第一次遇到对它控制太平洋的挑战”，中美两国间将大大增加冲突的危险。[②] 美国企业研究所研究员马杋（Michael

① 王逸舟：《全球化时代的国际安全》，上海人民出版社，1999年版，第465页。

② Danial Blumenthal，“Rethinking U. S. Foreign Policy towards Taiwan”，http：//shadow. foreignpolicy. com/posts. 2011/03/02/rethinking_ us_ foreign_ policy_ towards_ taiwan.

Mazza）在《为什么台湾是重要的》一文中指出："一个被吞并的台湾无疑将成为军事化的台湾"，从而导致：（1）在东亚发生冲突的情况下，"这艘不沉的航空母舰"将向中国大陆提供它现在所不具备的战略纵深；（2）很容易威胁日本的南部侧翼；（3）使解放军更容易控制吕宋海峡，由此得到更大的战略纵深，进而威胁关岛和夏威夷。他认为，"台湾不是冷战的遗产。它现在处于美中两国21世纪战略竞争的前沿。美国长久以来的政策是为亚洲提供安全并促进这里的经济和政治自由化。只有继续培植美台之间的关系并继续武装台湾抵制来自大陆的威胁，美国才有希望继续保证亚洲的和平"。①

第二，美台经贸往来给美国带来巨大经济利益。美台之间的经济贸易关系是十分重要的，台湾是美国第九大贸易伙伴，美国是台湾第三大贸易伙伴，美国是台湾最大的投资者，尤其在美国经济不振的情况下，美国更不能损害美台经贸关系。随着中国大陆与台湾、美国之间的经济关系日益发展，美国在台湾的经济利益已今非昔比。由于产业结构的差异和对台的经济拉拢，美国在台有庞大的经济利益，美国在台湾有几百亿美元的投资，台湾的一些重要部门，如电子、电器、化学和军工等，实际上都是由美国资本控制的，台湾近千亿美元外汇储备的50%存放在美国。另外，扩大对台军售意味着不仅能给美国的军火商带来实惠，而且可以刺激美军事工业，带动相关产业，创造就业机会。从1996—2003年的8年间，台湾军购总额接近200亿美元，跃居全球第二。美国对台军售向来是美国军火交易的"大肥肉"。除了赚取高额的利润，对台军售还能够使美军工企业保持生产状态，提供一部分就业岗位。美国五角大楼公布的数据显示，1990—1999年，美国国防部向台湾提供了总额超过153亿美元的武器，平均每年达15.3亿美元。按每增加出口10亿美元会增加2万个就业机会计算，美

① Michael Mazza, "Why Taiwan Matters", http://www.aei.org/article/103283.

国对台军售至少增加了30.6万个直接就业机会。F－16战机生产线的关闭将使43个州丧失1.1万个就业岗位。[①] 此外，美国也常把次要的、不太先进的武器以高价卖给台湾，甚至卖给台湾美国已经停产了的P－3C反潜战机。这样既可以解决大量淘汰军备的处理难题，又能赚取利润。而随着两岸经贸交往的持续扩大，一些美国人担心，台湾对大陆的依赖越来越深，将增加中国对台湾实施强制的筹码。对此，美国认为应该进一步加强与台湾的经贸合作，包括给予台湾免签待遇，促进相互之间的人员往来，帮助台湾参与更多的国际多边机制等，以对冲大陆的影响，维护台湾的选择自由。

第三，美国试图把台湾民主化作为“西化”中国的样板。美国是一个突出意识形态理念的国家，其浓厚的意识形态色彩主要表现为强烈的“民族优越感”和传统具有的反共意识：美国负有领导世界致力于“道义复兴”的特殊责任，美国的利益就是“人类的利益”。美国从里根时期起，就非常重视对社会主义国家的“和平演变”，确定“中烈度的攻心战略”（或叫“民主化工程”），认为“在与共产主义的斗争中，‘精神力量’与经济、军事力量同等重要”。[②] 冷战结束后，国际关系中的意识形态因素相对下降，然而美国却到处推行它的价值观念，甚至不惜以武力为手段将其输出。从20世纪七八十年代开始，台湾国民党当局在美国的压力下，进行“民主化”改革，最终形成美国式的政治运作模式，完成了在美国棋盘上由“反共桥头堡”到“民主楷模”的角色转化。美国认为加强与“自由、民主”的台湾的关系，进而通过台湾“民主橱窗”的辐射作用，达到“以台变华”、“和平演变”。若要演化中国，推崇台湾民主成就无疑是一张不可多得的好牌。“新台

---

① Nancy Tucker, Bonnie Glaser, “Should the United States Abandon Taiwan?” *The Washington Quarterly*, Fall 2011, pp. 23－37.

② 戴德铮：《当代世界格局与国际关系》，武汉大学出版社，2002年版，第184页。

湾”为和平演变中国提供了一个“成功”的改革模式。20世纪90年代以来，中国快速崛起。尽管由此导致两岸乃至东亚力量平衡的变化是美国强化美台实质关系背后的深层战略因素，但台湾民主化的进程无疑赋予美国对台湾的支持在意识形态、道德和政治层面以新的意义。这一进程和美国国内政治因素相互作用，产生了跨越政治光谱的“广泛和抱有同情态度的”联盟，促使华盛顿逐渐倾向于放松对美台政治关系的限制，并开始强化美台军事合作。[①]“台湾民主”开始进入美国主流政策话语，维护台湾“富有活力的民主”（vibrant democracy）则被界定为战略和安全利益之外的美国重要利益，成为影响和塑造美国对台政策的重要因素。[②] 时任美国参议院对外关系委员会主席的亨利·海德（Henry Hyde）就曾称，美国国会对台湾的支持是寄希望于民主的经验得以延续。[③] 而对于抱持自由主义信念的美国精英来讲，美国并不反对两岸和平统一，特别是如果大陆在民主化基础之上与台湾实现统一，美国甚至乐见其成。[④]

第四，对盟友的信誉问题。美国的信誉问题，或所谓对台信守承诺的利益的想象成份更大，而且更多地是由一种大众心理认知所建构起来的。台湾对于美国对外关系的信誉具有现实的重要性

① Richard Bush, Untying the Knot, p. 246; Phillip C. Saunders, “Long-term Trends in China-Taiwan Relations: Implications for U. S. Taiwan Policy,” *Asian Survey*, Vol. 43, No. 6, November/December 2005, p. 987.

② Andrew J. Nathan, “What's Wrong with American Taiwan Policy,” *The Washington Quarterly*, Vol. 23, No. 2, p. 101; Shirley A. Kan, “China/Taiwan: Evolution of the ‘One China’ Policy,” p. 1.

③ “Hon. Henry J. Hyde Remarks to the Tsinghua University Regarding the Relationship between the United States and China,” December 10, 2002, Tsinghua University, Beijing, China, http://usinfo.org/wf-archive/2002/021210/epf205.htm.

④ Condoleezza Rice, No Higher Honor, pp. 645 - 646; Thomas J. Christensen, “The Contemporary Security Dilemma: Deterring a Taiwan Conflict,” *The Washington Quarterly*, Vol. 25, No. 3, Summer 2002, pp. 7 - 21.

和战略意义。如果美国违背协防台湾安全的承诺，就会损害其在盟国眼中可靠安全伙伴的信誉，由此美国在世界上长远的商业利益和政治利益都将蒙受难以估量的损失。从20世纪50年代开始，美国政府就担心，一旦中国收复台湾，它在其盟国的眼中就会失去信誉。朝鲜战争以后的历届美国政府差不多都认为，其赖以生存的国家信用无法承受在台湾及周边军事失败的打击。例如1979年卡特总统实现与中国关系正常化后，美国国内舆论、国会都认为卡特总统“抛弃”了台湾，有损美国国家形象。1978年7月，美国保守派联盟在国会众议员中做了一次调查，结果众议院435名议员中的211名反对因为中美关系正常化而“牺牲”台湾利益，只有6名众议员认为美国可以牺牲台湾。① 得克萨斯大学（奥斯汀）国际安全与国际法研究中心研究员威尔·英博登（Will Inboden）2011年4月1日在《国家利益》杂志网站上发表题为《台湾依然是重要的》一文。他认为两岸的均势现在相当脆弱，台湾许多人对美国对台湾的安全承诺存在不确定感。“台湾的问题不仅仅是美台关系和美中双边关系问题，它关乎美国在亚洲的战略态势和我们承诺的可靠性。诸如日本、韩国和澳大利亚等美国的盟国，诸如印度、印尼和越南等正在崛起的国家都在密切注意美国如何对待其朋友，尤其像台湾这样的民主伙伴。”他建议采取种种措施来加强美国与台湾的关系，如同意台湾关于购买F-16C/D战斗机和潜艇的要求，派遣高级官员访台，支持台湾参与更多的国际活动，国会应该增强对台湾的支持，等等。② 曾在小布什政府中担任国防部中国科科长、现任美国国际与战略中心的博斯科（Joseph Bosco）认为：“华盛顿必须清晰地、毫不含糊地和公开地宣布，它将保卫台湾抵御中国的进攻，正如我们将援助日本和韩国

① 郝丽凡：《美国对华政策内幕》，台湾出版社，1998版，第236页。

② Will Inboden, “ Taiwan Still Matters ”, http: //shadow. Foreign policy. com/posts/2011/04/01/taiwan still matters.

一样。”[①] 戴维森学院教授任雪丽（Shelly Rigger）在其文章《为什么放弃台湾帮不了美国与中国?》中指出：“美国对台湾的行为显示了它对对外援助的态度，包括它的同盟承诺、遵守其义务的意愿。美国如何对待其长期的朋友、包括台湾的态度，是衡量美国履行其领导角色的承诺的重要尺度。”她援引海军分析中心退休准将麦克维登（Eric McVadon）的话说：“一旦美国放弃台湾，美国作为同盟伙伴的信誉以及它在这一地区和全世界作为和平与稳定的堡垒的声誉将会荡然无存。”[②]

第四节 “中国网络威胁论”

信息技术的发展与扩散，使得中美安全关系日益面临非传统安全问题的挑战。近些年美国各界频频出现网络空间的“中国威胁论”。自2007年开始，美国和一些西方国家的主流媒体几乎不约而同地开始炒作“中国黑客威胁论”，将“来自中国的黑客袭击”与“中国政府支持的黑客袭击”划上等号，制造“中国黑客威胁论”。[③] 奥巴马入主白宫后，从2010年1—5月这短短4个月的时间里，先后发生了包括谷歌将搜索服务“撤离”中国大陆、国务卿希拉里发表“互联网自由”演说点名抨击中国的网络审查政策、

① The Center for National Policy, “Arming Taiwan: Impact on Asian Security”, June 22, 2011, http://center for national policy.org/ht/display/ContentDetails/i/34472.

② Shelly Rigger, “Why Giving Up Taiwan Will Not Help US with China”, Asian Outlook, No.3, American Enterprise Institute, November29, 2010, http://www.aei.org/article/foreign-and-defense-policy/regional/asia/why-giving-up-taiwan-will-not-help-us-with-china/.

③ 沈逸：《网络安全与中美安全关系中的非传统因素》，《国际论坛》2010年7月第12卷第4期，第46页。

以及美国国务院公开资助所谓“全球互联网自由联合会”150万美元用于研发“翻墙软件”等一系列标志性事件。这些事件的发生，在某种程度上预示着网络安全等新的非传统因素正开始对中美安全关系产生日益重要的影响。

当前，无论是官方还是学界肆意炒作“中国网络威胁论”。有研究人员将中国称为网络威胁的“特洛伊之龙”，① 认为中国间谍的行为是对美国科技安全的最大威胁。美国《华尔街日报》2012年1月27日刊登《中国的网络盗窃行为是国家政策：必须予以反对》一文，称“中国政府有一项关于在网络空间从事经济间谍行为的政策”。② 美国国会下属的美中经济与安全评估委员会（US-China Economic and Security Review Commission）前主席拉里·沃策尔（Larry Wortzel）及共和党众议员兰迪·福布斯（Randy Forbes）称，“现阶段最恶劣的、可能对美国安全构成最大威胁的网络攻击行为来自中国”。③ 2012年3月8日，美中经济与安全评估委员会发布的由美国诺斯罗普·格鲁曼（Northrop Grumman）公司撰写的分析报告称，当台海或南海地区爆发冲突时，中国的网战能力可

① John J. Tkacik, Jr., “Trojan Dragon: China's Cyber Threat,” Backgrounder (Published by The Heritage Foundation), No. 2106, February 8, 2008, pp. 1 – 12, available at: http://www.heritage.org/research/AsiaandthePacific/bg2106.cfm.

② Mike Mcconnell, Michael Chertoff and William Lynn, “China's Cyber Thievery Is National Policy—and Must Be Challenged,” *Wall Street Journal*, January 27, 2012, on page A15. 类似言论还可参见 Michael Evans & Giles Whittell, “Cyberwar Declared as China Hunts for the West's Intelligence Secrets,” Times (Online), March 8, 2010, available at: http://technology.timesonline.co.uk/tol/news/.

③ Larry Wortzel and Randy Forbes, “Bolster U.S. Cyber Defenses: Make Comprehensive Push Against Global Threats,” Defense News (Online), May. 31, 2010, available at: http://www.defensenews.com/article/20100531/deffeat05/5310303/bolster-u-s-cyber-defenses.

对美军构成“真正威胁”。[①]

2013年初，美国一家民间网络公司曼迪昂特发布了名为《APT1：揭露中国网络间谍单位》的报告。《纽约时报》援引报告摘要称，该公司历时6年追踪141家遭受攻击企业的数字线索，证实实施攻击的黑客组织隶属于“总部设于上海浦东一栋12层建筑内的中国人民解放军61398部队”。并强调，这个网络部队几乎瞄准了所有美国企业、组织和政府机构。此报告一发出，引起国际舆论轩然大波。之后，美国总统奥巴马在接受美国广播公司ABC的专访中，第一次公开点名中国政府支持网络攻击，他强调美国与中国并无网络战争，但网络威胁确实日益增长。由此可以看出，从“谷歌事件”到“网络窃密”的指控，从“互联网自由”的人权谴责，再到“中国政府支持的黑客攻击”，中美在网络问题上的摩擦日益频繁[②]，进一步折射出中美两国在网络空间领域的博弈与竞争。

一、网络空间治理权之争

网络治理权就在于谁能以何种立场建立一套对自己有利的网络规范，并要求他人依此原则在网络空间里从事活动。[③] 美国一直谋求掌控全球网络空间发展、治理与安全规则机制的主导权。其在网络治理方面具有绝对优势，处于网络管理的垄断地位，掌握了

---

① Bryan Krekel & Patton Adams & George Bakos, Occupying the Information High Ground: Chinese Capabilities for Computer Network Operations and Cyber Espionage, prepared for the U. S. -China Economic and Security Review Commission by Northrop Grumman Corp, March 7, 2012.

② Kenneth G. Lieberthal & Peter W. Singer, “Cybersecurity and U. S. -China Relations.” op. cit.

③ 蔡翠红：《网络空间的中美关系：竞争、冲突与合作》，《美国研究》，2012年第3期，第109页。

网络的核心技术并有意主导网络规则的制定。这必然导致中国及其他国家与美国在信息网络治理权方面进行竞争，例如针对网络资源分配、网络技术规范、网络规则的制定等。

（一）美国独霸网络资源的分配权力

互联网是IT技术发展的产物。在第二次世界大战后的第三次科技革命浪潮中，美国是名副其实的领导者。美国发明了计算机，创造了互联网。随后，互联网逐渐从美国走向了世界，已经从专业军事互联网发展成为人类共享资源的信息库。至今美国掌控互联网的核心技术并引领其发展潮流。美国利用自身在互联网技术上的绝对优势，独霸网络资源的分配权力，如对根服务器的控制、域名的支配和IP地址的分配。

从网络诞生以来，美国掌控着互联网的主动脉，握有互联网的核心技术。域名系统是整个互联网稳定运行的基础，域名根服务器则是整个域名体系最基础的支撑点。支撑互联网运转的根服务器共有13个，其中1台主根服务器设在美国，其余12个均为辅根服务器。每天域名主根服务器列表会被复制到12个辅根服务器上。12台辅根服务器中有9台设在美国，被其完全控制；另外3台分布在美国的盟国，分别设在英国、瑞典和日本，间接受到美国的控制。目前所有的根服务器均由美国政府授权的互联网域名与地址管理机构（ICANN）统一管理，它负责全球互联网域名根服务器、域名体系和IP地址等的管理工作，并根据与美国商务部达成的谅解备忘录进行运作。由此，美国不但获得了巨大的经济利益，而且还拥有巨大的政治权力。如果美国要对一个国家进行信息制裁，只需将根服务器与二级域名服务器的链接断开，就可以使该国成为信息孤岛，整个国家的互联网站随之瘫痪。如果美国不想让某行为体访问某些域名，也完全可以将其屏蔽，使其IP地址无法解析，这些网站也就随之从互联网世界中消失了。从此意义上讲，目前美国掌控着网络空间的生杀大权，这也是美国传统霸权在互联网领域的投射与延续。

IP 地址是互联网终端在网络上的唯一标识号，它的多少直接关系到一个国家在网络上的生存空间。美国把绝大多数的 IP 地址留给了自己和盟国，世界其他国家都不得不在剩下的为数不多的互联网空间中生存，网络生存的物理空间被严重挤压。

域名解析是另一个蕴含着权力的场所。域名是对应互联网数字地址的层次结构式网络字符标志，是网络世界的门牌号。域名具有全球唯一性、排他性的特点，往往与企业名称、商品标志或商标联系在一起。美国人在创造互联网的同时，也设计了域名解析的规则。根据这一规则，整个域名解析系统是一个呈树状结构的整体，实行分级管理，最基础的域名管理系统是根域名服务器。域名系统的解析过程从大到小，最终都要靠根服务器来引导。这种域名解析的设计体制决定了根服务器在整个域名解析系统中的根本性作用。谁控制了根服务器，就意味着其控制着巨大的网络权力。美国凭借支配互联网名称与数字地址分配机构控制着全球互联网。美国动不动就使用这一特权，对他国进行网络攻击。2003 年伊拉克战争期间，美国使用分配网络的支配权，取消了“. iq”域名，在互联网上彻底把伊拉克“消灭”掉了，引起各国政府的高度关切与担忧。美国以外的国家进行网络武器的研发，在一定程度上就是为应对美国对域名的支配权。

（二）美国掌握网络控制的主导权

美国除了独霸网络资源的分配权力外，还通过其他途径牢牢地掌握了网络控制的主导权，其中包括：

对互联网通讯干线的控制。物理层面的互联网就像一个复杂的、四通八达的高速公路网，这个高速公路网中同样具有主干线和支线的区别，主干线密集的区域同样也是权力密集的区域。在当前的国际互联网通讯线路中，主干线绝大多数都位于美国。世界上其他国家和地区之间的通讯都要经过美国的主干线。例如，中国和欧洲之间的网络通讯就必须经过美国才能实现，这就造成了其他各国在通讯线路上对美国的严重依赖，而美国也将这种依赖顺理成章地转变成了网络权力。

对基础设施和关键设备的控制。构成互联网基础的硬件技术和软件技术同样是网络权力的重要来源。计算机终端、大型存储硬盘、CPU、交换机等网络硬件是支撑互联网大厦的骨架。而基础设施主要是指网络软件层面的基础设施，包括各种确保互联网正常运转的操作系统，各种确保互联网的功能得到最大发挥的应用软件等。特别是操作系统才是大厦的精华部分。谁掌握了这些产品的核心生产技术，无形中就会拥有巨大的权力。例如，微软的操作系统占据着全球90%以上的操作系统市场，具有无可动摇的垄断地位。微软的其他许多软件，如OFFICE办公系列软件，MSN实时通讯软件、多媒体播放器等，在全球拥有数量巨大的用户群。微软公司因其雄厚的资金技术实力，被称为“微软帝国”。在这些软硬件的设计过程中，设计者可以留下后门，以供特殊的需要。特别是当一国政府介入企业的生产，要求相关企业在设计和制造信息产品时预留下服务于政治、经济、军事等需要的隐蔽出口时，企业是难以拒绝的。目前，互联网和信息产业链上的关键设备及大部分与网络相关的软件产品都是由美国设计制造的，其核心技术也由美国掌握。其中安装有利于美国经济、政治、安全等利益的特殊软件，被美国政府在特殊时刻使用已经是公开的秘密。

对信息源的控制。信息源的存在主要有两种形式：其一是信息来源，通常指各种门户网站，门户网站能给我们提供方方面面大量的信息。美国拥有世界上最大的网站访问量，在世界排名前20位的网站中，绝大多数都是美国的网站。例如，Google在许多国家都是访问量居第一位的网站。同时，在这些网站的访问量中，国际流量占了相当大部分。在美国流量排名前25位的网站中，有14家网站的国际流量大于国内流量。这体现的是美国网站的国际影响力。迄今为止，美国仍是全球最大的也是最主要的互联网市场，全球互联网业务量的约80%与美国有关。庞大的互联网数据库80%以上由美国控制，几乎所有的互联网运行规则由美国制定。其二是搜索引擎，它决定了我们在网络空间可以得到何种信息。美国拥有全球访问量最大的搜索引擎Google、最大的门户网站Yahoo、最大的视频网站YouTobe、最大的微信平台Twitter和最大的社交空间Facebook，美国的Intel垄断着全球电脑芯片，IBM推行着“智慧地球”，Microsoft掌控着电脑操作系统，ICANN掌控着全球域名地址，苹果主导着平板电脑。目前Google是世界上规模最大的搜索引擎，其触角无处不在。它虽然不直接制造信息，却担负着为信息指路的角色，可以通过技术手段悄无声息地将受制于政治意识形态和商业利益的偏见和导向渗透到搜索结果之中。同时它还拥有规模庞大的人类信息库，这足以成为一种控制社会的重要力量。具有庞大的信息库和对传播方式的掌握意味着Google获得了一种新的权力即搜索权力，拥有了按照自己的意志和利益来筛选和传播美国思想文化的权力和影响力。

主导网络语言的存在。互联网上的各种信息以何种语言进行发布是一个重大权力问题。语言是思想的载体，它体现了人的思维习惯，它深层次隐藏的是国家、民族的文化和价值观念，它是意识形态最有力而又最容易被网络受众忽视的重要载体。语言在网络世界的生存空间实际上反映了一个国家在网络空间中软权力的大小。在全球网络空间中，通行语言是英语，互联网中70%以上的内容是用英语传播的，全部网页中占81%的是英语，其他语种加起来不足20%。美式商业文化和价值观正在通过互联网这一绝好的通道传向全世界。自互联网诞生以来，在这个独特的虚拟世界里，美国的意识形态始终居于绝对优势地位。

具有技术优势和先进的理念。技术优势的意义不仅仅在于对现有资源的使用具有绝对控制力，还在于其他国家始终跟随美国的步伐。这种技术优势之所以能够持续保持，是因为作为计算机技术的发明者，美国也是这种技术的最早和最大受益者，因此它有足够的时间及实践率先进入下一轮的新技术研发之中。根据世界知识产权组织（WIPO）的统计数据，2003—2007 年，美国在计算机技术领域以 19. 1835 万项专利于各国中排名第一，[①] 而在 2000—2009 年的 PCT 体系中，美国同样保持了这一地位。[②] 在现有的互联网生态中，由于有足够的专利条款和现实的控制能力，美国的绝对收益并没有受到其他国家行为体的威胁。任何国家想要进行互联网革命并落实到行动之前，必须完成对美国的互联网技术跟随。任何使用互联网和计算机挑战美国的行为都会使美国首先获利。另外，在互联网这个新技术层出不穷的领域，只要能够形成先进的超前的理念，并将这种理念上升为国家意志，就能获得未来的权力。克林顿在 20 世纪 90 年代提出了信息高速公路计划，奥巴马在 2009 年提出了智慧地球计划，这些都是极具前瞻性的互联网发展思路。“智慧地球”强调 IT 技术与社会的融合，其实质是互联网与物联网的融合，其本质和终极追求是实现对维系全球经济社会运转至关重要的基础设施和生产设备的控制。这其中不仅蕴藏着巨大的经济利益，而且蕴藏着巨大的政治利益。

（三）美国有意主导网络规则的制定

美国有意主导全球网络空间“规范”的建立，“为所有国家提供一份路线图，使它们清楚应如何作为才不会违反网络空间的国际义务，并在任何环境下始终履行自身责任”。有些美国学者将当前的网络空间与 19 世纪的美国西部相提并论，认为两者的不同之处只在于键盘取代了左轮手枪，而黑客则成了新的枪手。在这种

---

① “Patentapplicationsbyfieldoftechnology （2003 - 2007average） byleadingcountries,” WIPO, Jan2011, http://www. wipo. int/export/sites/www/ipstats/en/statistics/patents/xls/184_ total_ application_ technology_ top_ origin. xls.

② “PCTApplicationsPublishedbyFieldofTechnology: LeadingCountries,” WIPO, Nov2009, http://www. wipo. int/export/sites/www/ipstats/en/statistics/pct/xls/qs_ technology_ leadingcountries. xls.

局面下，美国急欲建立以美国价值观为核心的网络国际规则。在《网络空间国际战略》报告中列举的规范和原则包括：支持基本自由、尊重财产权、尊重隐私、预防犯罪、自卫权、全球互通、网络稳定性、可靠访问、利益攸关者共同治理、稳妥处理网络安全等。建立规范是美国网络安全国际战略的一个重点。

美国提议建立规范并要求世界各国接受这些规范，它第一步是谋求西方盟国的支持，继而在国际组织中推行美国的主张。在规范得到确立并得到伙伴国支持的基础上，对潜在的违规者予以劝阻、威慑和遏制。如今的美国正如当年建立防止大规模杀伤性武器扩散机制那样，正在利用一切可以利用的机会，将网络安全任务植入到各种各样的双边和多边的国际项目和计划之中。

《网络空间国际战略》报告明确指出，在网络空间推进国家规则并不需要重新构建国际法律习俗，也不需要废弃现有的国际法律规则。指导国家行为的长期国际规则，无论是和平时期或是冲突时期的规则，均可应用于网络空间。2011 年底，在伦敦举行的网络空间会议和在海牙举行的网络自由大会上，美国副总统拜登和国务卿希拉里均直截了当地表示，“东西没有坏，就不要去修理”，放弃一个长期以来运行良好的系统是不明智的，没有理由以一个压抑性的体制来取代一个有效的体制。[①] 作为折中处理，美国政府同意改进目前的一些做法，让发展中国家有更大的发言权，支持“互联网治理论坛”等行动计划，提高互联网管理和机构的透明度。究其根本，这是美国为了维护和巩固其网络霸权的缓兵之计和拖延战术。其一，美国丝毫不放松其互联网控制权，对自身网络霸权地位的削弱极为敏感和不安；其二，企图将目前美国主导制定的国际社会行为规范照搬到国际互联网管理领域，延续美国的规则优势和制度话语权；其三，在国际舆论压力和美国信

① U. S. Department of State. Conference on Internet Freedom [EB/OL]. http://www.state.gov/secretary/rm/2011/12/178511.htm, 2011-12-17/2012-03-06.

息技术领先优势逐渐消失的情况下，通过形式上的国际合作和互联网管理权的有限让渡，化解被动局面，争取更大的国际支持，树立道义形象，赢得主动。

（四）中国逐步争取网络空间治理权

美国占据网络空间治理权的制高点，绝不希望这些既有优势遭到削弱，而是要千方百计地将原来的技术优势转化为规则优势，从而进一步维护和巩固其在网络世界的垄断地位。然而，网络空间作为与陆、海、空、天并列的第五维空间，其对世界各国的重要性不言而喻。各个国家有权利制定和管理本国的网络政策，有义务充分维护本国公民和企业的利益。显然，这与美国的政策取向之间存在着明显的矛盾，各国间围绕国际规则制定的斗争日趋白热化，中国也开始增强自身的网络控制力和引导力。

由于美国对掌控互联网管理权的垄断，世界曾希望美国政府将互联网管理权交给一个第三方国际性组织。2003 年与 2005 年，在日内瓦与突尼斯召开的全球信息峰会上，国际社会纷纷要求取消美国对互联网域名的支配权，呼吁"在国际互联网治理中，所有政府都应该拥有平等的作用与责任"。国际社会希望把互联网治理权移交给国际电信联盟。国际电联作为联合国的一个特别机构，负责管理国际无线电频率分配等问题，其责任就是促进国际社会平等获取信息，促进社会福祉。2005 年 6 月，美国商务部发表声明，宣布美国计划永久保持对互联网的监管，成为域名的主人。①7 月，美国政府宣布，基于日益增长的互联网安全威胁以及全球通信与商务对互联网的依赖，美国商务部将无限期保留对 13 台域名

① Kenneth Neil Cukier, "Who Will Control the Internet?" *Foreign Affairs*, November/December 2005, Vol. 84 Issue 6, pp. 7 – 13.

根服务器的监控权。[①] 然而，美国真正的意图是控制高度发达的信息网络并企图通过信息网络来控制世界。[②] 利益相关方的制度行动者模式应成为互联网全球治理的发展方向。2010 年 10 月，国际电联全权代表大会在墨西哥的瓜达拉哈拉召开，讨论了互联网治理问题。代表们提出了一个建议，就是国际电信联盟设立特别机构，拥有否决 ICNN 决定的权力。同年 12 月，联合国经济与社会理事会也讨论了互联网治理问题，一些国家再次建议把治理权移交给国际机构。面对国际压力，美国公然表示，其控制互联网的权利是神圣不可侵犯的，“互联网是美国送给世界的礼物，不能让联合国拿走”。[③] 为了减轻国际社会的压力，美国同意减少与 ICNN 的“联系”，但是国际社会并不满意。为了获取国际组织的认可，ICNN 向国际电信联盟提出作为该机构观察员身份的申请，但是被国际电联以其是一个非官方实体而拒绝。要求改变互联网治理权的现状是国际社会的心声。

作为信息化进程的后起之秀，中国在网络空间治理权方面总体处于弱势，但中国争取网络空间治理话语权的立场也是鲜明的。在国际标准方面，多年来美国通过标准规则控制产业链下游市场，中国自主研发的无线局域网标准在国际申标进程中多次遭到美方的阻挠，这不仅是个别美国企业出于自己的利益而使技术问题政治化的结果，还说明了美国政府不愿将网络资源分配权力拱手让给竞争对手。

此外，中国还力争 IPV6 资源，并加快下一代互联网建设。由

① 邹学强、杨海波：《从网络域名系统管理权看国家信息安全》，载《信息网络安全》，2005 年第 9 期，第 23—24 页。

② 日本一杂志曾刊文《美国建立了不可动摇的相对优势！以互联网络的统治者称霸》，指出“网络资本主义”的可能。转引自何建良编著：《前所未有的较量：信息化战争》，北京：新华出版社 2003 年版，第 270—271 页。

③ 徐海慧：《域名“变脸”：中国迎战网络主权》，《国际金融报》，2006 年 3 月 3 日，第 5 版。

于互联网是自下而上发展起来的，IP 地址的分配缺乏整体规划，尤其是其采用的“先来先得、按需申请”的分配政策，造成了 IPV4 地址的分布很不均的情况。显然，对于一些互联网基础设施发展较晚、需求还没有释放出来的发展中国家，这种政策也是很不公平的。2011 年2 月3 日，IANA（全球互联网数字分配机构）宣布将 IPV4 地址库剩余的5 个 A 地址平均分配给包括自身在内的5 个地区性互联网注册管理机构（RIR），这标志着全球现有的 IPV4 地址资源耗尽。如果保持现有的分配政策，这种分配的不均衡与不合理状况将在 IPV6 地址的分配过程中继续延续。这与联合国倡导的互联网全球发展战略是相违背的，也会进一步扩大业已形成的发达国家与发展中国家之间的数字鸿沟。为此，中国、巴西等发展中国家提出希望将 IPV6 地址为国家预留的建议。目前我们使用的第二代互联网 IPV4 技术，其核心技术属于美国。IPV6 作为新一代的互联网协调，以它的无限地址、移动性、可扩展性等众多优点，成为下一代互联网的网络层协议标准。IPV6 能比 IPV4 提供更多的地址，据称能让“每粒沙子都拥有一个 IP 地址”。因此，中国正在整合国内各方力量加快研发 IPV6 的相关技术，力争达到国际标准，加快实施 IPV6 发展战略。这是在相当长时期内无法改变美国控制互联网根服务器的客观现实下，大力增强中国对国际互联网控制力和引导力的有效措施，这也对构筑中国“网络边界安全”与“网络安全边界”有着重要的现实意义。

二、中美网络安全战略博弈

美国是当今世界第一个制定网络空间战略的国家，其目的是防止美国在互联网领域既有的长期优势和即时对抗优势的丧失，这也是美国传统霸权在互联网领域的新投射，是从技术层面、资源层面、信息层面到法理层面抢占全球网络空间制网权和制高点的新转折。而随着中国的不断崛起，美国又将中国视为网络战略层面的假想敌，近年来掀起一轮又一轮的“中国网络威胁论”，指责中国互联网政策，夸大中国的网络攻击能力，将中国列为发动网络攻击的重要实施者。中美双方在网络战略层面展开新一轮的博弈。

（一）美国网络安全战略演变

20 世纪 90 年代起，美国政府依据国内外战略环境和网络空间安全形势的变化，制定了一系列的互联网相关政策。但在不同时期其内容和侧重点有所不同，先后经历了三个战略性阶段：克林顿时期，互联网政策的主题是强化对网络基础设施的保护，重点在于“全面防御，保护设施”；小布什时期侧重于“攻防结合，网络反恐”；奥巴马政府则体现出“主动防御，网络威慑”的特点。可见，美国的互联网战略经历了一个从全面防御到主动进攻的演进过程。

1. 克林顿政府“全面防御，保护设施”的网络安全战略

1993 年，美国兰德公司的两位学者首次提出“网络战”的概念，并从理论上界定了何为“网络战”，系统介绍了如何利用网络“干扰、破坏敌方的信息和通讯系统”，如何在阻止敌方获取自己信息的同时，尽量多的掌握对方信息。自此之后，美国政府和军方高度重视“网络战”理论的研究，美军于 1997 年提出了“网络中心站”概念，克林顿总统于 1998 年签署了《关键基础设施保护》总统令（PDD—63）。《关键基础设施保护》正是为了应对“依赖性脆弱”而提出的，关键基础设施是指“那些对国家十分重要的物理性的以及基于计算机的系统和资产，它们一旦受损或遭破坏，将会对国家安全、国家经济安全和国家公众健康及保健产生破坏性的冲击”。该命令强调美国对互联网的高依赖度以及互联网现状的薄弱度，要求政府在近一段时间内，采取相关措施对关键基础设施进行评估、预警、补救和反应。

在 1999 年科索沃战争中，南联盟电脑黑客对北约进行了网络

攻击，使北约的通信控制系统、参与空袭的各作战单位的电子邮件系统都不同程度地遭到了电脑病毒的侵袭，部分计算机系统的软、硬件受到破坏，“尼米兹”号航空母舰的指挥控制系统被迫停止运行3个多小时，美国白宫网站一整天无法工作。该事例正佐证了《关键基础设施保护》报告提出的，关键基础设施的重要性和脆弱性。

2000年12月，克林顿总统签署《全球时代的国家安全战略》文件，这是美国国家网络安全政策发展历程中的重大事件。文件将网络安全列入国家安全战略，使之成为国家安全战略的重要组成部分。这标志着网络安全正式进入国家安全战略框架，并具有独立地位。克林顿时期采取“全面防御，保护设施”战略，着重对关键基础设施进行保护，为美国网络安全战略的发展和网络安全技术的升级奠定了坚实的基础。

2. 小布什政府“攻防结合，网络反恐”的网络安全战略

小布什政府从两个方面着手确保网络安全，一是制定关键基础设施的保护措施；二是制定网络安全战略，两个方面互相促进。

2003年2月，小布什在13231总统令的基础上签发了《关键基础设施和重要资产物理保护的国家战略》文件，该行政令重新界定了关键基础设施的内涵和外延，强调了关键基础设施是系统和资产，不管是物质的还是虚拟的，都会对国家安全产生影响。小布什政府改变了克林顿政府没有说明、区分关键基础设施和主要资产的做法，把通讯、信息技术、国防工业基础等18个基础设施部门列为关键基础设施，并把核电厂、政府设施等5项列为重要资产。这个文件成为美国政府制定保护关键基础设施计划的基础。国土安全部在小布什任内，先后两次颁布《国家基础设施保护计划》，具体地说明了如何保护这些关键基础设施和重要资产。

“9·11”事件后，布什政府开始明确将信息基础设施的建设与美国国家安全相挂钩，并将其作为美国对外政策的重点推进目标。这种塑造意味着美国试图借助与非国家行为体的合作，通过

数字空间绕过主权的藩篱，影响他国境内民众的观念，“并由此直接或间接地影响他国政府的政策制定或行为发生有利于美国的变化”。

在网络安全防御战略制定方面，2003 年 2 月小布什政府签发《确保网络空间安全国家战略》。这个网络安全战略确立了三项总体战略目标和五项优先目标。三项总体战略的主要目标是：阻止针对美国至关重要的基础设施的网络攻击；减少美国应对网络攻击的脆弱性；在确实发生网络攻击时，使损害程度最小化、恢复时间最短化。五项优先目标是：建立国家网络安全反应系统；建立一项减少网络安全威胁和脆弱性的国家项目；建立一项网络安全预警和培训的国家项目；确保政府各部门的网络安全；国家安全与国际网络安全合作。作为联邦政府与各州、地方政府和非政府组织的指挥中枢，国土安全部要制定一项确保美国关键基础设施安全的全面国家计划，以便向私营部门和其他政府机构提供危机治理、预警信息和建议、技术援助、资金支持等 5 项责任。文件强调，确保美国网络安全的关键在于美国公共与私营部门的共同参与，以便有效地完成网络预警、培训、技术改进、脆弱性补救等工作。

在网络安全攻击战略方面，重视网络安全的攻防结合。在软杀伤网络战武器方面，美军已经研制出 2000 多种计算机病毒武器；在硬杀伤网络战武器方面，美国正在发展或已开发出电磁脉冲弹、次声波武器、激光反卫星武器、动能拦截弹和高功率微波武器，可对他国网络的物理载体进行攻击；同时，美国三军各自创建了网络战部队及其领导机构，平时搜集有关潜在威胁的情报，战时在整个网络空间中展开攻防作战。一系列的网络安全防护和攻击战略的制定，凸显了小布什政府“攻防结合，网络反恐”的战略特点。

3. 奥巴马政府“主动防御，网络威慑”的网络安全战略

有“互联网总统”之称的奥巴马对互联网的作用十分关注，

在竞选总统期间就表示要高度重视网络安全。2009 年 5 月 29 日，奥巴马公布了由哈撒韦评估小组制定的《网络空间政策评估——保障可信和强健的信息和通信基础设施》报告，该报告指出美国现在处于一个十字路口，现状不可观，必须展开全国性的网络空间安全对话，充分发挥政府和私营部门的双重作用。该报告建议：加强顶层领导，建立数字化国家的能力，共担网络安全责任，建立有效的信息共享和应急响应机制，鼓励创新和一些行动计划。随后，奥巴马政府确立了新一套网络安全战略，首先，把网络安全作为国家安全战略的一部分，把网络基础设施列为战略资产，实施保护。其次，加强网络安全的集中领导，增设“国家网络安全顾问”一职。第三，组建网络战司令部，提高美军网络攻防能力。第四，研发网络技术，招募网络人才。

2011 年 5 月 16 日和 7 月 14 日，美国政府相继出台了《网络空间国际战略》① 和《网络空间行动战略》② 两个互联网政策文件。此前，国务卿希拉里·克林顿继 2010 年 1 月 21 日发表“互联网自由与全球言论自由的未来”③ 演讲之后，于 2011 年 2 月 15 日又发表了题为“互联网的是与非：网络世界的选择与挑战”④ 的演讲，这是对美国“互联网自由”政策全面而详尽的阐述。与此同步，美国进一步强化监管互联网的专门机构，成立了网络安全执

---

① The White House, International Strategy for Cyberspace, May 2011. Available at http: //www. whitehouse. go-v/sites/default/files/rss_ viewer/international_ strategy_ for_ cy-berspace. pdf.

② US Department of Defense, DoD Strategy for Operating in Cyberspace, July 2011, Available at http: //www. defense. gov/home/features/2011/0411_ cyber strategy/docs/DoD_ Strategy_ for_ Operating_ in_ Cyber-space_ July_ 2011. pdf.

③ Hillary Rodham Clinton, Remarks on Internet Freedom, January 21, 2010. Available at http: //www. stat-e. gov/sec-retary/rm/2010/01/135519. htm.

④ Hillary Rodham Clinton, Internet Rights and Wrongs: Choices &Challenges in a Networked World, February 15, 2011. Available at http: //www. state. gov/secretary/rm/2011/02/156619. htm.

行办公室，美国网络司令部也于2011年10月全面运行。战略的出台正如奥巴马所言，是美国政府“第一次针对网络空间制定的全盘计划”,[①] 其内容与目标皆从自身网络空间扩展到全球网络空间，这是对以往颁布的有关互联网政策核心内容的继承与发展，更加凸显对国家重大问题的筹划与指导作用，具有总揽全局的战略特征；而网络司令部的成立则是网络战略的实施机构，确保互联网战略的具体执行。

可以看出，无论是政策的制定，还是执行机构的设置，美国互联网战略已基本成型。巴马政府的网络安全战略体现出“主动防御，网络威慑”的特点。美国政府针对网络空间制定的政策已经具有从分散到系统、从局部到整体的特征；其内容与目标已经从自身的网络空间扩展到全球网络空间范围，体现了对国家重大问题筹划与指导性的战略特征。

（二）奥巴马政府的网络安全战略分析

2011年5月16日，美国发布首份《网络空间国际战略》，时隔不到两个月，美国国防部于2011年7月14日制定出台了该战略的详细实施纲要——《网络空间行动战略》，2012年1月公布的军事战略，即《维持美国的全球领导地位：21世纪国防的优先任务》，明确阐明美军要能在网络空间和太空进行“有效行动”。尽管国防部强调网络空间战略重在防御，但从种种迹象来看，美军已经将网络空间的威慑和攻击能力提升到更重要的位置。根据公开的文件内容，网络空间战略包括五大支柱：

第一，将网络空间列为与陆、海、空、太空并列的“行动领域”，国防部以此为基础对美军进行组织、培训和装备。从军事理

① The White House, International Strategy for Cyberspace, May 2011. Available at http: //www. whitehouse. go-v/sites/default/files/rss _ viewer/international _ strategy _ for _ cy-berspace. pdf.

念上解决了未来在网络空间开展军事行动涉及的必要性、合理性和合法性问题，并在此基础上制定了网络作战战略。既然网络空间是美军的作战领域，意味着需要采取军事行动保护网络，组织、训练和装备执行网络任务的部队。由此，把由网络和系统组成的网络空间作为一个独立的领域，是执行国防部担负的国家安全任务的新的重要组织概念。为此，美国国防部正式组建了美国网络司令部，并下令美国各作战司令部和军兵种着手建立网络部队，并明确由网络司令部负责协调各军兵种的网络作战部门。美国网络司令部司令由国家安全局局长兼任。美国国防部将设计各种可能的想定，使用“网络红军”的假想对手进行针对性演习和训练。在技术设备上，强调网络和系统的适应性和多样性，一旦网络系统遭到攻击失去运行能力，可以转而使用备用网络系统以保证作战的顺利实施。另外，美国对潜在的网络攻击对手进行报复的手段，包括外交、经济、军事等各种手段。就军事手段而言，包括使用网络武器进行报复，实现“实体瘫痪”；也不排除美国动用武装部队对敌人实施常规军事打击，实施“实体消灭”。美国的《网络空间国际战略》、《网络空间行动战略》和2012年军事战略都强调不排除用军事手段打击潜在对手的网络攻击。威廉·林恩也称，适用于武装冲突的法律同样也适用于网络领域。这暗示在某些情况下，美国保留使用真枪实弹打击报复网络攻击的权力。美军战略司令部司令希尔顿公开说，如果有敌人攻击并使美国重要网络瘫痪，将考虑动用武装部队对其实施军事打击。

第二，变被动防御为主动防御，从而更加有效地阻止、击败针对美军网络系统的入侵和其他敌对行为。2010年2月28日，原美国国家情报局和国家安全局局长 Michael McConnell 在《华盛顿邮报》上发表的文章“关于怎样赢得我们未能获胜的网络战”中表述：“今天美国正在进行网络战，并且我们未能获胜；在政治、经济和心理影响方面网络战与核挑战相映射。因而，我们的战略应当是威慑还是先发制人？答案：都是。我们必须重新建造互联网以使得归因、地理位置、情报分析和影响评估等更可控制；对于不容易追踪的犯罪组织和极端分子，无论通过制裁或者军事行动都是较少成功的，因而威慑是不够的，在这些敌手发动破坏性网络攻击之前先发制人战略可能是必需的。”① 美国军方对国防部长盖茨视网络攻击为战争行为并以武力还击的表述进行了解读：“如果你关掉我们的电网，我们也许会向你们的烟囱里发射一枚导弹。”② 美国惩罚威慑强调“积极防御”，也就是先发制人报复打击的另一种说法。

第三，加强国防部与其他政府部门及私人部门的合作，在保护军事网络安全的同时，加强电网、运输系统等重要基础设施的网络安全防护。网络空间的挑战是跨越部门、产业、政府部门乃至是跨越国界的。国防部首先需要加强与国土安全部的合作，共同规划，共享资源，形成美国政府一体化的网络安全战略。其次与国防工业信息库合作，在2007年建立的国防工业信息库网络安全与信息保障计划的基础上，建立政府与私营部门共享关于未经授权的网络活动的信息以及防范技术措施。与国土安全部合作，对美国重要基础设施的网络和系统存在的风险进行排查。鉴于信息通讯技术产业高度全球化，很多美国技术公司把软件和硬件生产外包给海外公司，国防部将与国土安全部协作，排查隐患，确保安全，减少重要信息受全球技术供应链的影响。

第四，加强与美国的盟友及伙伴在网络空间领域的国际合作。网络空间是全球数以千计的互联网服务提供商组成的网络，任何一个国家或者组织都无法独立构成有效的网络防御。国防部支持美国政府的《国际网络空间战略》，寻求能够反映美国在网

---

① 《华盛顿邮报》，“Mike McConnell on how to win the cyber-war we're losing”，2010年2月28日。

② 李大光：《美军网络战概念‘升级’的背后》，《解放军报》，2011年6月16日。转引自国防部网站，http：//news. mod. gov. cn/tech/2011 - 06/16/content_4246938_ 2. Htm.

络空间的核心承诺与盟国的共同利益的国际合作关系，发展国际间对网络形势的共同意识，及时分享网络事件的兆头、有敌意密码的威胁特征、关于网络活动分子和威胁的信息。将协助美国政府推动国际网络规范和原则的建立，与盟国及国际合作伙伴共同开发报警能力，进行联合网络安全训练演习，建立集体网络防御系统。

第五，重视高科技人才队伍建设并提升技术创新能力。国防部将促进科学、学术、经济领域的资源来建立一支网络人才库，吸收优秀的网络安全人才进入政府长期服务，定期对这支队伍的要求和能力进行评估，并通过军地联合开发使用人才的方式来形成国防部自己的人才库。鉴于信息技术的周期一般为12—36个月，国防部在信息技术采购方面将遵循快速更新的原则。研发和试验将采取渐进式而不是集中部署大型复杂的项目。将根据重点系统的排序对国防部的信息技术需求进行分级监管，加强对采购系统进行安全检查的措施，保证软件、硬件、设备、系统和过程在采购、设计、安装实施等各个环节的安全可靠。另外，与企业和硅谷等美国技术创新中心合作，将技术创新的概念迅速发展为试验项目并最终在国防部推广。将研发重塑网络空间技术基础的革命性技术。开发国家网络靶场，在那里进行试验和评估新的网络空间概念、政策和技术，加强网络空间作战的模拟训练，迅速建立多种网络模型，模拟和试验新技术和新能力。

（三）美国将中国列为发动网络攻击的重要实施者

美国推出涉及网络的国家战略，建立国家级网络空间管理机制，并在理念创新和规则制定方面“圈地插旗”、抢占先机。美国尽管在近年有国力衰落的疑虑，但在网络空间仍然保持全球战略的主动态势。在传统的“防御性”战略的基础上，美国已开始试探“网络空间的先发制人”行动战略，力图占据网络威慑（cyber *deterrence*）的高位。[①] 奥巴马政府一方面将网络关键基础设施升级为国家战略资产，另一方面又于2009年6月成立网络战司令部（Cyber Command），全面提升网络攻防能力，国防部赋予网络战司令部更大的网络战反制权，允许美军主动发起网络攻击，要求美军具备进入任何远距离公开或封闭的计算机网络的能力，然后潜伏在那里，并悄悄窃取信息，最终欺骗、拒绝、瓦解对方系统，兵不血刃地破坏敌方的指挥控制、情报信息和防空等军用网络系统，甚至可以悄无声息地破坏、控制敌方民用网络系统。之后又相继出台多份网络空间报告，表明美国已从自身的网络空间范围扩展到全球领域，美国已全面展开网络空间的竞争与掌控。

在网络空间的总体战略方面，中国是后来者，迄今为止尚未发布成文的国家网络安全战略。然而，美国对外关系委员会资深研究员亚当·西格尔（Adam Segal）认为，中美两国正在进行网络空间战略竞争，他认为这从2011年3月31日中国发布的《2010年中国的国防》白皮书中首次具体提到网络空间可以看出。[②] 一些西方学者认为，中国正在利用网络战的非对称优势提升其军事竞争力。[③] 2010年《美国国家军事战略》明确指出："我们将认真监视中国军力的发展以及其发展对平衡海峡两岸军力的影响。我们将持续关注中国军队的现代化进程和战略意图，以及它在太空、网络空间、黄海、东海和南海的主张。为保卫美国和伙伴的利益，我们准备展示我们的意志并使用我们的力量去反击任何企图危害

---

① Will Goodman, "Cyber Deterrence: Tougher in Theory Than in Practice?" *Strategic Studies Quarterly*, Fall 2010, pp. 102 – 135.

② Adam Segal, "China's Defense: Intricate National and Volatile," China & U.S. Focus (Online), March 30, 2011, available at: http://www.chinausfocus.com/peace-security/china%E2%80%99s-defense-intricate-national-and-volatile/.

③ Jason Fritz, "How China Will Use Cyber Warfare to Leapfrog in Military Competitiveness," Culture Mandala: The Bulletin of the Centre for East-West Cultural and Economic Studies, Vol. 8, Issue 1 (2008), Article 2, pp. 28 – 80, available at: http://epublications.bond.edu.au/cm/vol8/iss1/2.

进入和使用全球公共空间和网络空间的国家行为，或威胁我们盟友的行为。”① 中国国防部也于2011年5月宣布设立了“网络蓝军”。虽然中国国防部称中国“网络蓝军”并不是黑客部队，而是根据训练的需要，为提高部队的网络安全防护水平而设立的。但是美国《时代》周刊网站称，尽管中国的“网络蓝军”名义上是自卫，但考虑到中国丰富的人才储备和政府慷慨的资金投入，中国能够在虚拟战场上进行迅速和匿名攻势，这一前景将令世界其他领导人坐卧不安。②

美国认为中国对美国网络安全产生巨大威胁，美国时不时地别有用心地指责中国对其重要政府部门、军火公司发起“黑客”攻击，窃取重要机密。2009年7月4—10日，连续发生了三波针对美国和韩国共多达73个网站的分布式拒绝服务（DDoS）攻击。在未查清真正攻击源的情况下，韩美两国就传出了“此攻击手法为中国黑客惯用”、“实施攻击的可能来自朝鲜、中国”等说法。美国一些政府官员和各大媒体同时也在大造舆论。而越南 Bach Khoa Internetwork Security（Bkis）的研究者却发现这些攻击来自74个国家的166908个僵尸计算机；而这些僵尸计算机每3分钟随机地从8个服务器接受指令；并且进一步发现这些僵尸网络命令和控制服务器与在英国的 Global Digital Broadcast 公司的主服务器相连接。7月14日该英国公司在新闻发布中指出，攻击追踪到来自美国迈阿密的 Digital Latin America 所控制的 VPN 连接（2009年7月14日，美国 Wired. com 网站“，Cyber Attacks Traced to the U. S.，Britain”）。事件的真相被披露了，一个轰动世界的大规模 DDoS 攻击事件从此也就“销声匿迹”。这是美政府抹黑中国、掩盖网络攻击事实的典型案例。然而，美国政府官员和媒体仍然喋喋不休地炒

① National Security Strategy，Washington，May 2010，p. 14.

② Chris Gayomali，“China Admits to Assembling a 30-Strong Team of Elite Cyber Commandos，” Time（Online），May 27，2011，available at：http：//techland. time. com/2011/05/31/china-admits-to-assembling-a-30-strong-team-of-elite-cyber-commandos.

作来自中国等国的网络攻击，并且作为其建立网络司令部的重要依据之一。

美国国内相关报道将“来自中国的黑客袭击”与“中国政府支持的黑客袭击”是完全划等号的，伴随报道而弥散的是一种“中国黑客威胁论”。它给外界受众留下的印象，是中国政府正系统地通过有组织的黑客行动窃取西方国家的机密情报，并威胁包括美国在内所有西方国家的信息安全。美国国防部也公开表示来自中国和俄罗斯的黑客正谋求渗入美国的电力控制系统，危及美国国家安全。而且美国从中国对网络战的理论讨论中臆测中国网络作战能力，这是其最近几年来有关中国军力的各种正式文件报告的不变主题。例如 2012 年 3 月，诺斯罗普·格鲁曼公司（Northrop Grumman）公布了为美国国会下属机构美中经济安全评估委员会准备的报告，即《占领信息高地中国计算机网络行动与网络间谍能力》，说中国正在“全力平衡所有可利用的资源，建立多种多样的、技术先进的网络行动能力”，具备了给“支撑美国国家安全、公共安全重要基础设施的系统与网络”造成“灾难性失效”的潜能；就军事方面而言，“中国计算机网络行动能力十分先进，足以给美国军事行动造成名副其实的风险”。[①] 更有甚者，4 月 9 日美国“防务新闻”的“特别报道”把网络武器列为中国十大对美猎杀武器之首，认为其作为中国“反介入战略”武器的一部分，将对美国军队的指挥与控制系统造成威胁。[②] 美国国防部发布的《2012 年中国军事与安全发展》报告中强调，“2011 年世界范围内的许多网络和系统都遭到了入侵和数据窃取”，“其中许多攻

---

① Bryan Krekel, Patton Adams, George Bakos, “Occupying the Information High Ground: Chinese Capabilities for Computer Network Operations and Cyber Espionage”, March 7, 2012, p. 110, p. 12, p. 10. http: //www. uscc. gov/RFP/2012/USCC% 20 Report_ Chinese_ Capabilities for-Computer_ NetworkOperationsandCyberEspionage. Pdf.

② Wendell Minnick, “China's 10 Killer Weapons: Comprehensive Strategy Targets U. S. Presence in Asia-Pacific ”, *Defense News*, 9 April, 2012.

击就来自中国”，美国依然将中国列为发动网络攻击的重要实施者。①

三、网络技术优势的夺取

随着互联网产业的高速发展，它还为国家行为体提供了一个新的竞争领域。美国担心，中国如果在网络空间领域具有后发优势和赶超机会，就会引领该领域的发展趋势及发展潮流，那么美国就很有可能丧失网络主导权。

美国非常清楚，任何国家想要保持在信息领域和网络空间的主导权，一个必不可少的条件就是要有先进的网络信息技术作为基础。美国在网络产品、技术和应用协议等方面都占据绝对优势，但是美国也面临着在国家创新能力、增长势头方面的挑战。所以，美国一方面鼓励扶持硅谷和波士顿的“128 号公路沿线”这样的基于大学研究机构、政府市场、风险投资、高校培养出的技术工人和新兴企业相结合的信息技术创新基地，另一方面政府在政策上鼓励创新，调整一系列相关政策如反垄断政策，以促进创新；在资金上提供研发资助；在全球范围吸纳信息技术人才；鼓励先进军用技术民用化等等。中国在信息化浪潮中奋力追赶，并在很多网络技术与安全策略方面力求自主创新（Indigenous Innovation）。近年来，中国在一些关键信息技术领域取得突破，如先进集成电路芯片与光电子器件、高性能计算机与软件、下一代互联网与信息安全、第三代移动通信与无线通信、数字电视与音视频编码、信息技术在产业中的应用等。②

另外，美国在网络空间攻防对抗的技术领域也是先行一步：

---

① “2012 年 5 月 18 日，美国国防部发布了《2012 年中国军事与安全发展》报告”，http：//world. huanqiu. com/roll/2012 - 05/2735036. html.

② 邬贺铨：《中国信息技术发展的现状和创新》，《中国信息界》，2006 年第 12 期，第 21—22 页。

（一）开发压制敌防空能力的“舒特”系统

“舒特”系统是由代号“大型狩猎者”的美军秘密部队管理，主要是针对美空军对敌防空压制能力不足而提出的，在网络空间战中实行入侵敌方通信网电、雷达网电以及计算机系统等等手段，因而其所起的作用就是攻击。“舒特”具有“强大的电磁辐射源侦测传感器、辐射源数据库和识别软件，可以检测与识别多种辐射源”① 的功能，从而可以实现“集战场侦察、电子干扰、网电攻击、精确打击于一体的综合性攻击技术”② 的目标。到目前为止，美国已拥有五代“舒特”系统，随着技术的不断发展，该系统会运用先进的电磁辐射技术在攻防双方网电系统之间搭起一条“链路”，通过战场与后方的网络中心协同平台连接与信息融合技术，使得作战指挥员可以实现控制一体化空间的作战模式。可以预想出在网络空间战中，系统与体系间的对抗将会趋于更加重要的地位，而“舒特”系统则会使得信息不对称的双方优劣势更加明显，进而使得美国在这一领域占得先机。

（二）针对工业控制系统的“震网”病毒

2010 年，伊朗布什尔核电站遭受病毒攻击，伊朗核设施虽未被摧毁，但使得核电项目延缓。根据有关报道，美国和以色列在事发之前一直在秘密进行“震网”病毒的研制，且其研制的内容主要是一部分令离心机失控，另一部分暗中记录核设施的正常活动，这样使得目标在被攻击时不易被管理员所发现，从而达到神不知鬼不觉的境界，让人无法查证。“震网”病毒是美国在网络空间战中使用的主要攻击武器，美国之所以不断地进行研制以及试

---

① 马林立：《外军网电空间站——现状与发展》，国防工业出版社，2012 年版，第 9 页。

② 同上。

用，主要是因为其具有多个优点。首先，它能在较高的隐蔽下进行针对性的攻击。它通常是利用伪造驱动程序来进行适当伪装，进而躲避杀毒软件的查杀，并经过一系列的流程完成对工业专用局域网的物理限制，对相应目标进行破坏。其次，任务精确。就拿伊朗核电站离心机事件为例，该病毒并没有对普通的个人计算机进行破坏，而只是将其作为传播媒介来使用，它最终的目的只是感染 SCADA 系统，当该系统满足特定状态时，它会在休眠的情形下激活，对离心机进行攻击，最终完成任务。再次，具有长时期的战斗力。在伊朗“震网”病毒事件中，专家们发现其实该病毒已经潜伏了 12 个月之久，并且在此期间，已经进行了 3 次攻击，可见其具有长时间的隐秘性以及多次战斗的能力，如果其不被对方发现，将有可能长时期潜伏下去，对敌人不断造成危害。不仅如此，由于西门子公司的上位监控软件是用于国家的关键性基础设施，美国又在网络空间作战计划中有攻击敌方的国家关键性基础性设施的理念，而“震网”又具有“专门攻击西门子公司的数据采集与监控系统软件 SIMATIC WinCC。出于安全起见，西门子公司设计的数据采集与监控系统与外网是不连接的，但‘震网’病毒会通过计算机的 USB 端口检测 WinCC 软件的运行。如果软件正在运作，病毒就入侵该计算机并且设置一个秘密的‘后门’连上外网，再由位于其他国家的服务器下达指令”[①] 的功能，使得美国在网络空间战中易于攻击敌方关键性设施。

（三）实施具有传播僵尸程序控制大量主机的僵尸网络

该武器具有隐藏自身 IP、躲避追踪的功能，可以在隐藏的情况下利用大量免费网电和计算机资源，在感染的主机上发起各种破坏攻击。早在 2009 年 4 月 30 日，美国空军官员 Charlie William-

① 马林立：《外军网电空间站——现状与发展》，国防工业出版社，2012 年版，第 9 页。

son 上校就对 BBC 说过："美国应当构建一个攻击性的僵尸网络，把向美国发起网络攻击的任何力量作为目标。"几乎同时美国报纸也透露，"五角大楼确实在开发进攻性网络武器"。[①] 网络司令部利用在美国国内众多的僵尸网络及其命令和控制服务器来隐蔽其秘密的军用进攻性僵尸网络。

（四）具有检测功能的"爱因斯坦计划"系统

网络空间战是一个非对称区域，美国具有较强的网络攻击能力，这是无可厚非的事实，然而随着近些年美国许多有关机密信息问题的出现，美国进一步认识到自身在网络空间防御能力方面的缺陷，因而其相关部门在不断研制和突破相应的技术，其中"爱因斯坦计划"就是相关技术之一。该系统是由美国国土安全部负责的"绝密"网电监控系统，具有"监视通过网关和互联网接入点的数据流，检测恶意代码和异常活动，及时发现威胁和入侵，同时掌握网电整体安全态势，达到保护政府网电的目的"[②]。如今"爱因斯坦 2"和"爱因斯坦 3"已经被部署到整个联邦企业，它们分别起到"检测出试图非法进入联邦网络系统的互联网流量和恶意内容"，[③] 并"识别和描述恶意网络流量，增强网络安全分析、态势感知和应急响应能力。在危害发生前，它将能够对网络威胁进行自动检测并正确响应，最终形成一个支持动态保护的入侵防御系统（TPS）"[④]。一旦将该系统大量地部署在互联网上，将会出现"有助于对国际各区域的网电进行态势感知，从而做到有效地

---

① 2009 年 4 月 30 日，BBC 新闻，"US 'should go on cyber-offensive'"。

② 马林立，《外军网电空间站——现状与发展》，国防工业出版社，2012 年版，第 9 页。

③ 张文贵、彭博、潘卓，美国《国家网络安全综合计划（CNCI）》综述，《海外视点》，2010 年 9 月。

④ 同上。

主动防御，甚至先发制人”[①] 的局面，使得该系统不但成为联邦政府的网络监管系统，更会是美国保卫国家机器的新手段。

中国在网络技术上明显处于弱势。中国仍是发展中国家，自主研发能力有限，网络技术与美国及西方先进国家差距很大。目前互联网中几乎所有关键环节都由美国公司主宰，全球唯一的主根服务器就掌控在美国手中，美国还握有全球13个副根服务器中的10个。可以说，美国掌握着全球网络世界的生杀予夺大权。在谷歌退出事件沸沸扬扬之际，美国就曾有人呼吁美网络管理员对中国断网一天，切断源自中国的所有信息流量。但中国在网络技术方面具有后发优势，在信息技术的各个方面，中国对美国的赶超正在逐步进行：

1. 在卫星定位系统方面，虽然中国的产品还不能替代GPS系统，但已研发出GPS所不具有的技术，并拥有这种技术优势。中国的“北斗”卫星导航系统创新了系统的定位性能，发展出互动式定位，更适用于导航与数据通信。

2. 在超级计算机方面，中国的“天河一号”在2010年第36届全球超级计算机500强排行榜以每秒4701万亿次的峰值速度及每秒2566万亿次的实测速度，超过美国“美洲虎”计算机，居全球第一。2011年6月，日本推出的名为“京”的超级计算机浮点运算速度每秒为8200万亿次，其速度已经相当于中国“天河一号”的3倍多。6月17日，国际TOP500组织公布最新全球超级计算机500强排行榜榜单，中国国防科学技术大学研制的“天河二号”以峰值计算速度每秒5.49亿亿次、持续计算速度每秒3.39亿亿次的优异性能位居榜首。时隔两年半后，中国超级计算机运算速度重返世界之巅。[②] 2011年，全球排名前500名的超级计算机系

① 马林立：《外军网电空间站——现状与发展》，国防工业出版社，2012年版，第9页。

② http://military.people.com.cn/n/2013/0617/c1011-21868471.html.

统中有61个为中国所有，这个数量仅次于美国，位居全球第二。然而，“仅仅在10年前全球500强超级计算机中还没有1台为中国所有，现在中国已经挺进到榜单的第二位”。[①]

3. 在各项具体的技术专利方面，美国与其他国家的差距正在缩小。仅以中国为例，根据世界知识产权组织（WIPO）公布的2010年度数据，2010年中国通过《专利合作条约》（PCT）申请的专利国际申请量达到12296件，较2009年增长55.6%，在世界各国的排名也从第五位上升至第四位。[②] 其中“我国国际专利申请量的增长主要得益于国内以信息技术为代表的部分专利密集型行业的发展。中兴通信有限公司从2009年的第20位升至全球第二，华为技术有限公司位列全球第四位，表明我国企业在信息领域具有一定的技术优势”。[③]

4. 在人才培养方面，中国显现优势。由于信息技术的更新快速，既有人才优势易于丢失；如果新的人才不能持续供应，美国的既有优势就会逐步丧失。对于后发展国家而言，通过人才培养实现对美国的技术赶超是最便捷也是最快速的方法。因为拥有更优秀的计算机和网络人才，将有可能直接导致技术创新在美国之外的国家产生。根据美国2007—2008年的关于计算机学位和入学趋势的托比调查，美国的计算机科学和工程学位毕业生比2004年的高峰时期减少了约一半。[④] 而且，当前美国的计算机人才中，中国人和印度人所占的比例呈上升趋势。这在一定程度上降低了美

① 《全球超级计算机500强排名中国独揽61席排名第二》，中国经济网，http：//intl. ce. cn/specials/zxxx/201108/04/t20110804_ 22587904. shtml.

② “NumberofPCTFilingsbyCountryofOrigin，” WIPO，Sep2011，http：//www. wipo. int/export/sites/www/ipstats/en/statistics/pct/xls/m_ leadingcountries. xls.

③ 国家知识产权局：《2010年我国国际专利申请量跃居世界第四》，中国保护知识产权网，http：//www. ipr. gov. cn/gndtarticle/ttxw/201102/1194481_ 1. html。

④ StuartZweben，“Computing Degree and Enrollment Trends，”，the 2007 - 2008 CRATaulbee Survey，2008，p. 4，http：//www. cra. org/taulbee/CRATaulbeeReport-StudentEnrollment-07-08. pdf.

国互联网技术领先的含金量。根据《第28次中国互联网络发展状况统计报告》显示,“截至2011年6月底，中国网民规模达到4.85亿，较2010年底增加2770万人，增幅6.1%；2011年上半年，中国微博用户数量从6311万快速增长到1.95亿”[①]。因此，中国在产生高端网络人才的人群基数方面具有天然的优势。相信若干年后，在互联网领域，究竟是美国具有优势还是中国具有优势，可能还需要时间与实践的考量。

小　结

奥巴马政府第一任期对华政策的两面性特征极为突出：一方面，加强与中国对话合作；另一方面，强硬处理中美摩擦分歧，这使得中美之间的缓和与冲突此起彼伏。四年来的事实表明，奥巴马政府将中国认定为美国的首要战略对手，处理对华关系的核心关切是确保美国的竞争优势，维护美国的关键利益。这样的“中国观”不仅不大可能在今后四年有什么调整和变化，而且必将随着中国GDP超越美国之日的临近而变得更加鲜明。奥巴马迄今已发表的国情咨文中提及中国时释放出来的潜台词同他的“中国观”高度一致，主要是提醒美国人做好应对来自中国竞争的准备，永葆美国的“世界第一”。中国的快速发展被美国最高领导人频频拿去作为激励美国民众保持奋发向上精神的教材总体是件好事，可以进一步塑造为中美两国在良性竞争中加强合作的契机，但也有可能朝恶性竞争方面滑落，这在很大程度上取决于中美双方处理两国间具体问题的胸怀和艺术。

① “CNNIC统计报告：中国网民达4.85亿”，http：//news.xinhuanet.com/it/2011－07/20/c_121692215_2.htm。

奥巴马连任后，着重聚焦国内政治经济问题，对中国提及的较少，与其说第二个任期的对华政策“向奥巴马2009年刚上台时奉行的温和路线回摆”，不如说奥巴马政府对中美合作的预期在经过2009年的过高过热、2009年底的过度失落之后，向一个适中水平调整。在第二任期内，奥巴马政府对华政策将延续第一任期的主要做法，即“接触+防范”，但接触程度将更深，防范动作将更大。防范中国，主要体现在美国与其亚太盟友在本地区诸多安全问题上联手“对付”中国，这种趋势今后可能会延续下去。虽然美日、美菲安全同盟是冷战的产物，已无法有效应对当前地区安全问题，但借之防范中国，仍是美国的“最优”选择。同时，华盛顿认为，只有努力开拓海外市场，重振国内制造业，美国才能恢复经济实力，巩固头号强国地位。因此，奥巴马政府将继续加强同中国的经贸联系，借此为美国经济助力。同时，美国一直认为，只有保持接触，对中国施加影响，才能使中国“融入”以美国为首的国际体系，这样做符合美国家利益。因此，继续在双边、地区和全球层面与中国保持高频率互动，应是华盛顿的务实之选。从这个意义上讲，奥巴马政府处理对华关系的要素并没有发生明显改变。未来四年中美关系的发展，将呈现“合作内容更多，竞争态势更强”的特点。

第六章

美国政府形成认知偏差的原因探析

美国政府对中国国家形象形成的认知偏差分为有意偏差（刻意偏差）和无意偏差两种。有意偏差是基于利益倾向和价值观输出的需求产生刻意的认知偏差，无意偏差是由于认知规律、文化传统和历史经验等因素，产生不同于事实的认知结果以及在认知建构过程中形成的认知误差。

第一节　有意认知偏差

美国政府对中国的有意认知偏差同美国传统所坚持的“利益、价值观和政治”所驱动的政策需要紧密相联，而更多地与美国在国际权力结构中的地位相关联。有意偏差往往是出于私心，国家都是自私的，为了某一方面特殊的国家利益，美国政府会故意扭曲中国的国家形象。

一、美国霸权护持、遏制中国迅速崛起的需要

霸权国形成的标志就是该国在政治、经济、军事等方面拥有超出国际体系中其他成员国的占绝对优势的国家实力，而且有将自

己的力量转化为对国际事务、国际体系和其他行为体进行干预乃至控制的政治意愿。[①] 而霸权护持（hegemonic maintenance）是指维持霸权国与其他国家之间的权力距离，将这种权力距离始终保持为一个霸权国认为是安全的常数。[②] 在霸权国看来，任何一个国家，尤其是传统大国，只要它与霸权国之间的权力差距在缩小，并且超过其自己界定的临界值，就形成了对其的威胁。根据霸权护持的理论，霸权地位的稳定与否在很大程度上取决于霸权国与挑战国之间的权力差距。这个差距越大，霸权国就越感到安全。而要保持这一差距，简单地说有两种方式：一是增强自身的权力，二是削弱挑战国的权力。在霸权国相对实力下降时，削弱对手实力的行为，其意义就不亚于甚至胜于增强自身的实力。当前，美国霸权出现衰落态势，这使得美国在此后的霸权护持中更多地使用削弱中国的权力护持方式。[③]

作为现存国际体系的主导者，美国的国家利益与其在国际体系中的霸权地位紧密联系在一起。在中国逐步走向强大的过程中，美国对中国形成的错误知觉，较为主流的是关于“中国威胁”的负面认知，即认为中国的发展将会对地区乃至世界构成威胁，崛起的中国将成为对现行国际秩序不满、企图挑战与突破现行国际体系的挑战者。冷战后，美国成为世界唯一的头号强国，并凭借强大的实力，建立了全球性的军事联盟系统和经济发展秩序，从而形成了以美国为霸权国的国际霸权体系。苏联解体后，美国全球战略的侧重点虽然经历了不断的调整，但是其全球战略的最终目标并没有发生根本变化，就是确保美国的唯一超级大国地位和

---

① 罗建波：《美国霸权：一种制度的分析视角》，《河南师范大学学报（哲学社会科学版）》，2003 年第 3 期，第 30—34 页。

② 秦亚青：《霸权体系与国际冲突——美国在国际武装冲突中的支持行为（1945—1988）》，上海人民出版社，1999 年版，第 136 页。

③ 杜雁芸：《美国介入台海事务的动因分析》，《理论界》2008 年第 9 期，第 199 页。

建立由美国主导的国际体系，防止出现任何新的全球或地区性大国对美国的霸权地位提出挑战。因此，美国战后对外政策的重点就是遏制可能对美国霸权地位形成挑战的主要挑战国或潜在挑战国。而当前中国的迅速崛起使美国不得不对自己在国际力量格局中的主导地位表示担心，这种担心必然要影响到美国对中国国际角色的认知，从而使它的认知重新回归到不和谐的状态。众所周知，美国的安全诉求是同消除潜在的挑战与威胁紧紧联系在一起的，美国利益的核心是美国的霸主地位不受到挑战。而中国的崛起又使美国现实地感到中国的全球影响力正与日俱增，中国最有可能成为美国霸权的挑战者，无疑就必然要成为美国防范的目标，甚至是“假想敌”。

美国将中国锁定为“霸权的挑战者”，此种错位认知不仅取决于国际社会结构的物质方面，而且也涉及到国际社会结构的社会方面。1. 所谓结构的物质方面，是指各行为体在一定社会中所处的相对位置，以及它们之间物质实力分配状况。① 美国霸权护持的模式主要体现在全球和区域层次上，目前采取的更多是区域层次上的护持。苏联解体意味着次强国家的消失，原本属于第三层次的区域主导国家上升为第二层次，虽然它们对霸权国地位的威胁没有那么严重，但是从位置上看，它们更接近霸权国。从霸权国的逻辑与认知角度看，霸权国与区域强国是相互转化的，霸权国首先是区域强国，随着权力的增长，这些区域强国对建构在霸权国实力与意志基础上的霸权体系的不满程度就会与日俱增，当打破现存体系的收益大于成本时，这些区域强国就会倾向于打破现状。这种情况即使不是在全球层面出现，但是由一个区域大国主导的区域也会要求系统的霸权国付出更大的精力和资源来对这个区域加以控制。因此，即使一个区域大国完全没有称霸区域与世

① 倪世雄：《当代西方国际关系理论》，复旦大学出版社，2001 年版，第 224 页。

界的野心，但是从霸权国的“理性”角度分析，这些区域强国对其区域霸权与世界霸权地位的潜在威胁是明显的，等到这些区域强国上升为区域霸权国时，自己再付出更多的资源去对付它是不明智的。美国政府对中国的崛起持有“中国不确定论”，认为中国正处在战略抉择的十字路口，既有可能和平融入现存的国际秩序，也有可能追求在世界范围内获得支配权，“一个安定而强大的中国将不断威胁亚洲的现状”。[①] 因此，如何遏制潜在的挑战国中国，使其不会或没有那么快成为区域霸权国家乃至世界霸权国尤为迫切。2. 从社会结构看，美国认为：“中国……在历史上是个主要强国，把自己的国家视为全球的中心。中国的各种选择已经开始影响亚洲的地缘政治力量分布，而它的经济发展势头必将使它有更强的物质实力和更大的雄心。”[②] 而美国是当今世界唯一的超级大国，对国际事务有着其他国家无法比拟的影响力。这不仅由于其无以伦比的军事和经济实力，还因为美国是现存国际体系的最大受益者，通过制定和操纵国际制度和舆论力量使其主导地位合法化。因此，美国把国际秩序的稳定当作是自己的霸权地位的稳定，对于有可能造成国际秩序变动的因素，都看作是对自己霸权地位的挑战。加上涉及到体制差异和长久以来意识形态方面的冲突，缺乏相互信任仍然是中美之间的核心问题，美国很自然将中国视为一个最主要的潜在战略竞争对手，中国的崛起对美国全球战略的冲击被看作结构性的、不可调解的。所以美国的决策者谨慎认为，“我们需要维持美国在该地区的实力，以防中国最终走的道路

---

① 陆建人：《布什的新亚太战略及其对中国的影响》，载《联合早报》（新加坡），2001 年 7 月 5 日，http：//www. zaobao. com/special/china/sino_ us/pages2/sino_ us050701b. html。

② ［美］兹比格纽·布热津斯基：《大棋局——美国的首要地位及其地缘战略》，中国国际问题研究所译，上海人民出版社，1998 年版，第 60 页。

不符合我国利益”。[1] 2007年的一次以“希望和恐惧：美国人和中国人对彼此的看法”的民意调查也证明了这一点：1/3的美国受访者和45%的中国受访者相信华盛顿“正在努力阻止中国成为强大国家”[2]。这也决定了美国始终防范崛起的中国会成为“反体系者”，进而成为美国霸权地位的“候补”。因此，美国政府在欢迎中国承担更多国际责任的同时，也试图以它主导的国际规则来“规范”和限制中国的国际行为，延缓中国的发展速度，防止中国进而消除中国挑战美国霸权的潜在威胁。美国政界认为中国目前尚不能构成美国的现实威胁，正是对它实施遏制的最佳时期。

二、美国国内政治竞争的需求

一个国家的对外政策既是基于对国际形势判断的抉择，也是对于国内政治做出的反应。人们通常所说的“外交是国内政治的对外延续”，就是指国内社会环境和结构是制约和影响一个国家对外政策的主要力量。如果国内环境确定了，即便是不同的领导人在同样环境下也会做出同样的决定。有学者认为，美国的外交政策部分由美国国内的需要、国内政治体制中所提出的政治诉求以及制定美国外交政策的程序所决定。美国对华政策上的政治议题，首先根源于其国内政治竞争的需要，其次是对外输出制度的冲动，而其最终目的是为了维持其全球霸主地位不受挑战。因此，美国政府对中国国家形象产生认知偏差，不仅仅出于全球战略的考量，还基于许多国内的政治需求。王缉思认为：“我们研究美国外交或全球战略的最大体会，就是它的对外战略是由国内政治决定

---

① 柯庆生：《美中外交关系现状》，2007年2月在美中经济与安全审议委员会听证会上的证词，http：//usinfo. state. gov/xarchives/disp lay. html？ p = pubs-chinese&y = 2007&m = February&x = 20070307154842 ibnij. 4213678.

② JIM LOBE. Two Countries，One Survey · 2007 - 12 - 17 · http：//atimes. com/atimes/China/IL12Ad01. html.

的。……是美国国内政治对外交的投射，也因此而一般地强于其他国家的情况。”①

所谓“中国形象”，就是决策集团在博弈各方对中国不同认知基础上的整合形象；所谓“对华形象认知”，就是决策集团综合国内博弈各方的意见和要求并形成的共识。美国朝野存在着对政府政策进行牵制的各种力量，各种势力会从本身的立场和利益出发对政府施加压力，从而影响美国政府的对华认知。冷战后，基于维护唯一超级大国地位的影响力，美国内政与外交的界限越来越模糊，两党轮流执政及三权分立政治体制时常反映到对外政策上，从而影响与其他国家特别是中国的关系。总体来说，美国政府处在对华政策的最前沿，而且行政当局着眼于整个美国的利益，因此对对华关系采取相对较为务实的态度；而国会议员更多关心本选区选民的态度，他们习惯于与政府唱反调，以取悦于某些利益集团，因为有些团体（如反华的人权组织）其生存就依赖于公众对中国的不满情绪；以社会批判者自居的媒体则喜欢利用甚至制造矛盾来获得新闻噱头，吸引观众，由于其独立的地位和在政府决策中的重要影响力，更由于大众对外交事务的无知和淡漠，使得公众舆论几乎完全受到媒体的主宰；各种利益集团出于利益驱动抹黑中国，军工集团热衷于渲染“中国威胁论”；部分商业集团和劳工组织惯于针对中国出口和人民币汇率等问题发难；部分人权、环保、气候利益集团依靠营造中国的负面形象生存；“藏独”、“疆独”、“台独”等敌对势力则利用西方主流媒体及影视、图书等大众传媒来实现其矮化、诋毁中国政府形象的目的。多年的渲染导致民众逐步形成一种根深蒂固的思维模式，这更加限制了政府行事的自由度，甚至那些偏见较少的议员有时也不得不屈从于所谓民意的掣肘。傅高义曾经指出，很多美国议员接踵访华，可他

① 王缉思、李晓岗：《霸权梦一美国的全球战略》，厦门鹭江出版社，2000年版，第1页。

们都不愿发表公开评说，就连一些专门研究中国的学者，也不敢正面说出自己的看法。原因是，这些人都担心会遭到舆论指责，说他们有意接受中国钱财，或同中国拉关系。① 在美国，特有的权力制衡和选举体制决定了美国政府的认知结果，这集中表现在政界内部，政界与媒体、公众舆论之间的折中与妥协。这就使政府、议员、利益集团及媒体陷入了一个对中国形象认知偏差的恶性循环中。

第一，国会议员为了争取选民和利益集团的支持，将反华气氛引入美国政界，强化了决策者的中国“威胁”认知。

在美国三权分立的政治体制下，行政部门、立法机构和司法部门之间既相互独立，又相互依赖和竞争。总统不能左右国会的工作，而国会也没有义务必须要听从总统的建议。正是在这种权力分享的情况下，达到权力制衡的目的。由于总统和国会议员的选民基础不一样、各自有不同的架构和部门利益，以及专业知识和信息掌握的不同，所以处理问题的角度就会有所区别。美国国会议员为给赢得竞选连任打基础，往往更关注选民身边的事情，所以一般不具备从整体角度看待国家外交利益的背景和职业训练。因此，在对待外部事务、评判中国的国家形象时很少顾忌，基本不受外交口径的约束。此外，国会中的议员分属不同利益集团，代表了不同利益集团的利益，各类利益集团为了实现其特定的目标就会积极地通过议员影响美国的立法和其他决策。由于大部分国会议员对中国的认知相对比较负面和敌对，致使国会通过许多不利于中国的法案和议案，如损害中国主权的《台湾关系法》与干涉中国人权的《西藏议案》。美国的选举政治使候选人不得不利用对外政策的一些象征性问题（如中国人权和计划生育问题），以此引起选民的共鸣，来争取民心。美国的反华认知及做法，其原

① 刘海平：《世纪之交的中国和美国》，上海外语教育出版社，2000年版，第9页。

因除了存在极端反华情绪外，主要由于当前国际媒体炒作起来的中国热，使得中国议题比较能够引人关注，能够给议员带来政治加分，议员抓住中国问题不放，难免带有更多投机心理。这些因素的作用结果往往使那些头脑冷静、顾全大局的政客议员，不敢为中美关系说句公道话，生怕被反华分子贴上“亲华”标签而断送政治前程。

国会对华形成错误的认知，原因是多方面的。其一是意识形态因素。他们通常带着有色眼镜来看待中国，认定中国是“非我族类”，会对美国构成威胁；其二是国际知识有限。冷战结束后，国会更新换代，不少熟悉国际事务的资深议员纷纷引退，而年轻一代的议员则缺乏外交常识和经验，对华认识几乎是空白。据统计，1992 年以来进入国会的议员有 60% 没有护照，就更不要说出过国了。其三，与总统相比，国会议员更容易受到美国国内消极氛围的影响。其四，国会议员出于自身政治利益考虑，为了捞取选票而在对华问题上“作秀”，肆意攻击中国。实际上，他们中的不少人抱有这样的心理，反正不是直接的对华决策人，态度过激一些问题不大，只要可以讨好选民就行。这在那些来自保守反共选区或选区内劳工组织力量强大的国会议员身上尤为明显。时至今日，尽管一些国会议员已经认识到对华关系的重要性，但国会并没有实质性改变对华的基本态度。可以预见，未来国会的消极立场还会对美国的对华政策产生牵制作用。

总体上讲，国会对华政策话语权并不很大，其对华消极立场和态度没有成为美国对华政策主流，并不能从根本上扭转中美正常的经济、政治和外交关系。虽然国会反华声音不绝于耳，反华议案接连不断，但其中的绝大多数最终不了了之。然而，后冷战时期，国会逐步强化其在对外政策领域的影响力，国会的决策地位进一步上升，其对华负面认知在政府决策层的渗透日益明显。国会不时举行听证会，通过法案或者没有约束力的决议案，对行政部门施加压力。经常出现的局面是，行政部门在出台政策之前，就不得不事先考虑国会的反应。国会在涉及中国领土主权（如台湾、西藏、香港、南中国海等）、人权（计划生育、宗教信仰、劳改产品等）和军控问题上不断插手，指责中国政府。数年来围绕中国最惠国待遇的讨论和1995年李登辉访美事件都是国会发挥重大作用的体现，而后者更是给中美关系造成了重大冲击。另外，国会议员对中国的错误认知，间接导致更为恶劣的影响。国会的一些对华决议对美国行政当局没有约束力，却有损中国的国际形象和利益。国会争夺对华话语权主要通过组织有关国会中国小组及举办中国问题听证会的方式表达对美中关系的关注，影响政府的对华决策过程。涉华听证不仅次数多、规模大，而且涉及范围广，在与国别问题有关的听证会中可谓独一无二。每次听证会都邀请有关方面的专家学者等前来作证，他们的观点都对议员的立场产生影响。与举行听证会具有同样影响的，就是提出有关中国问题的议案。整个国会山上的反华气氛就这样一点一滴地积聚起来了。由此，许多议员为了争取更多选民的吸引力及利益集团的支持，试图将反华气氛引入美国政界，而此种行为进一步强化了决策者的中国“威胁”认知。

第二，美国利益集团为了自身利益，大肆渲染“中国威胁论”，向美国政府施压。

利益集团政治在美国对华关系中的作用日益凸现。近年来中美关系波折不断，在美国对华政策的背后都不难发现利益集团活动的影子。利益集团在美国政治中的地位由来已久，是美国政治运作的一个重要特点。世界上没有哪个国家的利益集团像在美国那样扮演如此重要的角色。国会在对华决策中扮演了消极角色，之所以如此，除了意识形态和迎合国内舆论等原因外，最重要的因素是它更容易受到利益集团的影响。美国政治就是利益集团政治，尼克松曾经说过，每一项外交政策的出台都受到一个或几个利益集团的影响甚至控制。因此，如果不对利益集团的角色做出准确的剖析就无法描述和理解美国的政治过程。受人权价值观分歧和利益冲突的驱动，利益集团对中美关系的影响涉及台湾问题和人权问题，以及贸易争端等方面。积极鼓吹“中国威胁论”的利益集团包括美国制造业工人组织，还有同样为保持既得利益的大型军工企业集团等，美国政府之所以多次突破中美关于售台武器的协议，在某种程度上就是对上述利益集团的妥协。

1. 在对华贸易上，美国制造业工人组织极力渲染“中国威胁论”。美国贸易政策的制定权是在立法部门的国会，而不是行政部门的总统。国会议员由各选区或州选举产生，自然要对本选区选民或利益集团负责。因此，国会议员对外交政策所持的立场很大程度上受利益集团的偏好左右。由此，国际贸易问题变成了地方问题、地区局部利益问题。可见，狭隘的贸易保护主义的滋生皆因制度使然，尤其是在中国对美贸易大额顺差的情况下，各个利益集团更会联合起来对美国的对华贸易政策指手划脚，努力在国会中寻找“代言人”。由于这些利益集团能够引起足够多的议员关注、拥有大量的代言人、通过游说或利益交换获得足够的支持，中美贸易摩擦必然会长期存在。几年前，当美国国内就给予中国永久最惠国待遇激烈讨论时，受到的最大抵制和阻挠便是来自素有美国“票仓”之称、代表美国1300万工人权益、对美国政坛有强大影响力的美国制造业工人的利益集团：劳联—产联。该组织向来是美国自由贸易政策的反对者，他们认为中国入世会加剧美国的“工作输出”，他们还声称中国以低廉的劳动成本和廉价的劳动力优势向美国国内市场倾销产品，使得美国的工业会大规模地转向中国，而造成美国数以万计的就业岗位流失。因此，以中国的人权问题和劳工待遇问题为借口在国会大力游说，更辅以游行、示威、罢工等手段相威胁，对国会决策施加影响。

2. 美国军工利益集团需要依靠夸大中国军事力量和曲解中国战略意图来维持和拓展自己的产业。美国从强权政治的观点出发，认为要确保美国的全球霸权，必须拥有绝对的军事优势，这就造就了极具影响力的军工利益集团。美国军工利益集团是由军工企业、部分国会议员、“鹰派”学者、军方组成的军工综合体，其势力强大。军工利益集团的利益实现就在于美在面临严峻安全威胁的情况下，政府对防务的大笔拨款。冷战结束后，国际形势趋于缓和，美国军工综合体亟需寻找新的敌人以实现其自身利益。而当前恐怖主义的存在还也不足以让军工部门获得大笔拨款，为美研发太空武器、先进战机、导弹防御系统这些主要用于威慑大国的武器提供充足理由。由于中国军事现代化的发展、中国作为崛起大国的特性以及中美政治体制文化的差异，中国就成了美国军工综合体理想的假想敌。军工利益集团通过煽动“中国威胁论”，将这种错位的认知扩散到各个环节，以便“名正言顺”地扩充美国的军备，增加美国的军费开支，提高美国军工企业的研发力度。2008 年 2 月 13 日，在美众院军事委员会关于美全球威胁的听证会上，军工集团的代言人、众议员亨特就大肆鼓噪“中国军事威胁论”，称中国军事现代化是美心头大患，中国公司并购美高科技企业意在获取美国的高技术，并认为美国防部 2009 年防务预算中关于应对中国崛起的拨款太少，需要大幅增加。[①] 军工利益集团就是要大肆渲染美国在全球面临的威胁，大肆渲染中国对美国构成的威胁认知，以便让国会能够通过其庞大的防务预算，争取国防部更大的军费开支，提升美国国防部和军队的地位。

第三，美国政府对中国形成的认知偏差还取决于总统及一些主要官员的对华态度。

从个人角度而言，美国的领导人由于不同的成长经历、受教育背景、权力来源和公共服务的对象，必然会产生不同的对华认知。例如，小布什上台之初，将中国国家形象定位为“战略竞争者”，这同其自身的“牛仔作风”相关联。小布什本人对中国的认识了解不深，又受到持不同政见的助理和官员的影响，在定位中国形

① Hearing of The House Armed Service Committee on Global Security Assessment, 2008 - 02 - 18. http：//www. dn. i gov/testimonies/20080213_ transcript. pdf.

象及处理中美关系时疏于全局考虑和长远计划，其政策行动只顾一时一事，并未审慎从事、顾及影响后果。

小布什政府对华认知偏差也与政府高层官员缺乏中国背景和经验有关。比如小布什政府第一任期，美对华态度强硬，这在一定程度上是因为国防部由拉姆斯菲尔德、沃尔福威茨等“鹰派”人物把持。拉姆斯菲尔德甚至不顾“9·11”以来中美关系的良好发展势头，以中国缺乏透明度与互惠措施为由，对中美军事合作横加限制；而第二任期内的政府官员对中国相对比较了解，这也决定了其对华态度更加温和和务实。在对华交往中，副总统切尼认为美中关系总体不错；副国务卿佐利克曾在老布什政府时期担任国务卿贝克的顾问，对知识产权、加入 WTO 等一些列美中贸易问题拥有相当经验，其更注重对华政策的现实性；小布什任命的驻华大使雷德（驻中国时间最长的大使）引导着政府的对华政策趋于合作而非对抗；而与“鹰派”的国防部长拉尔斯菲尔德相比，盖茨、马伦、基廷成为小布什第二任期对华军事决策的三驾马车，他们的意识形态色彩相对淡化，对中国态度较为温和，政策理念上更为务实。盖茨就坦言，中美作为不同意识形态的国家最好是接触；马伦表示，中美两国有着广阔的合作空间，他支持中美两军深入交流、扩大合作；基廷认为，举行联合军演、面对面讨论、军官互访是推动两军交流的有效途径。[①] 由他们组成的美对华军事决策团队，在小布什第二任期内，降低了五角大楼长期以来对华的“鹰派”声调，减少了对华认知的误差，有利于美制定推进合作、务实的对华军事政策。

第四，基于竞争需要，美国两党不惜以歪曲中国作为其竞选的政治资本。

---

① Statement of Admira, l Timothy J. Keating. U. S. Navy Com-manderU. S. Pacific Command Before The Senate Armed ServicesCom-mittee on U. S. Pacific Command Posture, 2007 - 04 - 24: 5. http: //www. pacom. mil/speeches/sst2007/070424-keating-sasc-fy08-officalstatment. pdf.

美国是一个两党制国家，共和、民主两党轮流做庄，上台执政。这种架构同样会对美国对华政策产生影响。从对外政策的风格上看，民主党人的理想主义色彩浓厚一些，强调和平演变、民主、人权、西化，在对社会主义国家政策中侧重于“软”和“诱”的一手；而共和党则侧重现实主义，注重实力原则，主张增强军事实力，加强西方同盟，对社会主义国家进行战略包围和意识形态攻势。从本质上来说，两党并没有太大的区别，都是为了维护美国的国家利益。不过，在美国国内政治中，外交政策虽然不像国内政策那样争夺激烈，但由于中国本身的特殊性，所以对华政策经常会成为双方政治斗争的牺牲品。有时各党派为了自己的政治利益而带着狭隘和偏激的情绪来歪曲对华事实，对华态度往往成为政府推脱责任的借口和党派斗争利用的工具，例如杜鲁门政府时期的“麦卡锡主义”。而到了1972年，尼克松之所以敢于访华的一个客观条件，就是他是一个保守反共的共和党人，不怕国内各方的指责。这种政党政治还体现在行政部门与国会之间的关系上。当白宫和国会都是由一党主导时，白宫和国会之间就相对融洽；反之，则争夺趋于激烈。1999年，轰动一时的《考克斯报告》的出台，在很大程度上也是党派政治的产物。另外，每次美国大选来临时，两党根据国内大选的政治需要，都要通过迎合国内反华势力，捞取一些政治资本，把对中国内部事务的指责作为本国政治斗争的筹码。两党的候选人为了迎合选民打“中国牌”，中国成为双方互相攻击的“替罪羊”。例如，1992年美国总统大选，民主党人克林顿数次抨击布什总统的对华政策是“不明智的而且是不成功的”，是对中国的“过分骄纵”；而克林顿上台后，共和党人反过来又指责克林顿对华采取“绥靖政策”；小布什竞选时同样攻击克林顿对华太软弱；在2008年的总统大选中，中国再次成为竞选广告丑化的对象。

2012年美国大选最先打出“中国牌”的是罗姆尼，其在弗吉尼亚州举行竞选活动时，宣称中国政府刻意压低人民币汇率，导致美国制造业工作机会流失。在共和党竞选辩论中，罗姆尼说："中国正在偷走我们的知识产权，我们的专利，我们的设计，我们的技术，我们的商标。他们入侵我们的电脑，不仅从公司电脑里面窃取信息，而且从政府电脑中盗取情报。而且，他们还操纵人民币。"① 罗姆尼宣称在当选为美国总统的第一天，就要给中国贴上操纵人民币汇率的标签，并且在知识产权剽窃方面对中国宣战。面对对手挑战，奥巴马不甘示弱，他说自己已采取极大努力抑制"中国不公平的贸易惯例，已在 WTO 对 7 起涉华贸易案件进行投诉"。与此同时，奥巴马还强调，要在 WTO 申诉中国对美国汽车不平等地征收关税。大选进入倒计时，罗姆尼连续攻击奥巴马对中国"太软"，奥巴马则反唇相讥称罗姆尼"出口美国工作"，嘲讽罗姆尼说要阻止中国偷走美国技术，自己却投资助长中国的盗版。美国两党候选人打"中国牌"，其实是为了缓解失业大军的抱怨，转移选民对美国经济复苏缓慢的不满，捞取选票。昆尼皮亚克大学民调学院助理院长布朗说，在今年这种经济话题占据主导地位的选举中，将中国和中国产品作为"打击目标"可能赢得一些选民的青睐。尤其是当前美国经济复苏乏力、失业率居高不下，民主、共和两党都拿不出让选民信服的经济振兴计划，找个"替罪羊"来转移选民视线显然是一个简单、有效的方法。

但随着中国在美国外交中的地位不断上升、美国对中国的依赖性加大，以及美国的两党政治呈现一种弱化的趋势，当前美国的两党对华态度相对客观公正，在总统选举中利用中国打击对手的戏份相对减少。《经济学人》评价称，美国总统候选人竞选时总是对中国充满愤怒，但是当真正入主白宫时，就会变得更加平和。4 年前，奥巴马承诺给中国贴上操纵货币的标签，与 2012 年罗姆尼的宣言如出一辙，但是奥巴马没有这么做。虽然人民币也在不停

---

① http://www.china.com.cn/international/txt/2012-07/31/content_26068635.htm.

升值，但最重要的原因是，与如此重要的贸易伙伴和美国国债第一持有者为敌，看起来绝非明智之举。美国战略与国际研究中心的中国问题专家克里斯托佛·约翰逊也表示，罗姆尼对中国的攻击性言论符合美国一贯传统，“很多美国总统喊着对中国强硬的口号上台。但是一旦他们真的入主白宫，了解中美双边关系的实质后，他们就会意识到情况比想象中的更加复杂。”①

由此可见，在美国的总统大选中，为了吸引眼球和赢得更多的支持，打“中国牌”通常是候选人安全且有效的选择之一。尤其是美国现在经济低迷，复苏乏力，将原因归咎为“中国不公平的竞争”，更成为了几位有意参选的候选人手中不二的“武器”。这种大张旗鼓地歪曲中国形象的做法，误导了政治精英及民众对中国的认知，在美国民众头脑中加重了“中国威胁论”的印象。

第五，基于“消费主义”的动机，美国媒体有意误读中国形象，这会影响美国政府形成政策见解的客观基础。

20 世纪 90 年代以来，西方世界的新闻理念出现了变化。所谓的消费主义在很大程度上可以归结为在竞争压力下，媒介适应市场压力的结果。新闻的消费主义理念突出新闻的消费性特征，即实用性，迎合受众需要。“消费者驱动新闻”（Consumer-driven-journalism）的一系列制作理念出现变化。消费主义的一个明显的结果是，努力使新闻成为与人们日常生活有关系的东西，同时避免对受众的智力形成挑战，在这样一个新闻竞争空前激烈的时代，消费主义导向无疑有它的合理性。但消费主义的另一面是，在高视听率的驱动下，最有视听率的新闻类型取代媒介的文化品位和政治功能。“导致媒介对现实事件有意识地选择和排斥，使能够娱乐观众、在低层次上满足受众感官需求的媒介产品销路极好。”②

① http://www.china.com.cn/international/txt/2012-07/31/content_26068635.htm.

② 黄晓芳：《媒介公信力与视听率、发行量》，《新闻记者》2000 年第 8 期。

因此，商业化运作是媒体取材、评论的重要视角。而广告收入对媒体的正常运转起着至关重要的作用，为了吸引更多的广告商来购买版面或时间段，媒体就需要报道最有吸引力的新闻事件来吸引观众的眼球，以此提高收视率。因此，为适应消费者口味，美媒体在报道国际事件时就会倾向于选择高冲突事件来报道他国。国外新闻大多是远效信息，功利价值不明显，吸引力不如国内新闻。因此，媒体在选择时不得不考虑吸引受众兴趣，无形中更突出变异性和冲突性，无疑高冲突性事件更具有吸引力，市场“营销力”要好得多。但是，由灾难、动乱、政变、趣闻结构起来的他国形象毋庸置疑可能偏离他国真实。特别是争端和冲突，有着更为复杂的根源，需要充分的资料才能理解。国内事务报道由于受众有熟悉的文化环境，有平常源源不断的相关报道作为背景，相对不容易造成误解。而国外事务，媒体往往在发生了事件才进行报道，缺乏日常报道的连贯性，因而缺乏足够的解读线索。美联社北京分社社长韩村乐（Charles Hutzler）承认，“有争议的新闻的确有助于提高报纸的销量，同样，那些不引起争议的报道很快就被人们遗忘。当我对重大事件进行报道时，比如中国使馆被轰炸后北京爆发的示威游行，我写的有关报道会发表在美国各大报纸的头版。假如我写一篇关于中国出版业的报道，当然也会被发表在美国报纸上，但是没有很多人会注意它。媒体是商业行为，这一点很重要。”① 美媒体不仅寻找国外“热点”，还出于某种需要制造“热点”。媒体设置的国外议题往往与对象国的实际议题不符合。以中国报道为例，西方媒体最关注的是中国人权问题、宗教问题、核威胁、台湾问题、西藏问题等。中国民众最关心的议题与其切身利益关系密切，前 8 项依序为：经济建设、社会治安、环境保护、腐败问题、就业问题、加入世贸、交通问题、两

① 肖欣欣、刘乐耕：《世纪末的一场对话——中美主流媒体记者、专家、学者座谈纪要》，《国际新闻界》2001 年第 1 期第 5 页。

岸关系，[1] 与中国媒体的议程设置基本切合，排序有区别，但与西方媒体的中国议题设置却出入很大，然而国外公众基本上依据这些议题来认识中国。

由于市场的压力，美媒体依照既定模式报道国际新闻，采取简化和标签化的方式报道中国的事务。多年来，西方媒体对西藏问题有一个先入为主的认知与判断：西藏应该“独立”，中央政府不允许西藏“独立”，就是压制民主与自由。拉萨“3·14”事件发生后，美国媒体最为了解当地民众关注“西藏问题”、同情达赖和藏独势力的心理，美国民众的西藏心结和长期思想定势使得媒体不断迎合和满足民众的心理需要和对新闻信息的需求，通过其新闻报道，刻画出一个“神圣而又受难的西藏”；进而鼓励政府关注“西藏问题”，支持达赖和流亡藏人团体的要求，向中国政府施加压力。“3·14”事件同时满足了西方媒体猎奇的行业特点，所谓“汉藏冲突”、“西藏局势动荡”和“侵犯藏民人权”等话题是他们极为感兴趣的，也是他们认为最能够吸引公众眼球的新闻内容。美媒体抓住此卖点，展开丰富的想象，运用各种手段和伎俩进行舆论操纵，其中不乏张冠李戴、移花接木、刻意裁剪、添油加醋等行为。正是由于美国媒体的如此操弄，密集的新闻报道和负面评论的出现，调动了美社会的民间情绪，掀起美社会的反华舆论和反华声浪。

在国际事务上，美国媒体与精英人士存在较多的联系和相互影响，媒体会影响有政策影响力的精英。美国三大精英集团——政府、主流媒体和大型公关公司彼此存在着频繁的人员交流关系。几乎所有的美国参众议员都是今天在朝，明天在野，在野就是做公关游说工作。而公关公司的成员也都是经常在白宫或者地方走动的专业新闻记者、国会议员、政治顾问。他们经常是从原职转

① 张国良等：《中国传媒“议题设置功能”现状分析——我国首次就“传媒议题设置功能”进行抽样调查》，《中国新闻学评论》2001年。

到公关公司或媒体，又从公关公司或媒体回到原职。如此进进出出，和他们活动的对象都是难分彼此的圈内人，因此他们所发挥的作用也是其他人所无法达到的。美国学者迈克尔·帕雷恩蒂把这种“这边进那边出”的现象形象地比喻为“旋转门”。[①]应该说，政界、新闻界和公关界之间关系是相互影响，相互渗透的：

首先，主流媒体被看作是精英的一部分，而且其影响更多地是通过其他对外政策精英阶层实现的。实际上，那种影响大多是通过间接形式——国会、使馆、学界——实现的。需要指出的是，精英舆论和媒体的相互作用，并非与大众舆论没有关系，而是以整体的公众舆论为背景展开的。媒体通过大量的报道，改变和影响大众的认知，形成公众舆论，在西方的政治制度下，政府是不可能置“民意”于不顾的，这些报道也就构成了西方国家政府制定其内外政策的重要舆论环境。同时，媒体与其报道对象和受众是相互影响的，媒体很容易被政府或精英阶层利用来迎合公众。著名记者们认为，“他们的作用不仅在于叙述故事，而且在于提高公共话语的水平，或者说，改进政治阶层内的自我对话方式”。[②]前法新社社长莫伊赛（Claude Moisy）总结说：“不管喜欢与否，有那么一个领导阶层，包括政客、官员、教育家、记者和作家等，他们在某些问题上影响公众，引导或误导公众支持政策决定。即使在大众传播的时代，日常国家对外关系在相对冷漠的公众的默许下，仍然是一小批知情的权势阶层的领地。”[③]

其次，媒体报道外交事务的信息源多为政府官员和精英。从新闻形成的角度看，外交政策方面的消息主要呈政府—精英驱动模

---

① Herbert N. Foerstel, *From Watergate to Monicagate: Ten Controversies in Modern Journalism & Media*, Greenwood Press, 2001, p. 52.

② Jay Rosen & Paul Taylor, *The New News vs the Old News—the Press and Politics in the 1990s*, Twentieth Century Fund Press, 1992, p. 38.

③ Claude Moisy, *The Foreign News Flow in the Information Age*, Harvard University, 1996.

式。媒体一般是按图索骥，主要依赖官方的信息，同时寻找不同意见。当政府内部的分歧扩大、精英阶层出现冲突的时候，媒体就会提供更多的消息；反之，媒体的报道就趋向枯竭。媒体上的消息又受到政府新闻管理（news management）或公共关系的影响。一些智库和学者在“中国形象”问题上日益扮演舆论领袖的角色。媒体在向公众进行新闻报道或评论时，需要借助智库和学者的观点及研究成果来增强报道的权威性。与此同时，智库也利用媒体平台，将其“研究结果”以舆论形式进行传播。双方是一种双向依赖的互利关系，智库“借船出海”，媒体则“借力而行”。

再次，政府和精英也非常重视媒体的报道，并想方设法对其施加影响。媒体可以影响普通公众的意见，但由于公众大多数情况下并不关注政治，不留意媒体上的信息，媒体对公众舆论的影响仍然有限。相比之下，媒体对于决策者、有政策影响力的人和关注政治问题的公众影响更大。因为外交政策精英们，包括政府官员，相当依赖有影响力的媒体，也更努力去影响媒体的报道。在媒体、公众舆论和决策者的关系中，值得注意的一点是，决策者总倾向于从媒体上寻找政策反馈，把媒体的报道等同于公众舆论，并加以利用。有人说，“官员们依赖记者和评论员，以快速了解公众的想法。结果，传媒不仅影响公众舆论，传媒在官员眼里就成了公众舆论。一部分官员激起公众的反应、公开民意测验结果、试图影响媒体上的舆论制造者，都是为了让另外一部分官员明白公众支持某项政策。”① 由于媒体被很多政府官员认为有日益巨大的影响力，所以政府官员对媒体的利用和管理愈发加剧。“新闻管理”是一个经常看到的词汇。美国政府各部门几乎都有专门的公共关系或新闻办公室，议员则有一个或多个处理与媒体关系的助手。不管是行政还是国会，都经常向媒体散发大量资料，以影响

① Maxine Isaacs, *The Independent American Public*, University of Maryland at College Park, 1994, p. 128.

传媒。

最后，敌对势力会利用公关公司与媒体的紧密关系来抹黑中国形象。为了经济利益，公关公司和智库不惜通过专业手段影响媒体涉华报道来达到其目的。他们常用以下手段扩大传播效果：一是用“撒网”的方式向数量众多的媒体提供大量精心准备的“消息材料”；二是与记者形成利益链条；三是在民意调查中，公关公司刻意选择有反华倾向的受调对象，并且获得其希望的结果，再将结果提供给媒体；四是发挥中介作用，联系“合适”的媒体进行采访。

由此可以看出，基于“消费主义”的动机，以及西方媒体涉华舆论背后盘根错节的利益关系，美国媒体有意误读中国形象，而美国媒体与政府关系又十分密切，由此会影响美国政府形成政策见解的客观基础。

三、美国输出价值观、意识形态的需求

美国政府的“中国意象”变更主要取决于美国的全球战略利益考量和自身国内利益需求，但也有意识形态和情绪等因素起作用。M. 贝科威茨曾指出：“对于任何地方出现或可能出现的共产主义的扩散，美国对外政策必须采取继续抵抗的立场；这种信念左右了我们对外政策的一切决定，限制了选择办法的范围，并规定了抉择的政策……事实上，可以有把握地说，战后时期几乎每一项重要的美国对外政策决定，都是对某一觉察到的或明显的共产主义威胁所做的反应。”①

王缉思提出：“研究一个国家特别是大国的外交政策，必须联

① ［美］M. 贝科威茨：《美国对外政策的政治背景》中译本，商务印书馆，1979 年版，第 237—238 页。

系该国的政治传统、价值观念、以至广义上的文化来进行考察。”① 美国外交传统的形成深受美国政治文化的影响。所谓“政治文化”是指影响人们的政治态度与行为的信仰、思想、习俗、准则、惯例等等，往往存在于人们的意识之中，潜在地对人们形成约束。② 美国政治文化的核心是新教伦理观念和自然权利思想，正是在欧洲启蒙思想和基督教清教的影响下，美国人形成了个人自由、“天赋人权”、民主的思想理念和富于冒险、讲求实际的精神，也形成了看待世界的独特方式，这在其对外政策上突出表现为“美国例外”论。“美国例外”论（American exceptionalism），是指自建国以来，美国人就坚信美国是特殊的国家，美国代表着进步和未来世界最好的社会模式，应该宣扬美国价值观、美国制度以及美国生活方式的独特性、优越性及其对全世界的典范意义。“美国例外”论赋予了美国人在处理国际关系与外交事务时有一种强烈的道德优越感，而这种优越感驱使着美国总是要展示甚至炫耀“美国榜样”，认为与欧洲相比，美国不仅有更多的自由和更完善的民主，而且美国就是“全世界政治再生”的天然代言人。另外，“美国例外论”还体现在美国人自认为是具有特殊使命的特殊人民，是“上帝的选民”，负有神圣使命，美国有责任向外推广其价值观、制度及生活方式，以拯救其他受苦受难的人民。因此，美国的对外政策自然包含着一种超越国家疆界的强烈使命感，一种传播美国梦和美国价值观的义务，一种依照美国模式建立世界文明的冲动。③

“美国例外”论是美国外交政策的源泉，并且孕育了指导美国对外扩张的“天赋使命”说。“天赋使命”是“美国例外论”对外干预的具体表现，是美国政府追求自身利益“堂而皇之”的掩

---

① 王缉思：《中美关系十年》，商务印书馆，1989 年版，第 130 页。

② 王小德：《美国文化与外交》，世界知识出版社，2000 年版，第 9 页。

③ Emily S. Rosenberg, *Spreading the American Dream: American Economic and Cultural Expansion*, 1890 – 1945, Hill and Wang, 1982, pp. 79 – 80.

饰。“天赋使命观”萌芽于加尔文新教思想，成长于北美大陆特殊的自然人文环境中，光大于清教移民的创建样板社会的实践，扎根于美利坚民族特性中，嬗变于国内外扩张思潮里。这一宗教文化色彩浓厚的清教主义使命思想最终转化为国家行动的理论基础，美国对外交往的独特性在于它的道义色彩，有时甚至有以道德代替外交的倾向。美国总是认为自己的对外交往是建立在崇高的道德理想基础上的，无论是大陆扩张时期的“天定命运”论，还是海外扩张时期鼓噪一时的“新天定命运”思潮；无论是冷战时期的“承担义务”论，还是冷战后咄咄逼人的霸权主义诸多新的变种，都没有偏离这一宗旨。

长久以来，历届美国政府都把推广“美式民主”看作是一种天赋使命，大多数美国人习惯按照美国的民主标准采取简单的二分法来看其他国家是否为“友好国家”。而中美两国有着不同的文化传统、不同的价值观，两国奉行着不同的政治制度，对整个世界和人类社会有着不同的看法。一直以来，美国始终对共产主义和马克思主义持有敌意，而且这两种意识形态在美国从来都没有多少吸引力。冷战期间，美国对共产主义的敌意融入到“邪恶帝国”的刻板印象中去了，并且被用于为美国的行动做辩护——美国代表的是“自由世界”。美国决策层中的相当一部分人认为，中国有待于拯救，有待于改造。就中国而言，自近代以来，中国在美国的民族主义意识形态中扮演的就是证明美国文化具有普世优越性的角色。中国成为实现美国民族抱负、国家使命和树立美国国家威望的巨大试验场。试验的成功不仅将证明基督教和美国文化的普世性，而且在传播自己文化和生活方式上的成功也是一个国家大国地位和荣耀的象征。但这一“意识形态神话”被信奉共产主义意识形态的中共的胜利打破，新中国建立初期，中国外交政策向以苏联为首的社会主义阵营“一边倒”，美国就认为中国正在扮演着“莫斯科的爪牙”角色，这使“美国人觉得被背叛了，十分愤怒，认为他们的价值和制度遭受了贬损，他们的好意被辜负了”。[①]“革命的中国冒犯的是美国人认为作为其政治共同体基础与核心的自由与民主的价值观”，而且“沉重打击了美国对其价值普世性的信心，损害了美国作为一个大国的自尊，这是美国最无法忍受的”。[②] 冷战后，欧洲共产主义的崩溃促使美国的自信心在1990 年代早期迅速膨胀，并且也增强了美国的信念——民主和资本主义等美国价值事实上是政治幸福（political happiness）的唯一真理。这种喜悦之情最明显地表现在弗朗西斯·福山的“历史终结论”中，他认为20 世纪纳粹主义和共产主义的石碑证实了西方式的民主是现代政府唯一可行的形式。[③] 然而，中国的持续发展又给美国的后冷战意识形态造成了特别的挑战。

“9·11”事件后小布什政府将民主推广战略提到美国核心安全利益的高度。[④] 尽管小布什政府把对外战略重点放在大中东地区，将“反美的伊斯兰极端主义”视为美国的头号现实敌人，在战略手段上将“民主化”和颠覆所谓“暴政前哨”视为根本，通过军事、经济、外交手段，依靠盟国、国际组织和非政府组织等不同途径在中东、中亚实施“政权更替”和“颜色革命”。但与此同时，美国从不讳言对中国进行民主化改造的意图，美国统治阶级相信，只要加紧、加强对中国的渗透和接触，他们就可以把美

① Nancy Bernkopf Tucker，“America First” in Carola McGiffert（ed），*China in the American Political Imagination. Washington*，Center forStrategic& International Studies，2003，p. 19.

② 王立新：《意识形态与美国对华政策——以艾奇逊和‘承认问题’为中心的再研究》，《中国社会科学》，2005 年第 3 期，第 182—185 页。

③ Francis Fukuyama，“The End of History”，*The National Interest*，Summer 1989，pp. 3 – 18. See also his *The End of History and the Last Man*，Free Press，1992.

④ George W. Bush，The National Security Strategy of United States of America（Washington，D. C.：White House，September 2002；布什关于民主化与美国安全的最新阐述，参见其 2005 年底和 2006 年初关于反恐和伊拉克战争的演讲，http：//www. whitehouse. gov/infocus/nationalsecurity；George W. Bush，The National Security Strategy of United States of America（Washington，D. C.：White House，March 2006.

国的价值观、自由和民主移植到中国。① 中美尽管存在政治体制和意识形态的差异，但与反美的“伊斯兰极端主义”的意识形态相比，中国既没有颠覆美国核心价值观、消灭美国政治体制的意图，也无意在全球将自己的意识形态和政治制度强加于他国。② 尽管如此，但在美国看来，不同于美国模式的中国取得的成功不符合美国的价值标准，这意味着对美国模式普世性的挑战，甚至是一种威胁。这是基于美国的意识形态和制度认识而产生的典型的“中国威胁论”认知。美国学者扎卡里亚称中国为“非自由民主的崛起”，并视之为对西方“自由民主”定义的挑战。作为世界为数不多的社会主义国家之一，中国的政治格局基本稳定、经济持续快速发展的事实表明，“北京共识”比“华盛顿共识”当下对广大欠发达国家具有更大吸引力和借鉴意义，因而也就更难见容于美国了。“华盛顿共识”影响力的下降，特别是中国在不依赖“华盛顿共识”情况下取得骄人成绩就更进一步刺激美国的担心——其自信的模式被取代，从而失去“山颠之城”的魅力，更难以世界领导自居，对他人发号施令。

第二节　无意认知偏差

所谓无意偏差，是由于认知规律、历史经验、心理因素和文化传统等客观因素产生不同于事实的认知结果以及在认知建构过程中形成的认知误差。

---

① Fareed Zakaria, “The Rise of Illiberal Democracy”, *Foreign Affairs*, 1997（8－9）, pp. 22－43.

② Robert B. Zoellick, Whither China: From Membership to Responsibility? Remarks to National Committee on U. S. -China Relations on September 2005（21）. http://www.state.gov/s/d/rem/53682.htm.

一、认知规律决定认知偏差的持久性

从社会心理认知的角度而言，人们一旦形成对于外部世界的系统认识就很难改变。如果出现了与原有认知和信念不一致的信息，则需要克服阻力，经过一个较长的过程才能发生态度转变。而且在转变的过程中，人们总是倾向于尽可能少地改变原有的认知结构。① 只有那些对国家和社会能产生冲击和重大影响的事件才能使社会心理发生突然的重大转折。

（一）“中国意象”的固化性

从认知的一般规律来看，一种意象的产生是认知客体在认知主体头脑中产生的投射映象，而认知主体根据自身的历史经验、价值取向等对映象进行加工而形成认知结果，其结果必然印有认知主体的价值取向。客观投射的映象与主观价值构成的有机整体就是认知主体的特殊意象。从认知原理来看，意象具有固化性和持久性。意象的固化性主要体现为主观认知建构中的首因效应（primacy effect）、晕轮效应（halo effect）和社会刻板意象（stereotype），在美国的“中国威胁”错误知觉中起着消极的障碍作用。意象的固化性很容易使“中国威胁”成为国际共识，甚至成为国际常识。

1. 首因效应（primacy effect）。在美国决策层对中国产生错误意象的社会认知模式和效应中，首因效应起着重要的消极作用。“首因效应”即个体在社会认知过程中，通过第一印象输入的信息对客体以后的认知产生的影响。实验心理学研究证实，认知主体常常倾向于记住对认知客体的第一次知觉印象，并且常常不愿意

---

① Charles Osgood, “Cognitive Dynamics in the Conduct of Human Affairs”, *Public Opinion Quarterly*, Summer 1960, p. 357.

改变那些最初印象。① 如果在第一印象错误的基础上建立长期互动关系，那么，首因效应是非常有害的。例如，中世纪欧洲人对中国非理性的、带有偏见的描述或判断标准部分地导致了美国认知中国过程中的错误知觉，并且成为美国“中国威胁”认知心理定势的内容之一。美国人对中国的了解最初是通过欧洲人“碎片化”的描述而整合成对中国的社会意象的，东方人被描述为非理性、偏狭、无逻辑、淫荡而残忍、天生暴力倾向等，“欧洲人的‘东方主义’几乎完全被美国人继承下来并适用于美国人一直以来对待远东——特别是中国”。②

2. 晕轮效应（halo effect）。社会心理学中的“晕轮效应”也称“光环效应”，它是指当认知者对一个人的某种人格特征形成好或坏的意象后，便据此推论该人其他方面的特征。③ 认知主体在对客体进行认知时，往往根据少量的信息将客体的品质简单地分为好、坏两种，如果认为客体是“好”的，则赋予其一切好的品质；如果认为客体是“坏”的，就认为客体所有品质都很坏，尤其当存在“核心”品质时，人们更具有这种推论倾向。这种晕轮效应使得认知主体所形成的有关客体的意象与其本来面目相差很大。长久以来，历届美国政府眼中的世界一直就是两个：以美国为代表的“自由世界”和以美国的敌人为代表的“邪恶世界”。美国的使命就是“捍卫自由世界”和“消灭邪恶势力”，灰色地带是不存在的。由于晕轮效应，这一看法在一定程度上影响了美国对中国的看法。美国政府认为中国是“非民主”的政治制度、“一党专政”的意识形态和威权体制的政治结构，由此在意识形态、国际

---

① E. Burnstein and Y. Schu, “The Informational Basis of Social Judgments: Operations in Forming an Impression of Another Person”, *Journal of Experimental Social Psychology*, 1982, pp. 217 – 234.

② 施爱国：《“东方主义”与后冷战时期美国的“中国威胁论”》，《南开学报》（哲学社会科学版），2002 年第 6 期，第 103—108 页。

③ 周晓虹：《现代社会心理学》，上海人民出版社，1997 年版，第 190 页。

角色以及未来国际地位等方面衍生了对中国更多的敌意。例如，虽然2008年中国成功举办了奥运会，向世界展示了一个开放、自信、友善的形象，但美国一些媒体依然对此作出种种负面解读。

3. 社会刻板意象（stereotype）。社会心理学用刻板来表示社会认知的偏向性和凝固性（即倾向性和稳定性），“社会刻板意象”就是指“人们对某个社会群体形成的一种概括而固定的看法”①。社会刻板意象一旦形成，就具有固执性，不易改变。刻板意象在多数情况下是不正确的，容易使人形成先入为主的偏见，造成社会认知偏差。美国对中国的认知过程深受社会刻板意象的影响，美国基于自己的历史文化价值观念，对中国的民族性格和特点等形成了概括且比较稳固的看法，以此形成的心理定势都对认知者起到或显性或隐性的影响。长期以来美国对中国进行有选择性的片面报道，将一些小的灾难事件或问题扩大处理，给美国民众造成一种“社会主义”比不上“资本主义”的心理定势。在决定如何看待中国时，美国政客及民众受到学校教育、报纸电视等各方面灌输给他们的观念的影响。在这种心理定势影响下，曾经是受众的传播者在面对来自中国的信息时会不自觉地用已有的刻板印象去理解，从而造成对中国形象的歪曲。即使许多美国政治人物与中国直接交往后，对中国的看法经常在两个极端上摇摆，这种善恶对立的、非常极端化的中国观直到现在还没有从根本上改变。② 关于中国人“恶”的一面，即阴险狡诈、非理性、堕落、不可信、好斗的暴力倾向等话语，就是美国关于“中国威胁”认知的一种先入为主的认知图景和社会刻板意象。这种社会刻板意象

① 周晓虹：《现代社会心理学》，上海人民出版社，1997年版，第192页。

② 美国人关于中国爱恨、善恶观念的两极对立，可参阅 Nancy B. Tucker, “China and America, 1941 - 1991”, *Foreign Affairs*, Vo. l70, No. 5, Winter 1991/1992, pp. 75 - 92; David Shambaugh, *Patternsof Interaction in Sino-American Relations*, in ThomasW. Robinsonand David Shambaugh (eds.), *Chinese Foreign Policy: Theory andPractice*, Oxford University Press, 1994, pp. 197 - 223.

部分地引导了美国对中国的敌意行为，而这种互动行为反过来又可能证实刻板意象本身。“3·14”西藏事件发生后，很多美国官员与民众在没有得到足够真实的信息之前，对此事件的第一反应就是“西藏示威者遭到中国政府镇压”，这种先入为主的判断即源于他们以往对中国形象的认知惯性。

（二）历史传统意象的延展性

从心理认知角度看，历史经验是影响知觉形成的重要因素之一，“一个人从国际关系史的重大事件中学到的东西是决定他的认识的重要因素，这种认识又影响到他对所接收的信息的解读”，而且“历史会在决策者不知不觉的情况下影响他的知觉倾向”。历史性敌意的存在常常放大了对中国威胁的认知。[①] 美国对中国国家形象存在的偏见，很大程度上来自于人们长期以来对于中国认识的积淀。中国近代以来经受的苦难如抗日战争、解放战争、与美国为敌的朝鲜战争、文化大革命，以及中美两国在政治制度、价值观、外交等方面的冲突，使一部分美国民众心中已经积淀了对中国的误解。在美国的外交历史中，共产党政权一直被认为是富有挑衅性的“独裁政权”，美国意识形态中有强烈的反共色彩。连美国自己的一些学者也认为，在美国，“除极左派外，实际上所有政治派别都接受反共思想，把它作为美国对外政策的主要参数。”美国的反共意识形态以及它对苏联共产党政权的历史认知，长期以来特别是在冷战结束以后深深地影响着美国对中国共产党领导下的中国的认知。这种认知也毫无疑问地要在美国的对华政策中反映出来，其结果就是围堵中国，通过围堵来达到遏制中国崛起的目的。同时，用西方国际关系理论看待中国发展的美国，往往受其内在观念的制约，从历史和理论的学习中更容易接受有关威胁

① ［英］巴瑞·布赞、［丹］奥利·维夫、［丹］迪·怀尔德：《新安全论》，朱宁译，浙江人民出版社，2003年版，第81页。

的信息，形成并固化威胁认知。

二、中美文化差异导致认知偏差

中美之间的文化差异导致的认知偏差，既属于有意认知偏差，也属于无意认知偏差的范畴。美国将中国视为“非自由民主的国家”，这种是有意认知偏差，其主旨就是要向中国输出美国的价值理念，用文化对中国进行“软干预”，上一节我们对此已做了归纳分析；由于美国文化的傲慢与优越感导致其对中国文化的偏见以及中美处于两种不同文化背景导致对相同的事情形成不同的认知结果，这两种偏差都不是美国政府出于私心刻意而为，而是由于文化的差异导致认知差异，属于无意认知偏差。当然，在文化上体现出的有意认知偏差和无意认知偏差在某种程度上是有交叉点的，例如美国对中国人权状况的认知，既反映了不同的文化背景孕育了不同的人权观，但与此同时，美国政府也通过丑化中国人权形象来干涉其内政，这是一种无意认知上的有意而为。

（一）认识论不同——一元本体论和二元本体论

美国政府对中国产生认知偏差，与其认识论传统密切相关。中西文化产生的自然环境和社会历史条件不一样及古代中国和古希腊需要解决的社会问题的性质差异，催生出不同的思维方式和认识事物的方法，使古希腊和中华文化在思想特质上呈现出诸多不同的特点，主要是整体主义“一元本体论”与个体主义“两元本体论”的差异。

中国古代先哲强调精神与物质是一个密不可分、联系在一起的同一体。无论是“太极论”，还是“乾坤论”，其本质都是“整体一元论”。中国古代的本体论崇尚自然的统一和同一，强调人只有顺应自然及其本质规律，才能达到个人精神修养的最高境界。他们认识到，运动是一切事物存在的方式，并把物质与精神看作是一个不可分割的整体，而不是将之对立起来看。这与马克思主义实践本体论的精神实质是一致的。

而西方主客二分法本体论，将物质和精神割裂开来，从而使“向前看”的线性思维方式成为其最为根本的思想特质。这种二分法思维方式决定，西方人文学界各个学科始终存在着两个分别源于物质第一还是精神第一哲学本体思想的对立营垒。美国人的思维方式坚持二元对立的思维，主张“分”，这种思维强调世界的同一性、非矛盾性和排中性。同一性认为事物的本质不会发生变化，一个事物永远是它自己；非矛盾性相信一个命题不可能同时对或错；排中性强调一个事物要么对，要么错，非此即彼，无中间性或者中介性。在主客体分离，即二分的思维方式下，历届美国政府眼中的世界一直就是两个：以美国为代表的“自由世界”和以美国的敌人为代表的“邪恶”世界，中间的灰色地带是不存在的。这种认识论导致美国必然将作为东方文明代表者的中国看作为“非我族类，其心必异”，因此，中国身份在美国决策层中的界定只有“朋友”和“敌人”的选项，但大多会偏向后者，他们认为中美之间仍旧是一种“零和关系”。这就是绵延久远的西方文化中根深蒂固的主体和客体的割裂思维方式，这与中国阴阳不可分离、和谐相处的和合认识论是不同的。

（二）“东方主义”——西方文化的傲慢与偏见

自西方白种人占据世界主导地位以来，西方列强长期形成的“自我中心、以我为主”的思维方式随着其强权地位的不断巩固而膨胀，乃至逐渐成为十分“自然、顺理成章、不需反思之事”。理性、宽宏大量、合乎逻辑、有能力保持真正的价值、本性上不猜疑而爱好和平几乎就是西方的代名词；而非理性、偏狭、无逻辑、淫荡而残忍、天生暴力倾向等就经常与东方联系在一起。长期以来，对西方来说，东方文化成为一个最适合的“他者”，成为西方文明耀武扬威的“客体”，这种认识论传统在近代历史的激荡下，逐渐形成了一种意识形态化的文化偏见。在这种历史背景下，形成了西方人唯我独尊、自私自利的主体观念。就是在西方势力日渐衰落、新兴国家力量迅速崛起之时，西方社会这种历来的“居高临下看世界”的优越感仍然有增无减。而这种“欧洲人的‘东方主义’几乎完全被美国人继承下来并适用于美国人一直以来对待远东——特别是中国”。[①] 萨义德（Edward W. Said）曾经提出西方认识东方的“东方主义”（Orientalism），也就是“根据东方在西方经验中的特殊位置来理解东方的一种方式”。美国所塑造的中国国家形象即其所认知的中国实际上就充满了这种“东方主义”色彩。从一定程度上说，西方文化从根本上不会允许多元主义和多元文化的“共在”概念，不敢设想东方文化可以和他们平起平坐，这种“文化种族主义”的观念束缚了西方文化在全球化背景下的认知，在他们眼里，全球化就一定是世界的西方化，尤其是美国化。在美国人的思想意识深处，美国代表着“白天的光亮”，在其他地方如非洲、拉美、亚洲有一个“黑暗的传说”，是一些“道德的荒原”或者“半文明的帝国”，美国有一种把光明和“基督的福音”带给这些民族的使命。当前，美国要将自己的“普世文明”推广到世界各个角落，而把“中华文明”和“伊斯兰文明”看成是世界稳定的威胁和世界冲突的根源。美国的亨廷顿认为冷战后文明冲突将左右世界政治，西方面对的主要敌对文明是儒教文明和伊斯兰文明。可见，亨廷顿将中国的“黄祸”与伊斯兰的“绿祸”联系在一起，把中国视为对西方文明的威胁是有一定渊源的。如今这种“文明冲突论”早已冲破学术范畴而深入到西方一些国家政要的思想深处。在美国政府中的“鹰派”当中，“文明冲突论”已屡见不鲜。

冷战结束以来，美国的内外环境发生了巨大变化，主要对手的

---

① 施爱国：《“东方主义”与后冷战时期美国的“中国威胁论”》，《南开学报》（哲学社会科学版），2002 年第 6 期，第 103—108 页。

衰落和一帆风顺的经济发展使美国成为世界上的唯一超强，相应地也使它具有了新的预期，大国心态和霸权意识更加浓厚。这一方面体现在轻视别国，傲慢自大，难容异己，没有足够的耐心来了解和理解中国，轻易否认中国的进步；另一方面在自感唯我独尊的同时，又对潜在对手充满疑虑，正常正当的反应也易于被其理解为挑战，即使中国的力量尚远远不能与美国匹敌，但只要在发展，就使美国难以释然。“在长跑竞赛中，美国不但长期习惯于跑在第一，而且与第二名的距离要一直保持在1000米，若感觉到这段距离有可能缩短到800米（还只是可能），美国就感到威胁。”[①] 这种对华的矛盾心理使美国既盲目陶醉于自身优势，又产生出强烈的担心和恐惧，自然会形成一种可能有悖于事实的虚假形象观。过去20多年，美国面对的是一个急需技术和资金，但并不会对其构成挑战的中国，但这一态势已荡然无存，实力竞争加上意识形态，导致西方与美国今天面对中国时，夹杂着从政治对抗到文化傲慢的种种复杂情绪。此外，与之相伴随的另一个日益明显的现象是：中国看西方的视角，从原来的仰视，逐渐发展到平视。因此，面对“他者”——中国的崛起，美国无论是国家层面，还是社会层面，都需要一个很长时间的认识和适应过程。这个过程也将是中国和西方力量对比、影响力消长变化的过程，在这个过程中，相互认知的碰撞、文化的摩擦是在所难免的，而且会在不同的领域和不同的问题上有不同的表现。

（三）人权观念的差异——“个人本位”与“集体本位”

由于西方哲学传统和建国特殊历程，美国文化奉行个人本位，以自我为中心，重个人，重竞争，强调个人的人格和尊严，由此形成了以个人自由权利为核心的意识形态，对个人自由和民主有着异常的重视；而中国传统文化从家族本位出发，道德价值观体

---

① 资中筠：《冷眼向洋》上卷，三联书店，2000年版，第28页。

系比较关注集体的一致性，强调群体和社会意识，认为个人利益应该服从社会整体利益，只有整个社会得到发展，个人才能获取利益。“个人本位”与“集体本位”的文化差异在彼此的相互认识上造成了巨大的鸿沟，中美两国在人权的渊源、个人权利与集体权利、人权的普遍性和特殊性等问题上的观点相左。

人权的渊源　在美国的人权观念中，权利尤其是公民的个人权利具有无可争议的优先地位。美国的人权观渊源于欧洲。在欧洲，早在希腊时代，就已形成了十分明晰的权利观念：公民是权利的主体，公民享有参与城邦管理的权利。洛克曾经提出：“人类天生都是自由、平等和独立的，如不得本人的同意，不能把任何人置于这种状态之外。”[①] 欧洲移民将这一概念带入美国，使得权利在美国人的心目中具有了无可争议的优先地位。而在各种权利中，个人权利在美国又具有明显的优先地位。由于其建国的特殊经历，美国人特别重视个人自由和个人政治权利，将个人视为社会的最终目的所在，而将政府视为“守夜人”，除了维持基本秩序外不该有太大的权力。由此，人权具有普遍性和超国家性，强调“天赋人权”，把人权看成是个人与生俱来、凌驾于现实社会制度之上不可剥夺的神圣原则。[②] 美国意识形态的一个核心原则，即政府是为人民设立的，个人的权利高于国家的权利，国家整体利益必须体现在公民个体的发展上，因而美国人民有理由批评以至推翻自己所不信任的政府。以人权为核心，美国形成了较为成熟的政治、法律和社会保障体系，并建立起以人权为核心的个体行为规范。

而在注重集体意志的东方社会，强调的是克己以成大局，并将其视为最高道德规范之一，社会具有很强的组织性，个人作为社会的附属而存在，往往成为实现整体意志的工具。在个人与集体

---

① 洛克：《政府论（下篇）》，叶启方，瞿菊农译，商务出版社，1983年版。

② 王缉思为霍华德·津恩著《美国人民的历史》中文版所写的序言，上海人民出版社，2000年版，第8页。

的关系中，儒家学说更强调集体主义的思想。它认为个人总是生活在群体中，或者是家庭或者是天下的一员，群体受到损害，个人的生活也就失去了保障。儒学置家、国、民族的利益为第一位，要求个人服从群体的、社会的利益。因为儒家伦理认为个人只有在隶属他人的关系中才有存在的价值。新加坡巡回大使许通美曾说过："东亚人并不相信西方采用的绝对意义上的个人主义。我们同意每个人都是重要的。然而他或她并非孤立地存在，而是一个核心的或大的家庭、家族、邻里、团体、民族和国家的一分子。东亚人认为无论你做什么或说什么，都必须想到别人的利益。不像西方社会，个人的利益高于所有他人的利益。"[①] 可见，在个人与集体的关系中，深受儒学影响的中国传统文化与强调个人权利的西方文化传统是完全不同的。不仅在注重"集体"、"秩序"等理念的中国传统文化中，很难找到与西方文化相对应的人权概念，而且在当代中国所坚守的马克思主义中，也很难发现西方人权的位置。

个人权利与集体权利　从人权的内涵来说，美国强调，人权主要指个人人权，不包括集体人权。政治权利和公民的个人权利是最重要的人权，甚至是唯一的人权。他们只承认美国宪法和人权法案所列的公民权利和政治权利，如个人言论自由、信仰自由、结社权、隐私权、辩护权、住宅不受侵犯权等。美国的人权报告就载有：人权是这个星球上男女老少一切人生下来就有的普遍权利。个人权利不可剥夺是美国立国的基础。[②] 在美国人看来，个人是社会的基础，个人先于社会，个人为了保护自己的利益才组成了社会。无论从历史上看还是从逻辑上看，个人都是在先的。个人把自己的一部分自然权利让渡给国家，那是以国家更好地保护

---

① 罗艳华：《东方人看人权》，新华出版社，1998 年版。

② 转引自张骥《论中美关系中的人权问题分歧与斗争》，《北京科学社会主义》，1997 年第 1 期。

他们的利益为前提的。一旦国家不能保护人民，无数由个人组成的人民就可以推翻现存国家，建立新国家。这就是所谓“人民主权”原则，个人权利是考虑问题的出发点。

而在中国，人权不仅包括个人人权，还包括集体人权。个人人权体现在《公民权利和政治权利国际公约》和《经济、社会和文化权利国际公约》中列举的有关个人所应享有的权利。集体人权是指国家、民族和整个人类在国际社会中所应享有的各项权利。集体人权与个人人权是紧密关联、互为支撑的。首先，集体人权是个人人权得以充分实现的先决条件和必要保障。一个民族和国家如果没有民族自决权和国家主权，无法自由决定其政治地位和自由谋求经济、社会和文化的发展，那么这个民族和国家的人民的个人人权也就得不到保证。其次，某种集体人权同时也是个人人权，在内涵上互为补充，如发展权、环境权、和平权，既是群体的权利，甚至是全人类整体的权利，也是个人的权利。如果这些权利得到了保障，同时也就保障了个人人权，也为实现个人的公民权利和政治权利以及经济、社会和文化权利的发展创造了进一步的条件。

在权利与义务的关系方面，深受传统文化影响所形成的中国的人权观更强调个人的义务原则。在中国，个人是社会的基本构成单位，是社会的组成部分，个人没有资格提出凌驾于义务之上的特殊权利，个人的权利蕴涵在集体的权利之中。每个人首先要考虑的是自己的责任和义务，做自己本分应该做的事情。义务原则适用于一切社会关系，在处理人与人的关系、个人与国家的关系时，都要以义务为出发点。由于社会熏陶和长期内化的结果，义务观念已经内化到个人的内心深处，成为人们的自觉行动。因此，对于中国人在个人利益与集体权益的取舍问题上，美国人产生了严重的认知偏差。例如，中国具体现实的国情决定了中国必须采取计划生育政策——人口大国，资源有限，不实行计划生育政策会妨碍中国社会经济的高速发展和人民生活水平的普遍提高。这种理念反映了中国对社会和谐的传统关注，对人民物质福利的重视以及对下一代福祉的负责。但中国的计划生育政策常被美国谴责为违背了“妇女自由选择生育的基本权利”，是“强制性堕胎或节制性生育”，美国人认为中国政府肆意侵犯人权，因为无论是妇女选择生育权还是胎儿生命权，都是个人权利问题，与政府无关，这同中国实行计划生育政策的道理找不到适当的共同点。又如所谓的“持不同政见者”问题。在美国，反政府的自由集会和言论是被允许的，政治反对派可以公开合法地自由活动。所以，美国人不能理解中国政府对1989年的“政治风波”的处理，认为这是镇压民主运动，是对人权的严重侵犯。而中国认为反革命暴乱如果持续下去，就会导致政权更迭、社会动荡，只有对反革命暴乱进行镇压，才能有效地捍卫人民群众的权利和利益，政府的权利和人民的权利是一致的。这充分体现出，中美两国在个人权利与集体权利侧重上的重大分歧。美国认为，权利天赋，人生来就享有生存平等权、生命权、自由权、幸福权以及财产所有权。而国家和政府是对个人权利和自由的威胁，对权利的保障最好的方式就是限制政府的权力而非扩大政府的权力。但中国对此又有不同的理解：公民权利是社会的产物，并非从天上掉下来的，而且国家是个人权利的有效维护者和保障者。与此同时，建设性的批评是公民的权利，但反政府的言论却不一定是公民的权利，因为后者只关心社会的阴暗面，却无视它的成就。由于人权理念的差异，加深了美对中国的认知偏差。

人权的普遍性和特殊性　美国一味强调人权的普遍性，贬低和否认人权的特殊性。美国认为：“我们关于人权的观念乃是基于对人的本质的理解。我们认为所有的人由于他们自身的本质都有生存、自由和追求幸福的权利。人权本身是普遍的。”[①] 因此，这个

① 夏旭东、王书中：《走向21世纪的中美关系》，北京东方出版社，1996版，第6、185页。

世界只存在一个人权标准，即按美国的经济模式和价值观念所确定的标准。为推行其人权标准，美国对人权不允许有不同的解释，并要所有国家不顾本国的情况，都按其标准来遵循。卡特就曾宣称："有一种凌驾于一切之上的信念，使我们成为现在这样的国家。这一信念就是，个人固有的权利高于国家的要求。这是全世界仍然依靠我们来证实的价值观念……我们坚定地相信我们民主国家的价值观念，相信这些观念仍然是适用的，无论对穷国还是对富国，无论是北方还是南方，无论是东方还是西方，都是如此。"[①] 在美国看来，如若有谁不按他们的标准去做，那就是"人权状况不好"，就是"违反人权"，就要给予谴责或制裁。"人权高于主权"的观念在美国有相当的市场，他们相信互不干涉内政的原则不适用于人权领域，一个不尊重人权的政府也不会尊重其他国家的主权完整。高达86%的美国基督教福音派人支持把道德原则作为外交标准，尽管其中一般老百姓的比例只有33%[②]。而中国则认为，人权是普遍性和特殊性的统一，人权的普遍性原则必须与各国的具体情况相结合，使普遍性和特殊性同时得到兼顾。对一个国家的人权状况，必须以历史的、发展的观点来看待，不能忽视各个国家的不同特征，把自己的价值观强加于人，抛出所谓的"国际公认的人权标准"。人权是一个国家主权范围内的问题，如果主权没有保障，人权就将无所依附。因此，任何一个国家的人权政策只要符合本国、本民族的具体情况和根本利益，符合国际人权法的一般准则，其他国家都不应以自己的人权及其价值标准对之妄加非议，甚至运用人权来干涉其主权。

由此可见，中美两国不同的文化传统背景使得两国形成了不同

---

① 转引自何正欣：《论中西方人权观的基本分歧》，《北京党政干部论坛》，1999年第8期。

② THE PEW RESEARCH CENTER，"Eroding Respect for America Seen as Major Problem-Foreign Policy Attitudes Now Driven by 9/11 and Iraq"，A Survey Conducted in Association with Council On Foreign Relations，2004－08－18：26.

的人权观念。美国所强调的个人自由与个人权利，恰好是中国并不十分重视的。相反，中国所强调的集体的、国家的利益，强调个人对集体和国家的义务，则是美国所忽视的。

总之，文化总是深深地融入一个民族的生活，并成为社会价值理念的组成部分，从而深刻地影响该社会的思维方式和认知取向。由于两国不同的文化背景，在中美两国间造成了一种隔膜、一种互不理解的距离感，而由此产生的认知偏差是难以弥合的。

三、认知建构过程发生偏差

无意偏差的形成不仅与认知规律、历史经验和文化传统有关，在认知的建构过程中也会产生偏差，这体现在认知者获取的信息资源本身就出现了偏差以及决策者在认知建构过程中出现误差。

（一）信息源的片面或不属实会导致原有的认知偏离正确的方向[①]

在信息的传播过程中，信息从信源到信宿会因各种因素影响而发生微妙的变化，从而影响传播效果。这在传播学中的线性传播模式中得到明显的体现。在申农——韦弗模式中，传播被描述为一种直线性的单向过程，包括了信源、编码、信道、译码、信宿以及噪音（干扰）六个因素。噪音包括任何干扰信息传递或使之失真的因素。无论噪音起因于管道、听众、传送者或是讯息本身，它总会使原有信息变形走样。（如图 1）

① 本节内容节选于杜雁芸：《西方媒体对中国的误读及其应对》，《理论月刊》，2012 年第 3 期，第 102 页。

信源→编码→信道→译码→信宿
↑
干扰

图1　申农—韦弗线性传播模式

西方媒体“塑造”中国形象有四个重要环节：首先是记者的选派。选派的记者在意识形态、政治制度、自由、民主、人权等方面必须与西方主流价值观吻合，不能有“为中国说话”的主观倾向；第二个环节是选题的确定。驻华记者根据其媒体受众的兴趣点确定选题。西方媒体注意到了受众喜欢看中国负面新闻的心态，便努力迎合受众，在中国形象问题上与国内那些民众感受形成恶性循环，其描绘的中国形象便离现实越来越远；第三个环节是前线记者的工作方式。驻华记者比较注重与中国的研究机构、智库和大学合作。由于在很多问题上不易获得官方表态，记者经常选择与官方关系密切的学者进行交流；第四个环节是媒体后方总部的把握，后方责任编辑主要通过以下手段掌控涉华宣传效果：一是重点时间节点和重大事件的深度报道安排，二是掌握拟定标题的权利，三是通过配发图片、设计版面等方式影响报道效果。

在传统对外传播过程中，通常是海外媒体的驻华记者从中国传统媒体或者相关部门、人员那里获得信息，进而进行取舍，然后将报道发回本国媒体，经本国媒体编辑后传送到受众处。《人民日报》、新华社等传统媒体，一直是国外媒体关于中国报道的主要信息来源。此时，驻华记者作为受众，从这些传统媒体中获取信息。作为受众，国外媒体的驻中国记者在接受信息时存在“选择”这一过程，这就是美国传播学者约瑟夫·克拉帕（JosePh Klapper）提出的：①选择性接触（受众根据自身需求，有选择地使用媒体）；②选择性理解（对于媒介的信息，受众根据自身已有的认识进行理解）；③选择性记忆（受众根据自身兴趣和需求，只选择媒介的部分信息进行记忆）。驻中国记者会根据自身已有的认识以及所属媒体立场和兴趣来选择性地接受中国媒体的部分信息。继而将“把关”、“过滤”后的信息发回所属国外媒体，国外媒体接着进行“再把关”。在两次“把关”过程中，都会有“噪音”影响，这必然会造成新闻信息本身的失真或片面。（如图 2 所示）而“噪音”就是社会普遍的价值观、个人的背景知识和情感因素，这些都会左右传播者的视角。人在进行传播活动时不可避免地受到背景知识和经验范围的制约，从而影响对认知对象的理解。就西方媒体对华报道的差异性而言，以 BBC 为代表的西欧媒体相比较以 CNN 为代表的北美媒体，对中国的报道更加严苛，如 BBC 更加“偏爱”中国的民族问题、生态问题等，尤以西藏问题为核心，为此其栏目“HardTalk”经常采访“藏独”分子。2008 年奥运会期间，BBC 对北京奥运会开幕式的兴奋点不集中在中国文化、体育本身，反而将焦点集中在奥运会开幕式当天的天气有多么“恶劣”，从而引发对中国环境问题的不满和批评。而美国 ABC 则选取了奥运会开幕式极为精彩的画面进行剪辑，其效果甚至比某些国内主流媒体的画面还要漂亮。罗以澄等学者指出，“即使在同一文化背景、同一地域的传播中，由于传播者本身经验范围的局限，对对象认识的偏差，也可能造成报道与事实的距离”。[①] 由于语言的隔阂、文化背景的差异，传播者在报道另一种文化环境中发生的事件时，对新闻信息进行观察、分析和语言组织的时候都会以已有的背景知识为基础，很难超越自己长久以来形成的根深蒂固的文化认知。许多美国记者可能并非故意要歪曲中国，只是由于对中国历史文化知识的欠缺和语言的障碍，很难完全理解中国文化和政治中复杂微妙的东西。而美国政界接受诸如此类失真的信息源作为对华政策的参考，势必导致更大的认知偏差。

---

① 罗以澄、夏倩芳：《他国形象误读：在多维视野中观察》，《新闻与传播研究》2002 年第 4 期，第 14 页。

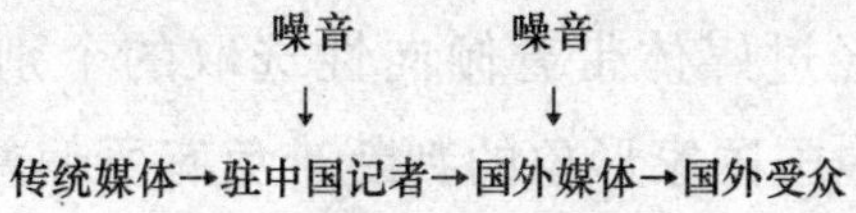

噪音　　噪音
↓　　↓
传统媒体→驻中国记者→国外媒体→国外受众

图2　传统对外传播模式

（二）决策者认知的局限性导致认知的建构过程出现偏差

按照行为主义认知学派的观点，决策者被视为是具有人类普遍存在的认知局限的个人。个人的价值观、背景知识和情感因素都会左右决策者的视角。在认知过程中，认知主体常常进行选择性认知，即倾向于选择那些支持主体观点的信息。在主体对客体信息的认知选择过程中，主体的需要是其认知选择的根据，它决定着主体的价值标准和认知目标。当主体具有某方面需要时，能够满足主体需要的客体就具有较大价值，对主体有价值的客体便容易构成认知刺激而成为认知目标。而且，“情感的适应价值在于它能根据主体的需要和目的，放大或缩小、加强或减弱对客体信息的反应，帮助主体选择所需信息。它决定着认知过程的选择性和方向性”，① 并制约着认知内容。基于以上的认知局限性，外交决策者可能无意中误解对手的意图和行为，而且在双方的相互认知定位过程中，这种误解可能导致如安全困境之类的链式反应以至出现双方原本都不愿看到却似乎又别无选择的局面。例如，小布什上台伊始，新保守主义势力及具有新保守主义倾向的官员占据了几乎所有的政府要职。在新保守派散布的“中国威胁论”的熏染下，小布什政府对中国充斥着敌意和轻视，上台前即把中国视为美国面临的三大威胁之一，② 执政初期就把中国定位为战略竞争

① 时光：《论认知过程中的情感》，《西南民族学院学报》（哲学社会科学版），1997年第2期，第94—96页。

② ［美］鲍勃·伍德：《布什的战争》，上海译文出版社，2003年版，第39页。

者，并把中国列为核打击的对象。另外，美国大多数政府官员由于生活范围和经历的局限性，很少能够亲身接触和感受中国，能接触到的往往是经过媒体带着倾向性选取的个别特例小样本，在此基础上得出对中国国家形象的判断难免有所偏差。

第七章

化解认知偏差的战略思考

基于美国政府对中国形象的认知偏差，我们应尽量化解美国对我形象的误读和误判。在消除美国误解的同时，我们应当推而广之，进一步思考如何减少国际社会对我形象的误读以及如何塑造中国在国际社会上的良好形象。

第一节　消除美国战略敌意，深化中美战略互信

国际政治中，无政府状态最明显的一个后果就是互不信任。温特把无政府状态分为霍布斯无政府状态、康德无政府状态和洛克无政府状态三种。在霍布斯无政府状态中，信任根本无法产生；以康德冠名的无政府状态至今没在历史与现实中真正存在过；在洛克无政府状态中，信任具有工具主义和表面性的特征，一国随时可以收回对他国的信任，而在自我意识中隐藏着对他国深深的不信任。而国家之间的政治与安全关系是对抗还是合作，一个重要的因素就是信任能否建立。信任程度决定着国家间的合作程度。信任程度高，国家间的合作程度就高，反之亦然。在一个无政府状态的国际社会里，猜疑和误解比比皆是，培育信任是一个充满

挫折、需要善意和坚韧的过程。尤其是大国之间，信任往往是稀有产品。

学术界对于信任的界定有以下三种：一是把信任当作一种关于重大利益的计算，认为它是指“一个国家对另一个国家或国际组织的意图和行为作出了正向估计，而采取了对客观可能存在的不确定性和风险忽略的态度，并在此基础上，对某国或某国际组织产生心理认同和归属的主观判断”。[①] 二是把信任当作一种长期的制度安排，如指出“信任是理性的国家为确保自身利益的最大化、为不可预测的未来行动赋予良好期盼的一种制度安排，是解决不可控制的、复杂的国际和地区问题的一种重要策略”。[②] 三是把信任当作一种相对固化的心理态度，如认为它是“关于另一方更愿意相互合作而不是利用一方的合作的信念”，[③] 是“一种信念，即在国家行为方面，关于大部分外国行为是否与正常的预期一致。……是一种给予他国怀疑好处的固有信念，假设大部分国家是善意的，动机良好”。[④] 西方学者认为“决定这种相互信任的关键变量是能否获得有关对方动机和能力的充分信息”，[⑤] 他们更偏重战略互信的社会学意义。而中国学者通常把信任与观念或机制结合起来，认为战略互信是国家和国家之间或国家与国际组织等主要非国家行为体之间为了减少因彼此战略意图、战略能力和重要行

---

① 耿淼：《现代国家体系中国家间信任问题的理论基础初探——国家间信任的概念及其与主流国际关系理论的兼容性》，中国人民大学2005年硕士研究生学位论文，第25页。

② 李淑云：《信任机制：构建东北亚区域安全的保障》，《世界经济与政治》2007年第2期。

③ Andrew H. Kydd, *Trust and Mistrust in International Relations*, Princeton University Press, 2005, p. 6.

④ Paul R. Brewer, Kimberly Gross, see Aday, Lar Willnat, "International Trust and Public Opinion about World Affairs", *American Journal of Political Science*, January, 2004, pp. 93 – 109.

⑤ 牛仲君：《冲突预防》，世界知识出版社，2007年版，第33页。

为产生的错误判断，[①] 降低双方在重大利益上的冲突风险，而在双边关系关键领域采取的共同持久努力以及由此形成的关于对方的积极预期。简单地说，其要旨就在于大国间应超越意识形态和社会制度异同，摒弃冷战思维和强权政治心态，通过建立各种信任和安全措施，减少国家在生存、发展等战略利益上的不确定性，消除来自外部的严重受威胁感，使外部行为或国际秩序更符合自己的期望。

对于如何建立国家间的互信，现实主义、自由制度主义和建构主义有着极为不同的认识和理解。现实主义理论不相信国家之间会产生信任，因而用势力均衡的逻辑解释合作；自由制度主义用国际机制解释合作，认为制度可以有效地培育信任，但其所提供的个案研究多在经济领域，而非政治安全领域；建构主义则强调国家在社会互动中首先确定敌友身份，信任产生于朋友之间，它们可以结成信任基础上的安全共同体。“不信任”具有螺旋式增长和互相定位的特点。与康恩的冲突逻辑一样，不信任是一点一点累积起来的。这种不信任来源于现实的交往，也来源于对历史的记忆。在每次冲突中并不只是一次冲突在发生作用，而是这次冲突和上次冲突留下的记忆在共同发生作用，所以不信任是呈螺旋式增长的。当双方的不信任发展到一定程度，双方都趋向于把这种不信任固定下来，并视对方为一个不可信的行为体。在给对方下结论以后，博弈双方的行动基础就不再主要根据对方的当前表现，而趋向于以“结论”作为行动和政策的基础。

中美关系发展同样遵循这样的规律，中美信任建立难毁灭易。中美曾在朝鲜战争中毁灭了信任，在以后的20年内互相敌视，即

---

① 目前国内学术界关于战略能力的定义大体相似。如唐永胜认为战略能力是国家运用现有的战略实力维护和实现国家安全利益的能力，并其将区分为要素型战略能力和结构型战略能力；张文木认为它是政府实施国家战略的能力。见唐永胜、佟明翔：《结构型战略能力与中国国家安全》，《国际观察》2007年第1期；张文木：《国家战略能力与世界和平》，《西安财经学院学报》，2006年第5期。

使在“上海公报”发表后，仍然花了近7年时间才完成中美关系正常化；邓小平访美之后，美国对中国的信任度迅速提高，但1989年春夏之交发生的“政治事件”使美国再度对中国进行制裁，导致中美之间“一度没有了信任”；整个90年代至今，在屡次突发事件的刺激下，中美之间的信任度一直在低水平徘徊。不仅如此，随着中国的不断崛起，中美之间的信任关系更是趋于紧张。从认知理论角度分析，中美彼此的不信任首先根植于两国战略利益与政治理念的根本性差异。从这个意义上讲，中美之间在战略互信问题上短时期内显然难以取得实质性突破，难以达到美国与日、欧盟国之间的那种互信程度。中美关系缺失战略稳定的主要原因包括结构性因素、国内因素、历史因素及认知因素等四个层次的问题，其中认知层次的问题即战略互信的建立是目前双方认识最不确定但最需立即面对、同时也最有潜力扩展中美关系发展空间的问题。它既是化解结构性矛盾的必要前提，也是防止危机发生的最有效防波堤。当前中美关系面临的主要任务，即是努力建立战略互信，争取实现战略稳定。

一、减少美国的战略猜忌，明确中国和平发展的战略意图

当前，美国政府的对华敌意依然很深，而两国战略互信并未因利益的深度捆绑和合作的纵深发展而得以实质性增强。这些年来，中美双方有意识地培育战略互信，彼此间的理解也进一步加强。从美国方面看，其对中国共产党和中国政治体制的认识更趋务实，对中国的战略定位更加客观。但与此同时，一些深层次的战略误判或误解也俯拾即是。美国政府官员普遍认为大国崛起与大国战争之间存在着直接的因果关系。现实主义者认为，大国崛起引起了大国之间的权力变动，威胁霸权国的地位和其他国家的安全，

从而引发安全困境和大国间先发制人或者预防性的战争。自由主义者则从经济要素的角度出发，提出大国崛起引发一系列的资源、贸易、金融和价格经济要素的变动，在经济繁荣时期、通货膨胀时期或者经济萧条时期，大国战争就会随之而来。因此，为减少美国政界对中国未来走向的过度担心，我们应多方位、多视角的阐明我国的战略意图，即和平崛起道路，而此法是减少美对我战略敌意，增强双方战略互信的根本。

自现代主权国家体系产生以来，新兴国家与霸权国家基本上都是以冲突和战争来结束它们之间的挑战与应战的，而中国崛起以其对西方而言不可预测和不可掌控的自身逻辑发展，其和平发展在许多方面都与西方的大国兴起过程有重大的不同。

（一）中国的和平发展是促进世界各国的共同发展，并不以单方面追求本国的权力为目的

中国始终强调，现如今的国际体系不能遵循弱肉强食的“丛林法则”，大国关系并非是零和游戏，中国的快速发展和国际地位的迅速提升并不必然导致其他大国的影响力下降。中国的发展并不是以单方面追求本国权力为目的的，其发展能够促进世界各国的共同发展。十七大报告曾经指出的，中国主张“共同分享发展机遇，共同应对各种挑战，……推动建设持久和平共同繁荣的和谐世界”，“在实现本国发展的同时兼顾对方特别是发展中国家的正当关切”，“中国决不做损人利已、以邻为壑的事情。”[①] 十八大报告进一步明确提出：“中国将坚持把中国人民的利益同各国人民的共同利益结合起来，以更加积极的姿态参与国际事务，发挥负

① 胡锦涛：《高举中国特色社会主义伟大旗帜，为夺取全面建设小康社会新胜利而奋斗》，载《人民日报》2007 年 10 月 29 日。

责任大国作用，共同应对全球性挑战。”① 在中国看来，一个大国的崛起，并不必然意味着另一个大国的衰落，历史不存在这样的宿命轮回，更何况新世纪的国际大舞台早已发生天翻地覆的变化。中国人一直信奉和谐共处，合作共赢。而中国改革开放30多年的历程也表明，中国的发展，意味着美国拥有一个越来越有能力的合作伙伴，拥有更多重振经济和繁荣的机会。2008年金融危机爆发后，美国经济持续低迷，欧盟深陷债务危机不能自拔，一些西方国家不从自身经济结构寻找原因，总是将其原罪归之于中国经济发展太快、中国贸易顺差太多或人民币估值太低等原因。其实，自改革开放以来，中国的快速发展持续了30多年，而且为世界经济稳定发展作出了重要贡献。2001年加入世界贸易组织以来，中国年均进口近7500亿美元商品，相当于为相关国家和地区创造了1400多万个就业岗位。过去10年，在华外商投资企业从中国累计汇出利润2617亿美元，年均增长30%。2000—2010年，中国非金融类年度对外直接投资从不足10亿美元增加到590亿美元，有力地促进了有关国家经济发展。2009年境外中资企业实现境外纳税106亿美元，聘用当地员工43.9万人。中国近年来对世界经济增长的贡献率均达到10%以上。在1997年亚洲金融危机引起周边国家和地区货币大幅贬值情况下，中国保持人民币汇率基本稳定，为区域经济稳定和发展作出了贡献。2008年国际金融危机发生后，中国积极参与二十国集团等全球经济治理机制建设，推动国际金融体系改革，参与各国宏观经济政策协调，参与国际贸易融资计划和金融合作，组织大型采购团赴海外采购，向陷入困境的国家

① 胡锦涛：《高举中国特色社会主义伟大旗帜，以邓小平理论、“三个代表”重要思想、科学发展观为指导，解放思想，改革开放，凝聚力量，攻坚克难，坚定不移沿着中国特色社会主义道路前进，为全面建成小康社会而奋斗——在中国共产党第十八次全国代表大会上的报告》。

伸出援手。①

（二）中国的和平发展并不谋求在军事上的绝对优势，中国奉行共同安全的新型安全原则

在西方大国崛起的过程中，一些新兴的大国一味的追求所谓的绝对安全，不断扩军备战，从而导致其他国家的疑虑和恐惧，也不得不采取相应的防范措施，而新兴大国再次加强自己的军事力量，导致双方处于一种军备竞赛的恶性循环中，这就是国际关系领域“安全困境”的形成。最终结果就是军事对抗的紧张度不断升级，导致许多大战及体系战争最终爆发。与西方的新现实主义不同，中国反对国际关系中美国奉行的绝对安全观念，反对美国在追求绝对安全过程中推行的所谓先发制人、建构国家战略导弹防御体系和战区防御体系的做法，并不认为只有自己保持绝对的实力优势中国才能得到安全。相反，中国认为，“弱肉强食不是人类共存之道，穷兵黩武无法带来美好世界”。② 中国主张：“和平解决国际争端和热点问题，反对动辄诉诸武力或以武力相威胁，反对颠覆别国合法政权，反对一切形式的恐怖主义。”③ 中国在和平发展过程中，采取的战略方针是优先发展经济和优先解决国内问题，中国国防现代化的发展虽然也有很大提高，但相对中国经济的发展和社会进步的速度来说是很滞后的；中国相对于其他西方

① 《中国的和平发展白皮书》，http：//www. gov. cn/jrzg/2011 -09/06/content_1941204. htm.

② 胡锦涛：《高举中国特色社会主义伟大旗帜，以邓小平理论、“三个代表”重要思想、科学发展观为指导，解放思想，改革开放，凝聚力量，攻坚克难，坚定不移沿着中国特色社会主义道路前进，为全面建成小康社会而奋斗——在中国共产党第十八次全国代表大会上的报告》。

③ 胡锦涛：《高举中国特色社会主义伟大旗帜，以邓小平理论、“三个代表”重要思想、科学发展观为指导，解放思想，改革开放，凝聚力量，攻坚克难，坚定不移沿着中国特色社会主义道路前进，为全面建成小康社会而奋斗——在中国共产党第十八次全国代表大会上的报告》。

大国的现代化军事水平来说也是较落后的；中国的军费规模和水平又控制在一定的水平上，并没有把国防建设放在最优先的位置上。“中国一贯控制国防费规模，按照国防建设与经济建设协调发展的方针合理安排国防费，改革开放以来，为集中力量进行经济建设，中国政府严格控制国防支出。1979—2004 年，中国国防费用占同期国家财政支出的比例总体呈下降趋势，1979 年为17.3%，2004 年为7.76%，下降近10 个百分点。”“2004 年，中国的国防费用为2199.86 亿元人民币（折合265.79 亿美元），占当年国内生产总值和国家财政支出的比重分别为1.61%和7.76%。2004 年中国的国防费用仅相当于美国的5.77%、英国的41.03%、法国的75.65%、日本的63.97%。2005 年，中国的年度国防费预算为2477.56 亿元人民币。”[①] 2011 年，美国的国防预算总额为7250 亿美元，而中国的国防预算仅为915 亿美元。[②]

（三）历史上新兴大国由于争霸引发大国战争和体系战争，而中国最基本的国策就是反霸

历史地看，中国没有扩张称霸的文化和传统。西方国家担心中国的崛起，就是因为历史上，西班牙与荷兰、英国与西班牙、德国与奥匈帝国、英法集团与德奥集团，英法美与德意日等国家和国家集团之间的战争，无不是围绕维持和争夺地区和世界霸权展开的。而我们中国有几千年以“仁”、“和”为核心的政治文化传统，崇尚“和为贵”、“亲仁善邻”、“协和万邦”。几百年前，中国即使在最强大、国内生产总值占到世界30%的时候，也没有去搞扩张、搞霸权。在中国的盛唐时期，日本从中国得到的不是威胁，而是繁荣。

---

① 国务院新闻办公室，《2004 年中国的国防白皮书》、《中国的军控、裁军与防散努力》，载《人民日报》2004 年12 月28 日，2005 年9 月2 日。

② http：//news. xinhuanet. com/mil/2011 -03/10/c_ 121168287. htm.

现实地看，在经济全球化时代，一国的振兴完全可以通过平等有序、互利互惠的国际竞争与合作实现，改革开放30年取得的巨大成就就是很好的证明。因此，一国的崛起不需要也不可能再走挑战国际秩序或挑战别国的老路。世界上一些大国兴衰的经验教训告诉我们：扩张主义的路不能走，军备竞赛的路不能走，称霸世界是一条死路。保罗·肯尼迪的《大国的兴衰》通过500年来一个个大国的兴衰史总结出：经济建设与军事扩张之间的机会成本分配问题，过度的军事扩张可能导致经济建设的资源不足，最终促使大国由盛转衰。中国现在还是一个发展中国家，还谈不上称霸不称霸的问题，但中国即使将来强大起来，也决不会像西方历史上曾经有过的那些崛起国一样，为了实现自己的霸权而与当时的霸权国发生战争。中国的不称霸原则，既是中国和平发展进程的基本指向，也是避免与其他大国和霸权国发生大规模冲突和战争的基本因素。中国不挑战霸权国，中国不谋求在东亚与美国对抗，也不谋求在北美争夺美国的势力范围，更不试图取代美国的全球霸权，中国与美国可以而且也正在塑造一种新的大国关系，两国的大规模战争是可以避免，而且一定能够避免的。

中国自己不谋求霸权，也不会同其他国家在我们这个地区争夺霸权，搞什么共同霸权，或搞什么“门罗主义”、“大东亚共荣圈”。中国奉行的是“睦邻、安邻、富邻”的周边外交政策，中国亚太战略的出发点和落脚点就是为自身发展营造稳定、良好的周边环境，与有关各国实现互利共赢，愿意永做东盟和亚洲各国的好朋友、好邻居、好伙伴。中国与亚洲国家签订的双边、多边协议没有任何排外条款，中国对区域合作持开放态度，中国的意图是透明的、善意的。中国—东盟自由贸易区早已建成，中国与东盟双方约有7000种产品享受零关税待遇，占双方贸易产品的90%。海关数据显示，2010年，中国与东盟贸易总额近3000亿美元，2011年前5个月，中国与东盟双边贸易总额1408.2亿美元，增长26%。中国成为东盟第一大贸易伙伴。周边国家从中国和平发展的过程中获得了更多的红利而并非威胁和称霸。

从我们的根本政策看，中国和平发展过程中处理与国际环境关系的一个最基本的国策，就是反霸但不称霸、不争霸，中国永远不做超级大国，永远不称霸是中国过去、现在和将来的既定国策。"中国反对各种形式的霸权主义和强权政治，永远不称霸，永远不搞扩张。"① 反对霸权主义已经写进了中国的宪法，也写进了中国共产党的党章。恐怕世界上还没有哪个大国、哪个政党能够这么做。一个国家是否威胁世界，关键要看它奉行什么样的政策。我们始终坚持和平共处五项原则，尊重各国人民自主选择发展道路的权力，绝不做称王称霸的事，也不寻求主导世界。邓小平同志曾经说过，如果中国有朝一日在世界上称霸，世界人民就应当揭露、反对并打倒它。这一点国际社会可以监督我们。

（四）历史上崛起国以武力推翻霸权国及其所主导的国际体系，而中国是国际社会负责任的国家

在一个大国崛起的过程中，"随着相对权力的增加，一个新兴的国家会企图改变调整国际体系的规则，改变势力范围的划分，最重要的是，改变领土的国际分配。"② 而中国的和平发展的一个重大特征就是，尽管中国认为西方主导的国际政治经济秩序仍然存在着不公正、不公平、不合理的问题，给中国的和平发展设置了很多障碍与困难，但从另一个角度来看，中国认为，中国的改革开放在经济发展方面取得的成就，与现行国际秩序中的自由贸易规则、资金商品人员技术自由流动的内容密切相关，中国在某些方面也是现行的国际政治经济秩序的一个受益者。中国对现有

---

① 《高举中国特色社会主义伟大旗帜，为全面建成小康社会而奋斗——胡锦涛在中国共产党第十八次全国代表大会上的报告》，http：//theory. people. com. cn/n/2013/0403/c359820－21013407. html.

② ［美］罗伯特·吉尔平：《世界政治中的战争与变革》，武军等译，北京大学出版社，2005年版，第185页。

的国际秩序的基本立场和态度，在很大程度上也能避免历史上那些新兴大国试图推翻已有的国际秩序而引发与其他大国和霸权国的战争。这也是中国和平发展的一个非常重要的国际环境：过去历史上新兴大国是通过战争而是来扩大市场、扩大原料来源，而今天通过和平的方式就可以较好地实现。中国不仅没有推翻现存的以美国为中心的国际体系，反而积极努力地融入了这个体系；中国不仅没有挑战现存的由美国主导的国际秩序，反而积极遵守和维护以国际法和公认的国际准则为基础的现存秩序，甚至在许多方面比美国更愿意维护联合国机制、WTO机制；中国没有彻底推翻现有秩序和另起炉灶的想法，而是以更加温和的态度推进国际体系的改革。金融危机爆发后，当其他国家领导人在试图劝说中国为向国际货币基金组织注资、重开贸易自由化谈判和重新制定全球金融规则作出更多贡献时，中国非常明确的表示："我们也清醒地认识到，中国仍是世界上最大的发展中国家，我们在发展进程中遇到的矛盾和问题，无论是规模还是复杂性，都是世所罕见的。"① 中国不愿意挑战现存的国际秩序，也不愿意主导新金融秩序改革，这种低调是与中国的和平崛起战略相一致的。②

二、建立健全战略互信机制，搭建双方互信平台

战略互信机制的功效不仅仅在于节约交易成本，还在于搭建一个信任的平台。用建构主义的话语来解释，制度还可以改变或生成国家的利益与偏好，而利益观的良性变化则可能使恶性的竞争趋于良性和健康的发展，利益观和竞争观的双重改变则有利于双方建立双赢的信任关系。保尔森曾说："当2006年中美战略经济

① 《中国量力参与全球金融救援》，《参考消息》，2008年11月25日，第1版。
② 《世界争论该不该押宝中国》，《环球时报》，2008年11月4日，第7版。

对话启动时，极少有人相信它能取得成功，有人警告我，当时开启这样的对话不合时宜。”他认为，中美战略经济对话今天之所以能够成功，很大程度上是因为它承认了中国的现实——打量了一个真实的中国，而不是美国人脑海中想象的中国。[①] 而且，战略互信机制还让双方的“意图和动机”较为透明，了解彼此的发展路线，增加对发展前景的可预测度。因此，为了让中美之间提高信任度，需要在中美关系的各个领域以及在两国的政府高层到普通百姓之间织起一张“制度之网”。当前，多重、复合型机制或对话渠道在中美之间进行了全面的搭建。迄今为止，几乎在每个重要领域，机制化建设或是深度展开，例如中美战略经济对话，或是初步实现，如中美议会交流、军事热线等。凡此机制，恰如一张纵横交错的网络，给中美关系系上了难以轻易拆解的纽带。

中美两军交流合作已步入机制化轨道。早在1996年第三次台海危机期间，双方已认识到缺乏直接的沟通渠道隐含着巨大危险性，即“任何一次简单的误判或闪失都有可能将中美两国拖入一场彼此都不愿看到的战争”。2001年“撞机事件”发生后，中美关系骤然紧张。据悉，当时美国驻华大使试图与中国军方联系，以防止紧张事态的进一步升级，却始终不得其门而入。可喜的是，经过20多年的磨合与发展，中美两军在高层交流、人员往来、防务磋商、军舰互访等多个领域的合作与交流已经进入了机制化的轨道，为两军关系的良性健康发展提供了保障和动力。从机制建设看，两国形成了包括从首脑热线到海上军事安全磋商机制在内的多种危机预防或反应机制。中美军事交流的机制化趋势，为双方增信释疑提供了交流平台和“机会之窗”。2007年11月5日，中美两国防长正式宣布将建立中美国防部直通电话，这不仅是中国人民解放军与外军建立的第一条高层军事热线，也标志着中美在军事安全领域的合作迈出了重要的一步。在每年的中美防务磋

① 《保尔森力挺中美经济对话》，《参考消息》，2008年12月4日，第7版。

商及军事交流中，中美就两军关系及各自重大关切问题互相交换意见。2008 年 10 月，布什政府放行一批对台军售，中方为表抗议，中断了两军的双边对话，鉴于中美军事交流的重要性，2009 年 2 月 27—28 日，中美两国又恢复了被冻结的防务磋商。这些机制的建立有利于双方避免战略误判和擦枪走火事件的发生，有利于危机预防、危机控制和危机管理，使得中美在应对危机方面的经验明显增多，处理的手法更加成熟。比如，2007 年底发生的“小鹰号事件”就在第一时间很快得到了控制，避免被炒大从而破坏正在恢复的两军关系。

同时要认识到，复合型对话机制和交流平台的建立对于彼此增信释疑起着非常重要的作用，但能否推动战略互信的有效建立，则将取决于对话的性质、程度、层级和内容。对话交流既可以拉近彼此的距离、减少战略误判，也可以被视为一种姿态，或者被当作烟幕弹。有时候，会晤或对话“是为了在国内进行宣传，寻找在处理与其他国家的关系时可以利用的杠杆，或是希望利用对方的弱点或犹豫不决而先下手为强”①；有时候，对话还可能起反作用，不仅未能加深彼此互信，反而因为更理解对方而增加更多的不信任，形成所谓“因不了解而结婚，因了解而离婚”的效应。以中美战略经济对话为例，这一原本由两国领导人亲自推动建立的机制，初衷是为了从战略高度处理中美经贸关系和从经贸角度稳定两国战略关系，但实践表明，“中国更注重对话的战略层面，而美国更多注重对话的市场层面”，② 如何使中美战略经济对话这一机制实现长效化、有效化，也成为一个现实的问题。

① ［美］理查德·尼克松：《真正的和平》，世界知识出版社，2005 年版，第 16 页。

② 张幼文：《共同利益是中美战略经济对话的基础》，《国际经济评论》，2007 年第 11—12 期，第 49 页。

三、认清美国不同利益集团需求，克服特殊利益集团的牵制

中美两国能够在何种程度上建立起战略互信，不仅取决于国家层次上的相互战略意图，更取决于两国政府高层能否更好地协调国内相关部门，克服国内特殊利益集团的牵制，将战略意图通过有效机制贯彻下去。

一般看来，参与中美交往的部门、地方政府、企业和行业越多，利益就越发多元化、分散化。不同的利益集体诉求不同，不能期待它们会自觉按照国家的最高战略需求来界定自身利益，规范自己的行为和发展战略。相反，它们会根据自己的利益和视角去诠释国家利益，进而去影响国家战略。同时，这些部门和利益集团还会根据自己的视角或需要，去解读对方国家的战略意图，将本来并不特意针对本国的行为，视为对方战略意图的表现。在这种利益驱动下产生的误解和误判，就不是政府间战略对话能够解决的问题了。比如说，美国军工集团的利益，需要依靠夸大中国军事力量和战略挑战、曲解中国战略意图来维持和拓展自己的产业。中国发表的国防白皮书等政策宣示，对这部分美国人来说，是丝毫不起作用的。美中经济与安全评估委员会和五角大楼更是精于此道的“老手”，它们渲染“中国威胁论”，制造中美之间的不和谐气氛，并不是真的要挑动美中对抗，很大程度上是作为向美国国会和新总统索要更多经费的借口。

如第四章提及的利益集团是美国政治体制的产物，它们对中美关系带来的某些负面影响长期内无法避免。所以，我们应当根据不同部门的利益需求，协调两国国内相关部门，克服特殊利益集团的牵制，来减少猜忌、增强互信。因此，我国应采取以下积极的应对方式：

首先，我们应当加强与对华友好的一些利益集团的经济关系，

主要是与中国有密切经济联系、在中国有巨大经济利益的企业组织，如波音公司、微软、通用汽车等，在利用外资促进自身发展的同时在美国国会中着力培养亲华势力。

其次，以国会为游说重点，不断扩大游说对象和活动领域，把握美国的政治体制、选举制度的特点，开展自下而上，上下结合的游说。

再次，对于军工利益集团，我们要厘清国家核心利益、核心机密与适度对外透明之间的界线，在可以透明的地方进一步解放思想，变被动为主动。美方对中国军力的增长始终持怀疑态度，质疑中国国防现代化的意图和能力水平，要求中国进一步增加军事透明度。对此，中国已在力所能及的范围内作出了积极的回应。例如，中国已经发表了7版国防白皮书，而且一次比一次透明；以往中国基本不参加联合军演，现在不仅邀请外国军事人员参观、观摩中国人民解放军的军事演习，而且于2006年中美之间举行了首次海上联合搜救演习；中国曾请美国参谋长联席会议主席登上中国战机，请美国国防部长到中国战略导弹部队参观。凡此种种，都说明中国在加强两国军事关系方面有足够的诚意。但是，军事透明是相对的，不是绝对的，任何国家都有军事机密需要保守。“透明度”之所以成为突出问题，既有美国借此敲打中国、借机摸清中国军事现代化底线等战略考虑，也有因两国战略文化差异、军事理念差异所导致的认知差距。军事透明不是目的，而是手段，没有战略互信，再透明也无济于事。有了战略互信，即使军事仅部分透明，双方也会相安无事。因此，厘清国家核心利益、核心机密与适度对外透明之间的界线，在可以透明的地方进一步解放思想，既有助于加速中国的军事变革，也有助于推进中美战略互信的增强。

美国的利益集团政治长期以来对美国外交政策的影响已成为不可忽视的现实，但是若能善加利用，同样能够避其锋芒，发挥积极效应。

四、努力探索中美合作的广阔空间，以具体的合作增进互信

为增进战略互信，我国应适当调适思维方式，尝试从具体问题入手，借一个个具体问题的具体合作逐步增进中美互信。我国在处理对美外交时惯于先原则后事实、先框架后具体、先格局后议题，是一种“原则（框架）—合作—互信—议题”的思维模式；而美国则往往正好相反，喜欢先从具体事情的合作开始，逐步增进互信，然后达成框架协议，是一种“议题—合作—互信—框架”的思维模式。目前双方的合作已较少有空白点，但深度、持久度仍有待挖掘，一些新的领域有待开拓。其中战略合作、能源合作、非传统安全合作与地区合作是可以进一步深化和拓展的。

1. 战略合作方面，中美在推进联合国改革、防范和应对恐怖主义、防止大规模杀伤性武器扩散、预防自然灾害、防控流行性疾病等国际重大问题上，也都存在着很大的合作空间。但如何在一些中美彼此有争议的国家或地区进行合作是一个新的课题。比如叙利亚、苏丹、缅甸、委内瑞拉、津巴布韦、伊朗、朝鲜等国家，这些国家与中国关系普遍较好，但恰恰是美国意欲整治的所谓“邪恶轴心”或“失败国家”。作为安理会两个主要常任理事国，中美如何协调立场，以既符合双方利益又有助于地区稳定，同时以对象国能够接受的方式去处理相关危机或问题，就存在着可以大力挖掘的合作空间。双方在朝核危机、伊核危机的应对上已经显示，两国在这些“第三方因素”的利益与理念差异方面可以一定程度让位于维护地区和平与稳定这样更大的国际利益。

2. 地区合作方面，中美战略对话已经探讨了两国在非洲地

区的合作，也坦诚沟通了在拉美、亚太等区域的猜忌。未来一个时期，应着重考虑以实际行动破解彼此疑虑，其中在东北亚地区的合作将成为一个绝好的试验场。因为东北亚毕竟尚未形成类似“上海合作组织”、“10+1”、“10+3”、“东亚峰会”这样相对定型的机制性安排，客观上为中美安全合作预留了空间。构建符合中美共同利益的东北亚安全机制，将打开中美区域合作一扇新的大门，以此填补中美安全合作的一个缺口，不仅有助于东北亚地区的和平稳定，也必将极大程度地增进两国间的战略互信。

目前令人欣慰的是，越来越多的美国战略家、官员、各界精英开始意识到，对于中国这样一个通过积极融入国际体系，而并非挑战现行国际秩序来实现自身崛起的新兴大国，不能以冷战时期对付苏联的老办法行事。以佐利克、基辛格、保尔森、约翰·桑顿、约翰·伊肯伯里等人为代表的“中美合作论”者，和以《中国：资产负债表》（美国国际战略研究中心发表）、《重建对华战略共识》（外交关系委员会发表）等重要智库的涉华报告为风向标的对华“深化接触论”者，在美国对华决策中的声音越来越响。但不容忽视的是，类似孟杰慕的《中国“幻想曲”》、凯利·蔡的《没有民主的资本主义》这类著作所显露的对华“接触无效论”，以及国会山、五角大楼、保守智库内依然阴魂不散的“遏制中国论”，在美国仍有市场。小布什时代后的奥巴马政府将在上述诸论中如何取舍，对以“负责任的利益攸关方”和“两面下注”为内容的对华战略框架如何调整与充实，是检验美国对华态度的试金石。对中国而言，则是以何种胸襟和心态看待美国当前的战略处境与中美实力对比的问题。实际上，只有准确评判美国的实力地位及客观把握中美两国的实力对比，才可能使我们在处理对美关系时始终保持清醒头脑，做到既自信又自省。总体而言，从中国对美决策的层次看，中国对美国的认知是客观和理性的，既看到美国一超地位的持久性，也看到美国对华的战略需求性；既敢于在事关核心利益的地方同美国斗争，也善于最大限度地调动和发挥美国对华政策中的积极因素。从这个意义上讲，中美实现战略互信、建立战略稳定是具备条件的。2012年2月，时任国家副主席习近平展开访美行程，此次访问可被视为深化中美“合作伙伴关系”之旅。习近平进一步提出中美要构建一种“前无古人，但后启来者”的新型合作伙伴关系。这种“新型大国关系”虽前无古人，但中美两国完全可以本着“逢山开路，遇水搭桥”、“摸着石头过河”的精神去探寻。2013年7日下午和8日上午，习近平同奥巴马在加州安纳伯格庄园举行了中美元首会晤。关于中美新型大国关系的内涵，习近平在会晤中用三句话作了精辟概括：一是不冲突、不对抗。就是要客观理性看待彼此战略意图，坚持做伙伴、不做对手；通过对话合作、而非对抗冲突的方式，妥善处理矛盾和分歧。二是相互尊重。就是要尊重各自选择的社会制度和发展道路，尊重彼此核心利益和重大关切，求同存异，包容互鉴，共同进步。三是合作共赢。就是要摒弃零和思维，在追求自身利益时兼顾对方利益，在寻求自身发展时促进共同发展，不断深化利益交融格局。因此，如何构建并发展中美新型大国关系便成为凝聚两国高层共识、共同指引两国关系发展的新目标。

第二节　加强观念和制度的变革，强化我国自身形象的塑造

国家形象的塑造来源于与其他国际行为体的互动，因为国际社会如同一面镜子，帮助个人完善自我形象。有时的形象“误读”，是由于自身观念和制度存在问题所造成。为减少美对中国的认知偏差，我国可以通过“改变自己”来“改变对方（态度）”。中美都是原则性很强的大国，单纯以高压的方式敦促对方做出某种改

变无疑很难，而通过自我调整来弱化某些对立性的观念和制度性因素，减少因意识形态、国内政治等因素对双边关系的冲击，是可以有所作为的。观念和制度变革伴随着中国现代化的进程，其最终价值在于为符合中国国情的现代化道路的探索提供指向标和路线图。中国的观念变革和制度变革摆脱了昔日的激进，本着务实的态度，体现出更加开放、更加中国化两种并行不悖的趋势。通过改革，加强自身形象的塑造，也是减少美国政府对我形象误读的最重要的主观性策略。

一、参与国际事务的观念转变：由渐进的融入国际体系发展为承担更多的国际责任

改革开放以前，中国较多地强调自己与国际社会的不同点，近代历史造就的“悲情情结”导致中国对现存国际体系的敌意和仇视心理，相应地带来“打烂旧世界”的对抗意识和追求，对当时的国际机制持怀疑批判的态度并且抗衡现行国际秩序。联合国被视为两个超级大国的角斗场；世界银行、国际货币基金组织、关贸总协定等组织被视为西方发达国家的工具；世界军控与裁军条约、机制被视为捆绑发展中国家的绳索；甚至一些民间的和平运动、人权论坛也被批判为资本主义和现代修正主义的传话筒，起着麻醉世界人民革命斗志的作用。总之，当时中国认为承认或加入这些机制，国家安全就会受到威胁，甚至有可能被和平演变。①

自 1978 年改革开放以来，中国外交发生了持续变化，主要源自于中国人世界观的转变，特别是中国领导人世界观的转变。观念的转变改变了中国参与国际事务的态度，推动了中国对自身利益和身份的重新认知。中国开始逐步融入国际体系，但在改革开

① 杜雁芸：《改革开放三十年中国国家形象的变迁》，《桂海论丛》，2009 年第 1 期，第 5 页。

放初期，为了促进经济发展，中国更愿意加入多边经济组织和机制，而对各种多边安全组织和机制则采取谨慎观望或有限参与政策，担心一旦加入就要受到制约或被孤立。在实施开放政策的最初十几年内，除了缺乏制度性规定、较为松散的论坛外，中国从来没有作为主要发起国参与建立任何多边组织或机制。同时，中国一直强调自己仍是发展中国家，争取和接受了许多发达国家和国际组织的大量援助、资金和技术，而对救助其他国家及联合国的维和行动显得并不热心。[①]

从80—90年代以来，中国开始全方位参与国际组织，并且逐渐加深了对国际机制的认识。1990年代末以来，国内关于“如何成为一个负责任大国”以及“和平崛起或和平发展”道路问题的讨论，在一定意义上代表了中国人关于自身国际责任的思考。[②] 随着冷战结束后多边主义的发展，中国与国际组织的互动逐渐加强。“在这种互动过程中，中国不断通过认知、学习和反馈，更加了解国际规范，中国的行为也更多地受到国际规范的约束。”[③] 在不断

① 杜雁芸：《改革开放三十年中国国家形象的变迁》，《桂海论丛》，2009年第1期，第5页。

② 关于中国国际责任意识的讨论，参见：秦亚青：《国家身份、战略文化和安全利益——关于中国与国际社会关系的三个假设》，《世界经济与政治》2003年第1期；秦亚青、朱立群：《新国际主义与中国外交》，《外交评论》2006年第5期；王逸舟：《磨合中的建构——中国与国际组织关系的多视角透视》，北京：中国发展出版社2003版，第1—12页；苏长和：《发现中国新外交——多边国际制度与中国外交新思维》，《世界经济与政治》2005年第4期；李宝俊、徐正源：《冷战后中国负责任大国身份的建构》，《教学与研究》2006年第1期；门洪华：《压力、认知与国际形象——关于中国参与国际制度战略的历史解释》，《世界经济与政治》2005年第4期；王海运：《中国现阶段宜定位为负责任发展中大国》，《环球时报》2006年2月24日，第11版；肖欢容：《中国的大国责任与地区主义战略》，《世界经济与政治》2003年第1期；郑必坚：《中国的和平崛起及其在亚洲的新角色》，2005博鳌论坛，http：//www. tecn. cn/data/detai. lphp? id =6863。

③ 秦亚青：《国家身份、战略文化和安全利益——关于中国与国际社会关系的三个假设》，《世界经济与政治》2003年第1期，第9页。

的实践中，中国不仅认识到中国利益与国际社会利益的一致性，而且在不断遵守规范的过程中，逐渐形成了中国应该成为国际社会负责任成员身份的认知。中国开始了国家身份再建构的过程：从一个孤立于国际体系之外的国家转变为体系内的负责任大国。中国主动的向国际社会提供更多的国际公共物品，除了物质性内容的援助物品、维和兵源等外，还包括非物质性内容如安全、生态环保以及维和基本规范、价值的国际协约与议程倡导等。2008年爆发的全球金融海啸，使全球经济处于低迷状态，而中国经济的稳健发展，弥补了美国高科技经济泡沫破裂所带来的经济发展动力缺失，中国经济发展的强劲势头为全球经济的发展提供了“公共产品”，为全球经济的繁荣作出了自己的贡献。“战后半个多世纪中国和国际社会关系的发展表示，中国正在由一个体系外的大国转变为一个在国际社会内发挥重要作用的国家，成为一个维护世界和区域秩序的现状性国家，维护国际社会和所在区域的稳定已经成为中国国际战略的重要任务。”①

二、不断深化体制改革，减少美国对中国的制度性认知偏差

近几年，我国国内的变革与美国的对华战略目标重叠性不断加强，冲突性有所减少。有学者强调通过“中国内部崛起的深化”来化解中国与美国主导的国际体系之间的冲突。比如，中共十七大所体现的中国近年来努力实践的各种改革，包括加强社会主义政治体制改革、倡导科学发展观、转变经济发展方式、注重环境保护等等，同布什、赖斯、保尔森等美国政要在各种场合所表达的对华战略期待有共通之处。随着中国政治体制改革的不断推进，

① 秦亚青：《国家身份、战略文化和安全利益——关于中国与国际社会关系的三个假设》，《世界经济与政治》2003 年第 1 期，第 9 页。

美国对中国的认知偏差有所改善，其对华政策也趋于务实。而我们也应积极稳妥推进政治体制改革，使我国社会主义民主政治展现出更加旺盛的生命力。

（一）加快行政管理体制改革，建设服务型政府

解放初期，我国的权力结构受苏联体制的影响很大，呈现出一种横向权力集中于党的系统，纵向权力集中于中央，党内权力集中于领导者个人的权力配置结构。美国政府视中国为“独裁政权”、“集权政府”。改革开放以来，我国政府加大力度进行政治体制改革，我国的权力结构发生了巨大的变化，已初步建立了具有中国特色的制衡结构框架，这也使得美国对我政治体制的印象有所改观。但我们仍需深化行政管理体制改革，“着力转变职能、理顺关系、优化结构、提高效能，形成权责一致、分工合理、决策科学、执行顺畅、监督有力的行政管理体制。”[①] 我们常说行动是最好的语言，第二性的形象取决于第一性的作为，因为事实胜于雄辩。对于各级治理者来说，在处理“国内问题”时要考虑“国际影响”。这不仅需要提升话语意识，更要秉持执政为民的宗旨、坚持依法治国的理念、恪守民主政治的原则，以民众“好评率”的提高，壮大“中国声音”；以民众“幸福指数”的不断提升，塑造中国形象。

（二）提升地方政府的对外交流

改革开放以前，我国政府的外交政策完全由中央政府控制，地方因素基本被排除在外。改革开放以来，我国要提升地方政府在我国政治权力结构的作用，要“规范垂直管理部门和地方政府的

① 胡锦涛：《高举中国特色社会主义伟大旗帜　为夺取全面建设小康社会新胜利而奋斗——在中国共产党第十七次全国代表大会上的报告》，人民出版社，2007年版。

关系”[①]，“中国的地方政府从内向被动的地方行为者发展为外向的国际事务参与者”。[②] 各级地方政府应加大力度开展越来越广泛的对外交流，从而日益影响国家的对外决策和对外行为。这种状况的进一步扩展将有利于提高我国对外开放的水平，也有利于进一步增强我国与世界各国的相互依存度。

（三）强化公众民主意识，培育多元参与者与国际社会交流

在新中国成立后的相当长一段时间里，中国对外政策的制定是以中央政府为主导的，社会力量对政府外交决策的影响微乎其微。然而，伴随着改革开放进程、社会的深刻转型和信息技术的发展，公众的民主意识显著增强，政治需求不断上升。因此，在塑造国家形象过程中，我国需要积极培育多元行为体参与，减少政府的直接操作，增加中国民间组织与个人接触国外民间社会的渠道。而在西方社会存在“政府、私营部门、社会民众”三方的分立与制衡，体现“小政府、大社会”的特征。在这种结构中，政府特别是外国政府并不容易有效影响包括私营媒体、非政府组织在内的市民社会，这往往需要第三方的参与，例如具有公信力的独立媒体及民间的非政府组织甚至个体民众。因此，面对日益多元化的国际社会，我国必须调整策略，培育多元参与者与多元的西方社会进行有效接触。在2008年反击西方媒体歪曲报道西藏事件的行动中，中国的民间力量发挥了巨大作用，他们通过网站、论坛等渠道将分散的个体迅速整合，形成一股强大的联合力量；汶川大地震中我们看到了中国民间力量的成长，中国民众的公民意识在灾难中被唤醒。总之，鉴于“有限政府”的认知，我国政府在把握宏观导向的前提下，必须适当

① 胡锦涛：《高举中国特色社会主义伟大旗帜　为夺取全面建设小康社会新胜利而奋斗——在中国共产党第十七次全国代表大会上的报告》，人民出版社，2007年版。

② 陈志敏：《次国家政府与对外事务》，长征出版社，2001年版，第317页。

鼓励和动员中国的民间机构以及民间力量参与国家形象的塑造与维护，这样官方与民间才能形成捍卫国家利益的合力。

（四）坚持以人为本，展现亲民的政府形象增强国际社会的认同

在“5·12”四川汶川大地震后，中国政府在救灾中体现出的人道、亲民与尊重生命的新形象获得了西方社会的广泛好评。2008 年 5 月 13 日，美国《纽约时报》发表评论说，温家宝总理在汶川地震救灾第一线的悲痛表情和强有力的指挥令人印象深刻，他为灾区群众流下的眼泪让人们看到了中国的悲痛，也看到了一个中国领导人爱民的情怀。[①] 在利比亚战争前夕，中国政府进行的大规模撤员行动，被赞誉为一次“鲜活的最佳国家形象宣传片”。因此，“生命之上，人性关怀”不仅是人类共同话语与价值观，也应成为我国政府的态度与追求。在体现政府形象的过程中，我们需要改变以往古板、空泛的传统说教模式，转而通过具体、鲜活的事实表现亲民、诚信的一面。

三、加强公共危机管理中的国家形象修复，重铸公信力

一个国家随时面临着危机困境，如何摆脱困境，恢复良好的国家形象，已经成为衡量国家社会政治文明程度的重要标准。危机管理要求政府在最短的时间里，有效调动配置各种资源，并不断满足公众的知情权，使危机造成的损失最小化。它主要包括成立危机处理小组，尽快收集并公布事实真相，慎重选择新闻发言人，及时澄清流言蜚语，掌握议题主动权等几个方面。

① 《美国：媒体直言“中国好了，世界才好”》，《参考消息》2008 年 12 月 25 日，第 15 版。

首先，要完善危机管理制度，增强危机预警及防御能力。当前我们应对危机的反应机制相对较成熟，在2008年汶川地震救援中，从高层决策到外交部发言人的表态，以及组织外国人到现场去视察、军方协调处理外部军机降落等一系列行动，都体现出较高的危机处理的专业化水平。但目前我国处理危机的方式更多的是危机处置，是一种被动的反应。危机管理包括危机预警、危机预防、危机处置。而从危机管理大的层面上来说，危机预警更为重要，因此要早做准备，要有预案。在危机处于量变的、最容易解决的潜在期，政府部门要有善于及时发现、捕捉危机前潜在信息的能力，要做到“月晕而风，础润而雨”，这样才能及时地公告国内公众，构筑心理防线。此外，我们还应强化危机意识、忧患意识，只有这样我们才会进行预警研究，才会有预案，也才会有制度上、体制上的预置。

其次，要具备坚定的信念和不容置疑的责任感。在危机公关中，面对公众的怀疑、国际社会的质询时，一个国家应该选择的正确做法是政府要担负起所有责任，给公众一个可靠的利益与责任保障。在处理危机时，一个国家必须真诚对待危机利益相关群体，而真诚负责的态度通常会带来公众乃至国际社会的理解。危机事件发生时，政府如果没有充分履行职责，遮遮掩掩，隐情不报，致使主渠道信息缺位，那么非主流信息就会迅速填充信息渠道，其中夹杂着的大量传闻和虚假消息难免混淆视听，造成人心恐慌和社会骚乱，给政府扭转危机、稳定局势带来阻力，其结果必然导致政府威信的下降和国家形象的损失。2003年“非典”疫情之所以负面地影响了中国的国家形象，就是由于前期信息不透明和发布不及时、统计不准确以及相关官员对疫情的掩盖和淡漠，导致了全国公众的恐慌和国外媒体的质疑。

最后，要具备危机过后的危机处理能力和形象修复能力。危机改变或破坏了原有的国家间或国内组织系统的稳定或常态，迫使其要迅速而准确地审视过去，提高新视角，迸发新动力，以一种超常规的方式改变旧系统，给社会发展以新机会及新方向。雷默在《北京共识》里用中国抗击“非典”的例子来说明这一道理。“非典帮助中国人更紧迫地认识到落后的公共卫生系统的缺陷，它导致了政府内部信息通报制度的全面改革，并加快了媒体改革速度。”① 2008年初的严重冰雪灾害和“5·12”汶川地震，给中国带来了巨大的生命财产损失。中国人民在党中央的领导下，以最快的速度、最大的力度抗震救灾，将以人为本的理念落实到实处，令国际社会印象深刻，也改变了世界对中国政府执政能力的评价。胡锦涛主席和温家宝总理对灾区的视察与慰问，令中国民众感动不已，也改变了一些部门的官僚作风，促使它们以更加高效、更加以人为本的方式采取行动。联合国潘基文秘书长高度评价中国人民勇敢无畏和坚韧不拔的伟大精神，高度评价中国领导人在抗震救灾中展现出的超凡领导能力。从中可以看出，有效的危机处理可以弥补损失，重铸政府公信力，树立新的国际形象。

第三节　推进中美文化交流互动，构建中美认知的共有观念

按照建构主义理论的解释，一国在国际社会中的国际形象并不取决于——至少不完全取决于——它自身的军事、经济实力等客观物质性因素，而是取决于国际间的社会性观念，即它同对象国或

---

① SARS demonstrated that China could withstand a massive external shock to its economy, erasing a lingering fear of nearly everyone in China. Moreover, SARS gave the new government of Hu Jintao and Wen Jiabao a chance to establish itself, it helped the Chinese see the cracks in their decrepit public health system in a more urgent light, it led to an overhaul of information reporting inside the government and accelerated the process of media reform. http：//fpc. org. uk/fsblob/244. pdf.

者目标国之间所达成的共有观念或所谓的“共识”（共有认识）。建构主义者认为，国家形象是由国际间共享的文化观念（结构或模式）社会地建构起来的。如果美国同中国共享一种积极的合作性观念，彼此间会以朋友看待，那么双方存在的认知偏差会相应减少；如果双方始终存在着恶意竞争性观念和对抗性观念，那么彼此会把对方的形象认定为对手乃至敌人。多数战略误判的根由，很大程度上受其国内公众舆论与文化误读的影响，民意与政治家之间的“判断错位”是造成国与国关系不稳的原因之一。而文化的交流与合作是“加强各社会之间相互容忍和理解并最终确保世界和平的理想工具”①，它“有助于各民族之间建立稳固和持久的关系，避免在国际关系中可能产生的紧张”。②

目前，我国从政府到普通民众都已经意识到弥合中美文化分歧、建构共同话语空间的重要性。十七届六中全会指出，应开展多渠道多形式多层次对外文化交流，广泛参与世界文明对话，促进文化相互借鉴，增强中华文化在世界上的感召力和影响力。在实际的对外宣传中，我们只有具体针对世界受众心理，沟通宣传才能事半功倍。41 年前，美国乒乓球队首度访华，成为中美文化交流的重要起点。1979 年 1 月 31 日，邓小平和卡特在美国签署《中美政府文化协定》，为全面恢复和拓展中美文化关系揭开了新的一页。此后，中美两国相继签署的 6 个文化交流执行计划，保证了文化交流与合作沿着互惠互利、平等合作、健康、积极的方向发展。中美文化交流日益密切，经历了由小到大、由浅入深、由点到面的过程，为增进两国和两国人民之间的了解与合作发挥了重要作用。当前，中美通过在文化上的相互交流沟通，增进了相互的了解和理解，减少了彼此间的认知偏差和分歧，从而培养了

① [美] 欧文·拉兹洛编：《多种文化的星球——联合国教科文组织国际专家小组的报告》，戴侃等译，社会科学文献出版社，2001 年版，第 206 页。

② 同上。

两国间的公认、共识（Consensus）和互信；同时，在国际上通过文化信息和价值观念的交流互动，产生文化影响力和吸引力，激发他国的认同感，建构起与他国之间积极的身份认同关系，在国际社会树立起良好的国际形象，最终达到维护国家利益的目标。

一、打造中国“和合”文化品牌，奠定美国对中国认知的文化底蕴

打造中国传统文化品牌就是打造中国文化的名片和载体，通过打造中国“和合”文化等品牌，为美国及国际社会正确地认知中国打开一扇文化之窗。

“和合”文化品牌　中国传统的“和合”文化源远流长、博大精深。“和合”作为中国传统文化的最高价值原则，最早确立于春秋战国时期，是先秦各家“同归而殊途，一致而百虑”的“一致”和“同归”之所在。《国语·郑语》记载了西周末年史伯论的“和同”：“夫和实生物，同则不继。以他平他谓之和，故能丰长而物生之，若以同裨同，尽乃弃矣。”[①]“和”蕴涵着“他”与“他”的关系，实际上是各种不同因素、不同事物间的相互差异、相互作用、冲突融合而达平衡；“同”则是排斥差异的简单同一，从而事物难以相互生存与持续发展。譬如，阴阳和而万物生，金木水火土差异事物合而成百物等等，完全相同的东西不能生万物。孔子以“和”作为人文精神的核心，强调“和为贵，礼之用”与“和而不同”的为人为政之道，揭示了“和”的本质内涵。孔子的“和”实际上是一种有差异的统一，而不是简单同一，其实质就在于统一体内多种因素的对立与统一，是从亲疏差别等的冲突中求和合。道家也重“和合”，老子以“道”为其哲学的最高范畴，讲

① 复旦大学国际交流办公室：《儒家思想与未来社会》，上海人民出版社，1991年版，第62页。

“知和日常”，有“道生一、一生二、二生三、三生万物，万物负阴而抱阳，冲气以为和”，是在人与自然冲突融合中求和合。墨子则从“兼相爱，交相利”的原则出发，将“和合”视为处理家庭、社会、国家间各种关系的基本原则，如果不能和合，则家不成家、国不成国，将陷于一种交相恶的状态之中。故有“内者父子兄弟作怨恶，离散不能和合。天下百姓，皆以水火毒药相亏害”。作为中华民族独创的精神财富，“和合”概念与“和合”文化有其特定的含义。“和合”是指自然、社会、人际、心灵、文明中诸多元素和要素相互冲突、融合以及在冲突、融合的动态过程中各元素和要素和合为新结构方式、新事物、新生命的总和。所以说，“和合”是中国文化的最高之道，是中国文化人文精神的精髓。

任何民族的传统文化都是经过漫长岁月积淀而逐渐形成的，它所反映的该民族的许多精神都已深深地融进了民族的血管里，陶铸着民族的心灵，并成为一定的心理定势和思维定势。“人们自己创造自己的历史，但是他们并不是随心所欲地创造，并不是在他们自己选定的条件下创造，而是在直接碰到的、既定的、从过去承继下来的条件下创造。”① 中国传统文化的魅力正在于内敛而深刻，不外露却自修身，善于通过自我提升而非强行输出来潜移默化影响别人，以实现和而不同的和谐境界。这就是为什么一个强调和谐宽容、兼容并蓄的民族与崇尚权力、对外征服的西方中心主义有着截然不同的世界观和民族特性的原因，这也决定了我们要以和平的方式实现自身的崛起，而并非以武力推翻现存的国际秩序。对于美国政界中存在的“中国崛起威胁论”和“中国战略意图不明确”等论调，我们应当以“和合”思想等传统文化作为切入点，从历史事实中寻找有说服力的例子，有理有据地来阐明我和平的战略意图，以此消除敌意。

---

① 马克思、恩格斯：《马克思恩格斯全集》第8卷，人民出版社，1965年版，第121页。

东方文化研究品牌　世界对于东方文化的研究是有悠久历史的。晨曦从东方地平线升起，东方是人类蒙昧时期所向往的理想光明的象征。英文中“Orient”一词，把“东方”作为“方向”、“定向”的同义词。意大利人马可·波罗在《马可·波罗行记》中记载：“外国巨价异物及百物之输入此城者，世界诸城无能与比。”[①] 其对元朝首都大都“四域八方，富有巨贾，奇宝异珍，齐集精华”的描述打开了欧洲国家观察中国的窗户。《一千零一夜》、《利玛窦日记》等传奇性的世界名著，驱使无数勇敢的人们醉心于东方文化的探索。数千年来，中国文化经历了盛衰兴替，至今仍屹立在东方，以顽强的生命活力，赢得了全世界人们的敬仰和赞美。在全球化的浪潮中，东方文化的价值理应得到研究和弘扬，人们期待着文化的曙光在东方重现。[②]“以古代文化发祥地称著于世的东方文化，自十五世纪始沉睡了数百年之后，势将再度崛起。”[③] 2008 年奥运会开幕式集锦了中国文化的多种元素，其融入了中国文字、儒学和活字印刷等，通过运用中国文化品牌，强化了西方国家对中国文化的认知。在新世纪，东方文化研究将迎来新时代。为了促进对东方文化尤其是中国文化的研究与交流，中国文化部 2003 年正式启动东方文化研究计划，编著了《世界汉学研究机构和汉学家名录》，制定了“东方文化研究计划 2003—2005 年预算方案”，接待了俄罗斯汉学家代表团和埃及汉学家代表团。这一研究计划正在成为推动世界汉学家交流互动的平台，将推动世界汉学学科的发展和中国文化的世界影响，有益于中国更好地走向世界，更好地促进世界研究和了解中国。

近些年，国际上对于儒学研究不断升温，我们可以加大力度以思想先贤和古代文明为载体加大宣传中国传统文化。1994 年由国

---

① 阎崇年：《北京历史上的对外文化交流》，载《前线》1988 年第 4 期。

② 章人英：《文化冲突与时代选择》，上海人民出版社，1987 年 2 月第 1 版，第 81 页。

③ 同上书，第 82 页。

家拨款作为启动资金支持的中国孔子基金会，通过募集基金、组织或支持国内及海外儒学研究，弘扬祖国传统文化；同时北京还成立了以研究儒学思想、继承儒学精华、发扬儒学精神，以促进人类之自由平等、和平发展与繁荣为宗旨的国际儒学联合会。同年，山东曲阜的孔林、孔府、孔庙被列为世界文化遗产。孔子是中国传统文化的代表人物，是中国古代伟大的思想家、教育家和哲学家，他提倡的“有教无类”的教育思想，至今仍对中国甚至世界教育产生着积极而重大的影响。相关部门在每年的孔子诞辰之际举办孔子文化节，以文化为平台带动经济发展和开展商业活动。我们“要积极向世界介绍、推广儒学研究的成果，把介绍中国优秀传统文化和宣传生气蓬勃的当代中国社会主义先进文化结合起来，从而更好地让中国走向世界，让世界了解中国”。[①]

国际文化艺术节品牌　近年来中国努力把一些国际文化艺术节打造成为知名的国际化品牌，为各国提供一个文化展示和交流的平台，力争把中国建设成亚洲的文化活动中心和世界主要的文化活动中心之一，推动中国文化“走出去”。中国文化“走出去”正需要“修炼内功”的精神，以十七届六中全会关于深化文化体制改革的精神为指导，在国内文化建设大发展、大繁荣的基础上向国外公众传递一种自信、开放、和谐的现代中国精神，增强中国公共外交的感召力和亲和力，塑造中国作为负责任国际社会建设者的国家品牌。在中国国内举行的“相约北京”、亚洲艺术节、上海国际艺术节、北京国际音乐节、吴桥国际杂技节、广西国际民歌节、武汉国际杂技节、郑州国际少林武术节、曲阜国际孔子文化节、无锡国际民乐展、平遥国际摄影展等一系列国际文化艺术节，自创建以来已经成为国际知名文化品牌。

这些文化艺术节具有两个明显特点：第一，充分发挥和利用中国优秀传统文化的优势。中国拥有数千年的灿烂文化，其中不乏

① 钟颂：《传统文化输血中国新外交》，《国际先驱导报》2004 年 12 月 27 日。

优秀的篇章。将中华优秀文化导入外交，铸就文化品牌，理应是中国文化外交的应有作为。如以少林武术、太极拳为代表的中华武术是中国独具魅力的优秀传统文化，在世界上有广泛的影响力和众多的爱好者，中国少林寺本部还在美国、德国等国家开设分寺，拥有众多洋弟子。第二，民族性与国际性融为一体。中国政府打造的这些重点文化品牌追求的不是文化民族主义，而是世界文化多样性。例如中国吴桥国际杂技艺术节在国际马戏界的影响日益广泛，“CHINA 吴桥”作为“东方杂技大赛场”的代名词已蜚声国际杂坛，成为国际马戏界公认的世界三大杂技赛场之一，与摩纳哥蒙特卡洛国际马戏节、法国巴黎“明日”与“未来”世界杂技节三足鼎立、各领风骚。如今，所设立的“金狮奖”已成为国际马戏界最向往、最瞩目的奖项之一。[①] 中国政府推出的这些文化品牌不但是中国展示其优秀文化的舞台，更是为世界各国搭建的多样性文化交流和展示的国际舞台。既有中国文化特色，又荟萃世界文化精华，使世界各种文化相得益彰、交相辉映。

二、通过大型文化项目的近距离交流，缩短中美文化的心理距离

文化交流是和中国走向世界、走向未来紧密联系在一起的。我们通过文化交流告诉世界，中国人在想什么，在做什么，中国对世界未来的期望是什么，这是心灵的沟通。同样，我们把外国的优秀文化引进来，也是在了解世界不同国家不同地区的人在想什么、在做什么。基于这样的互相了解，才能够建立一种信赖。要把中国的理念和对世界的看法告诉世界，我们希望世界和平，希望共同发展，中国人是发自内心的。因此，近年来，中国不断加

① 《二十载风雨历程铸就锦绣华章——中国吴桥国际杂技艺术节十届回眸》，载《石家庄日报》，2005 年 10 月 29 日，第 7 版。

强国家形象的塑造与推广，通过举办大型国际公关活动、促进文化交流机构在海外的建设、推广国家形象宣传片登陆海外媒体等方式，积极向世界展示中国的崭新面貌，从而缩短了中美文化的心理距离。

2005年在美国举办的“中国文化节”（Festival of China），是推进中美两国相互理解、推动双边关系发展的一个成功典范。2005年10月1—29日，中国文化部与美国肯尼迪表演艺术中心在华盛顿特区合作举办了为期一个月的“中国文化节”，30多个中国文化演出和展览项目在该中心集中推出，700余名中国优秀艺术家以肯尼迪表演艺术中心为中心舞台，全方位向美国公众展示中国文化艺术的成就和魅力。据了解，此次中国文化节是历次中国文化活动中得到美国高层领导特别重视、美国民众和媒体反响最为强烈的一次交流活动。统计显示，约40万观众亲历在华盛顿举办的各类艺术表演、展览等活动，另有100多万美国观众通过电视转播和网络方式参与文化节，“中国文化节”节目的票房率平均高达94%，这在该中心历史上实属罕见，华盛顿及其周围地区出现了“中国文化艺术热”。美国《纽约时报》援引纽约对外关系委员会亚洲研究部主任伊丽莎白·依科诺米的话说：“中国文化节在美国，尤其是在华盛顿的举办恰逢其时。它不仅提供了一个对中国的全景式介绍，同时也展示出中国注入世界的积极因素。”《华盛顿邮报》在第一版中心位置登出10月1日开幕式上中国京剧演员的大幅照片，并在艺术版上刊发介绍综艺晚会和焰火表演的文章。其他美国主流媒体也对“中国文化节”的活动进行了大量报道，积极的报道和溢美之词同美媒体以往多消极报道中国的情况形成了鲜明对比。对于“中国文化节”，美国官方也给予积极评价，美国国会参议员范斯坦和众议院美中工作小组共同主席柯克和拉森等众议员分别在参众两院提出共同决议案，对中国在文化艺术领域为人类所作的贡献表示赞赏。美国前劳工部长赵小兰在观看文化节演出时说，美中两国民众共同筹备、共同参与文化节，这本身就体现了两种文化的融合，体现着世界文化的多样性。深受美国民众广泛欢迎并获得官方高层助推的华盛顿“中国文化节”促进了美国人民对中国文化的理解和欣赏，如同美国国会决议案所说，文化间的相互理解和欣赏有助于推进美中两国整体的双边关系，中国5000年的文化成就丰富了这个世界，类似的交流项目和活动有助于加强两国的外交、商业、政治合作。规模宏大、精彩纷呈的华盛顿“中国文化节”是中国政府的一次出色文化外交，反响强烈，意旨深远。

就国际公共关系而言，一个国家是否有能力举办超大型国际活动，是衡量一个国家是否具有国际形象影响力和竞争力的重要指标。对中国来说，2008年北京奥运会，开启了中国形象在世界上的“辉煌起跳”，其间展示了中华民族博大精深的文化，也使外界近距离、真实的了解到了中国。北京奥运会和残奥会期间，无论是在开幕式、闭幕式上“用国际语言讲中国故事”，还是志愿者微笑服务与组织工作的“零投诉”，以及赛场上中国观众的热情、博爱、理性与宽容，都给世界留下了深刻印象。两年后的2010上海世博会又紧紧跟进，中国形象在世界范围内进行着“辉煌聚焦”，让后奥运时代的中国能够更加成熟地应对国家形象的塑造。奥运会是人类体能、生命力发挥到极致的展示，大大改变“积贫积弱”、“东亚病夫”的中国形象，让中国人告别屈辱和悲情，展现中国形象的奋进和崛起，向世界宣示一个民族的奋起；而世博会是人类创造力发挥到极限的展现，努力改变“因循守旧”、“创造匮乏”的中国形象，展现中国形象的想象和浪漫，着力打造一个幸福的国度。由此可见，通过诸如此类国际性的文化交流，促使中国加快与世界接轨的步伐，加快与世界的跨文化互动与共同话语建构。

2011年9月，中国文化部与美国肯尼迪艺术中心合作，举办了以“中国——一个国家的艺术”为主题的中国文化系列活动。来自中央芭蕾舞团、北京人民艺术剧院、国家话剧院、北京昆剧院等单位的12个高水平艺术团组为美国观众奉献了17场精彩演出。“山水意园——中国当代公共艺术展”和“瓷都——景德镇当代瓷画展”在华盛顿展出。文化部部长蔡武在威尔逊中心发表了题为“中国文化与中国和平发展”的演讲，提出了以文化引导未来、用对话促进理解、将文化竞争导向和平、共同维护文化多样性、形成可持续发展的文明理念等以文化促进中美关系发展的新主张。中国文化系列活动全面展示了中国传统文化及当代艺术成就，得到美国民众的广泛关注和积极反响，肯尼迪艺术中心14场演出的1.2万张门票全部售罄，《华盛顿邮报》等美国主流媒体对活动进行了报道。2012年，中美间诸多文化交流与合作项目正在或即将如火如荼地展开：中国当代戏剧和舞蹈艺术团将参加“林肯艺术节”演出；内蒙古乌兰牧骑舞蹈团将赴美与美国著名好莱坞歌舞团同台演出；天津市青年京剧团将赴美参加俄勒冈州“玫瑰节”和“莎士比亚戏剧节”；美国亚洲协会将在纽约举办“亚协中国年”活动；美国费城交响乐团将应中国国家大剧院邀请再度访华；美国中西部艺术联盟将来华举办“爵士大师展”……

每年春节期间，在美国各主要城市举办的“欢乐春节”活动也受到美国民众的欢迎。纽约帝国大厦连续几年举办“春节橱窗展”；旧金山的“春节大巡游”和洛杉矶亨廷顿图书馆的“春节庙会”深受当地民众喜爱；2012年1月，纽约爱乐乐团在林肯中心首次举办了由中国钢琴家郎朗、指挥家余隆参加的春节音乐会，获得极大成功……形形色色的中国文化活动成为美国人民了解、接触中国的极佳窗口。

三、寻求中西文化的共性，减少中美之间的“理解逆差”

美国前驻华大使尚慕杰曾经谈到，美中之间不仅存在商品贸易逆差、文化贸易逆差，而且存在“理解逆差”——中国人了解美国多，美国人了解中国少。一个国家的现代化进程，不可能在与世隔绝的情况下单独完成，需要有不同文化背景、不同文化系统、不同文化理念的点燃与嫁接。在多元化的文化语境中，不同文化之间的相互接纳、相互融合有赖于各自对文化的正确理解，特别是对于那些相对陌生、相对隔膜的文化，更需要加强相互之间的交流、对话。在文化交流中应该尽量寻求与西方文化的共性而非差异性，消除理解误差，避免文化在传播过程中产生意义偏移，进而消除不必要的对抗与冲突。

当前，中国文化的传播交流与西方对中国文化的定位存在着偏差。比如，红色始终是中国文化向世界展现的主色调，是中国民俗文化的表现，象征着红火和喜庆。而许多西方人却认为看到红色很容易联想起革命与鲜血，让人感到攻击性，这也许是“中国威胁论”的一种文化来源。实际上，同是代表中国文化的另一重要群体，中国古代知识分子也偏爱淡雅的颜色，比如中国古代文人崇尚的四种植物——梅、兰、竹、菊，没有一种是大红大紫。相较于红色而言，淡雅的色彩能表现中国文化中儒雅、柔和的一面，在对外交往中也能让人感到一种亲和力。因此，中国对外传播的主色调可以采用多元化方式，中国红与淡雅的色调并存，能够更好地表现出中国文化的广博与包容。再比如，中国人提出和推广“和谐世界”理念，应考虑国际社会有没有“和谐世界”概念？他们语境中的“和谐”是指什么？西方人的“和谐”（harmony），倾向于形容人与人之间的关系、人与自然的关系，但很少将其用在政治场合和经济领域。由此可见，中国人强调“和谐世界”的基本内涵，即国家层面的持久和平与共同繁荣，同国际社会的接受习惯和价值偏好是有落差的。有外国学者曾提出：我们的确喜欢中国的和谐理念，但你们要告诉我们如何用和谐的方法去解决现实紧迫的国际问题。因此，我们要考虑如何让“中国特色”成为“世界共性”，既不是“自娱自乐”，也不能“孤芳自赏”。与国际社会接轨是优化中国国家形象的关键问题。

中国文化与西方文化的一个重要共性是在强大以后勇于担当。“中国责任论”是中国公共外交需要破解的一大难题，其基本逻辑就是“能力越大、责任越大”。在西方世界颇为流行的电影《蜘蛛侠》正是以此句台词为点睛之笔，但这部电影在中国同样取得了不错票房。究其根源，就是因为“能力越大、责任越大”同样根植于中国文化的内核之中，否则金庸先生的武侠小说就不会风靡全球华人世界，因为那里面同样塑造了许多像西方蜘蛛侠、蝙蝠侠、超人一样的大侠形象，他们的共同点就是“能力越大，责任越大”，除暴安良，维护正义。可见，勇于担当实际是中西方文化的一大契合点，反映到当代中国对外行为上，就是勇于承担与自己能力相称的国际责任。

在经济全球化的历史语境中，如何通过有效的文化交流，来缩小和弥合人类社会在文化领域的对立与冲突至关重要。经贸的交往只能够加强双方的利益合作，可是并不能“购买到”对方的文化价值观，文化的理解必须通过文化的交流才能够实现。价值观念是任何社会或文化中民族性格的基石。在对外文化交往中，仅用自己的价值观念去评判对方的思想与行为，必然会造成对方误解而导致事与愿违。中美不尽相同的文化价值取向，决定了彼此的差异，中美文化也同时存在着极为重要的相容性，这是中美两国加强沟通和文化交流的坚实基础。当前中国公共外交面临的一大主要障碍是西方国家的冷战思维，其最大特征就是西方喜欢寻找中国与西方的差异，认为这些差异会导致中国对世界的威胁，其中最大的差异就是政治制度。冷战思维者认为，中国没有采用西方的自由民主制度就是反对普世价值。实际上，天下从来就只有共性的价值而没有普世的制度。在现代精神引领下，中国共产党人早就领导中国人民开始了追求人类共性价值的奋斗历程，其结果就是中华人民共和国的成立和中国特色社会主义道路的开辟。换言之，中华人民共和国与所有西方现代国家一样，都是现代政治制度形式，必定会做到外争主权而内保民权，这正是现代中国与西方最大的文化共性。在中国文化“走出去”过程中，一定要在这一点上下足工夫，让西方国家公众看到一个和他们一样追求现代文明的、开放而自信的中国。中国从来不搞任何形式的“文化渗透”，也从来不搞价值观或发展模式的“输出”。我们看到，改革开放30年来，一方面中国文化在积极地走出去，另一方面也有越来越多的外国优秀文化走进中国。而我们始终认为，在相互尊重、平等互鉴基础上进行的文化交流积极促进了东西方的理解与合作，成为促进世界和平发展的积极因素。中国的文化实践不断印证着我们所一贯倡导的“各美其美、美人之美、美美与共、天下大同”的文化追求。

四、提升华人华侨、海外留学生在中国文化传播中的作用和地位

海外华人是中国伸向世界的触角，他们既传递着中国的文化和价值观，又实现着对内反映世界变化的目的。文化能整合统一人们的价值观、思维方式、道德伦理观念，并且这种控制的功能不是强制的，它能在人们的思想深处筑起一道外来文化无法摧毁的“文化艺术长城”，即所谓的“遗传密码”功效。“一个国家的人们往往共同分析和维持着体现他们国家文化特质的理想、信念、梦幻、价值、观念、思想等，正是这些表现他们文化核心的集体意识指导和规范着这个国家和人民在处理国际事务中的言行及态度。”[①] 居住在异国他乡的千万华人华侨是世界最大的移民群体之一。作为炎黄子孙的后代，中华文明深深扎根在其心里，影响着

① 刘永涛：《文化与外交：战后美国对外文化战略透析》，《复旦学报》，2001年第3期，第63页。

他们的决定和行为。“中国分散开来力量不大，团结起来力量就大了。”① 2008年1月16日，温家宝总理在会见出席中国侨商投资企业协会成立大会的全体代表时说：“华人华侨无论走多远，祖国母亲都会惦记你们。我们都是祖国母亲这棵大树上的一片叶子，无论什么时候叶子都离不开大树，即使到老了，也还想着要落叶归根。”因此，我们应当树立“大侨务”观，将海外数千万华侨华人视为了解外部的重要渠道和发展国际民间友好事业的重要促进力量。

当前，海外华侨华人总共约为4800万人②，他们积极地扮演着文化使者的角色，成为展示中华文明、减少误解和疑虑的重要窗口。奥运圣火在伦敦传递遭遇拦截之后，时任中国驻英大使傅莹在英国《每日电讯》上发表文章，观点鲜明但极富人情味与个性化地阐述了中方的立场，引起了当地华人与英国民众的共鸣；中国留学生熟知西方和平示威与民主集会模式，在海外组织和平集会与示威活动，秩序井然地开展活动，拿出大量事实、图片并用当地语言进行演讲，获得许多西方民众的理解和认同。改革开放以来，中国派选大批优秀人才到国外留学、讲学，根据中国教育部2005年12月提供的数据，1978—2003年底，中国各类出国留学人员总数为70.02万人，留学国别108个，他们成为中外文化交流的主力军之一。中国留学生通过与他国民众的沟通，宣扬中国的文化精髓和对外政策，从而寻求对我们政策的理解和支持。

① 《振兴中华民族》选自《邓小平文选》第三卷，人民出版社1993版，第358页。

② 《二〇〇九年世界华商发展报告》http://www.chinanews.com.cn/hr/news/2009/02-02/1545306.shtml.

五、搭建中美交流沟通的桥梁，推动对外汉语教学

“文化传播的基础是语言推广。语言是人类最重要的思维和交际工具，是人类文明和人文精神的重要载体，文化交流首先是一种语言交流。”[①] 汉字文化是中国民族文化的重要组成部分，也是中外交流的纽带和沟通的桥梁，是中外交流最好的媒介之一，因而成为中国开展文化外交的手段。这一点中国与世界上许多国家的做法是一样的，例如：美国政府历来重视文化的载体——语言在国际交往中的霸权地位。无论是早期的“福布莱特法案基金”，还是后来的“美国中心”，美国政府都无一例外地将美国英语烙印在众多文化交流项目之上。法国推动对外法语教学（建立“法语联盟”）、英国推动对外英语教学（建立“英国文化委员会”）、德国推动对外德语教学（建立“歌德学院”）、日本推广日语教育等。[②] 改革开放以来，随着中国地位的提升，汉语已成为世界上的一个重要语言，近几年世界一些地方出现了汉语热。非官方统计显示，世界上把汉语当作外语来学习的人已经超过了1亿。[③] 大约100个国家的各级教学机构都教授中文课程，其中大学2300余所，中小学增设汉语课也成了新的趋势。作为国家级汉语水平认证的中国汉语水平考试（HSK）至2004年已在35个国家和地区的87个城市设立了52个考点，“汉语热”正在世界范围内持续升温。在美国，讲汉语的人在数量上已超过讲德语或法语的人，汉语已成为

① 王路江：《中国大学教育与中国文化传播》，载《中国文化研究》2005年春之卷，第2页。

② 茅晓嵩：《英国文化委员会》，载《国际资料信息》2005年第8期，第37页；周永生：《冷战后的日本文化外交》，上引期刊，第70—72页。

③ 《中国将在全球办百所孔子学院，倡导儒国和平文化》，载中新网，2004年11月29日。

美国仅次于西班牙语的第二外语。据美国《侨报》报道，美国目前有700多所高校和200多所中小学都开设了中文课程，华人华侨也开办了近600所中文学校，学生数以万计。① 自2002年以来，孔子学院举办的中文比赛“汉语桥”，已成为各国大学生学习汉语、了解中国的重要平台，并在中国与世界各国青年之间架起了一座沟通心灵的桥梁。

为了推动汉语在世界的传播和促进中外文化交流，中国政府相当重视对外汉语教学事业。1987年中国政府成立了“国家对外汉语教学领导小组”和“国家对外汉语教学领导小组办公室”（简称为“汉办”）。领导小组现由国务院教育部、财政部、侨务办公室、外交部、国家发展和改革委员会、商务部、文化部、国家广播电影电视总局、新闻出版总署、新闻办公室、国家语言文字工作委员会11个部门的领导组成。在“汉办”的支持下，中国开展对外汉语教学的高等院校目前已达到330多所。② 2004年，中国政府制定了对外汉语教学的五年规划——“汉语桥工程”。该工程涵盖了8方面内容：1. 加快建设孔子学院；2. 大力发展多媒体音像教材——乘风汉语、长城汉语；3. 积极支持AP（Advanced Placement）中文项目；4. 切实加强对外汉语师资建设；5. 加速推广汉语水平考试（HSK）；6. 扎实搞好对外汉语教学基地建设；7. 积极利用“汉语桥”基金、援助国外中文图书馆；8. 扩大“汉语桥”世界大学生中文比赛影响。③ 目前，上述8项举措正在国家统一部署下积极实施，并已初见成效。在国外建立孔子学院是国家

① 《海外有3000万人在学汉语，汉语离强势语言有多远》，载《环球时报》，2005年7月25日，第19版。

② 《中国将在海外建立孔子学院以推动全球汉语学习》，载新华网，2004年12月20日。

③ 《背景资料：世界汉语大会及教育部对外汉语教学工作重点》，载中国网，2005年6月15日。

“汉语桥工程”的最大工程。① 孔子学院并非一般意义上的大学，而是推广汉语文化的教育和文化交流机构，海外孔子学院将成为以开展非学历汉语教学、培训当地汉语教师、宣传中国优秀文化为主的汉语教学和文化交流的基地。目前海外已有近百家机构与中国接洽合作建设孔子学院事宜，截至2010年10月，各国已建立322所孔子学院和369个孔子课堂，共计691所，分布在96个国家（地区）。② 中国开设孔子学院推动对外汉语教学、为世界教育事业做贡献的举措得到了国际肯定。

古语道，国之交在于民相亲，民相亲在于心相通。文化交流是沟通不同国家人民心灵的最佳途径，随着中美人文交流的不断深入，产生文化吸引力，激发美国对我的认同感，建构起积极友好的身份认同关系，从而夯实中美关系健康发展的社会基础，并获得国际社会的积极肯定，以此提升和优化中国国家形象。

第四节 提高新闻传媒的职业水平，争夺国际舆论话语权③

在国际社会里，人们认识一个国家，主要通过大众传媒，可以说，国际传播对塑造一个国家的形象起主导作用。由于媒体具有左右舆论的力量，所以大众传播的国际报道和时政评析，直接影响着社会公众对某一国家的认识、看法和态度。而报道的侧重点以及评论这些问题的态度和方式，选取什么观点的讲话和文章，

① 孔子学院项目介绍，见国家“汉办”网页，http：//www. hanban. edu. cn/kzxy_ _ projects. htm.

② http：//guoqing. china. com. cn/2012 – 05/22/content_ 25441133_ 3. htm.

③ 本节内容节选于杜雁芸：《西方媒体对中国的误读及其应对》，《理论月刊》，2012年第3期，第102页。

都影响着公众舆论对一个国家的评价和定位。德国学者盖尔唐(Galtung)和拉格(Ruge)认为:“世界是由个体或集合的角色构成的,这些角色的形象是由我们的认识来决定的。虽然传媒不是塑造这种形象的唯一因素,但它的普遍性和持久性使它最有资格成为首要的国际形象塑造者。”[①] 因此,所谓“中国的国家形象”(China image),对于世界上大多数没有亲身感受的人来说,主要是通过国际传媒对中国的报道来认识中国。这涉及到新闻传播中的“形象塑造”(Image making)问题。美国新闻界泰斗李普曼(Walter Lippmann)在其经典著作《舆论学》中提出了一个著名的思想,即新闻媒介影响“我们头脑中的图像”。具体而言,就是大众传播媒体创造了我们对世界的印象。尽管他指出,新闻界提供的形象常常是不完整的和扭曲的,然而这些反映却是我们认识世界的基础。与此同时,某种情况下大众传媒在传播国家形象时,不仅是充当一般的中介角色,还可以说它是国家形象的“促销者”,起着“催化剂”或“定型剂”的作用,通过引导或制造舆论美化或丑化一国形象。据美国斯坦福大学一位教授的统计,从1996年之后的5年时间内,包括《纽约时报》、《华尔街日报》及《时代》周刊等在内的美国主要媒体出现的关于中国负面报道与正面报道的比例高达30:1。[②] 而长期以来美国媒体的报道基调一脉相承,客观效果上塑造了一个共产主义加民族主义加专制主义加异族文明加经济威胁的中国国家形象。新世纪以来,伴随着西方国家经济减速、贸易赤字增加、失业率增高以及全球环境恶化、能源消耗增大等问题的出现,西方主流媒体有意无意地将这些问题与中国经济的快速发展相联系,对中国多采取负面报道。2008年4月,美国《华尔街日报》凭借对中国经济快速发展而产生的负面

① Michael Kunczik, *Image of Nations and International Relations*, Media and Communication of Fredrich-Ebert-Stiftung, 1990, p. 27.

② 王永亮、曹晓霞:《剖析美国新闻霸权及应对措施》,《声屏世界》,2002年第8期,第54—55页。

影响的连续报道而获得“普利策年度国际新闻奖”。[①] 在当前的国际舆论中，对中国形象的塑造负面仍多于正面。在BBC对中国印象的民意调查中，2005年，认为中国发挥积极作用的比例为49%，2006年为39%，2009年下降到34%。2010年小幅回升，为41%。美民众对中国崛起的心态也是相当复杂的。2007年“世界公众舆论”网站和芝加哥全球事务委员会合办的民意调查结果显示，在调查涉及的18个国家中，认为中国崛起“将有负面意义”的人约有三分之一。提出“北京共识”的美国学者雷默曾指出：“中国目前最大的‘战略威胁’之一在于其‘国家形象’。中国目前最重大的战略挑战都与其‘国家形象’相关。”

由此可以看出，美国媒体对中国的报道和分析往往是不公正、带有偏见的。因此，我们必须考虑如何掌握自己形象制造权问题，必须打破西方媒体在制造中国国家形象方面的思想模式和话语霸权的垄断。

一、改变中国媒体国际传播的竞争劣势，培养具有国际影响力的传媒航母

国际舆论的形成应该是多元化个体共同参与的过程，但在塑造中国国家形象的过程中中国媒体的参与程度却很小，导致国际舆论仅由西方媒体主导，出现了对中国的报道偏差。因此，为提高我国传媒在国际上的竞争力，增强自身国际形象，维护国家的舆论安全，我们应打造自己的国际传媒航母，在国际上发出强大的声音，以影响国际受众。

第一，改革传媒体制。中国对外传播效果不佳与中国媒体“计划经济式”的管理模式有关。中国的媒体从计划经济时代发

① 参见2007年“普利策新闻奖”获奖介绍，http://news.163.com/special/000127/2007thepulizerprizes.heml.

展而来，基本上是按行政隶属关系设置的，绝大多数新闻媒体运用的是机关化管理模式，其为了避免报道失误，在新闻业务管理上相对较严格，致使新闻传播效果不尽人意。国际上媒体建设的经验表明：按市场化和商业化运行才是媒体发展的一种成功模式。当前我国传媒改革的重点不是改革规模，而是改革体制，要将对外传媒的行政管理体制转变为适应国际市场的文化产业化管理体制。我们应改变现有的运行模式，探索建立新形势下保证国家领导、适度调控、运行有序的模式；放宽对新闻报道的行政管制，减少行政审批的范围和层次，增强新闻媒体的独立性，赋予其更多更充分的新闻报道自主权，强调中性化、客观化，让他们真正按照传播规律去开展传播；我们要把社会效益放在中心位置，加强管理和引导，综合运用法律的、经济的、行政的手段实现对传媒的有效管理；我们还要建立起有效的对外宣传协调机制、各级政府和部门的对外新闻发布机制、重大突发事件对外新闻报道应急机制、对外宣传信息反馈机制、对外宣传工作激励竞争机制等。

第二，壮大传媒产业。我国的媒体基本上都是由政府或政府所有的大集团出资创办和运作的，这样的负担会造成在全球化背景下我国媒体的资金短缺，致使我传媒发展竞争力不强。在全球化的背景下，在传播国家形象的过程中，没有足够的经济实力和科技实力，就没有足够的舆论影响力，没有实力强大的传媒集团，我们就难以积极参与国际舆论竞争和国家形象的较量。目前，中国有5000多种报纸、9000多种杂志、2000多家电视台、500多家广播电台、160多个有资质开展新闻信息业务的新闻网站，相当于美国新闻机构数的89%，但在国际传播实力方面，中国却处于弱势，只相当于美国的14%。[①] 因此，我们要“大力推进新闻出版企业联合重组和结构调整，重点培育一批主业突出、辐射力强、综

① 孟建：《国家形象的传播力瓶颈》，《国际公共》2009年第2期，第40页。

合性、专业性的大型国有出版传媒集团”。[1] 必须加快组建具有较强的经济实力、较强的传播能力和较强舆论导向力的传媒集团，在国际舆论的竞争中保持主动，增强控制力和影响力。一直以来，中央高度重视传媒事业，多位高层领导强调要把主流媒体打造成“语种多、受众广、信息量大、影响力强、覆盖全球的国际一流媒体”。[2] 中央政府耗资450亿元人民币，分别用于中央电视台、新华社、人民日报等国际级媒体增设海外业务，以改善国家在国际上的形象。2008年12月，全国50家电视机构的负责人在北京签署协议，成立“中国电视新闻直播联盟”（China Satellite News Gathering Alliance，缩写CSNG），由中央电视台牵头组织的国内最大电视新闻资源收集和播发平台正式运行，联盟强调“信息首发”和“电视速报”，利用现代电视技术打造一个反应最快速、覆盖最广泛的全国电视新闻直播体系，强调新闻的原创率、首发率和落地率，实现全国电视新闻直播常态化。联盟还深化国内同业合作，推动与国际传媒之间的合作，借力传播，扩大覆盖面。成立该联盟是打造中国的CNN，为夺取国际话语权构筑新的阵地。

第三，建立第四媒体。随着信息技术的不断扩展，以互联网和信息高速公路为主的新技术已经成为“第四媒体”。作为第四媒体的互联网大大降低了不同国家、不同民族交流的局限性，成为信息传播的一个重要渠道。随着网络升级到IPV6网址编码技术，新一代的互联网平台将为人类创新应用互联网打开一个几乎“无限”的空间。网络传播力是“软实力”的重要组成部分，我们要重视通过这个渠道传播国家形象。实践证明，传播国家形象的手段越

① 新闻出版总署：《关于印发新闻出版体制改革工作要点的通知》，http://www.gov.cn/gzdt/2010-03/22/content_1562048.htm.

② 胡锦涛在2008年12月20日“纪念中国电视事业诞生暨中央电视台建台50周年大会”的贺电，李长春发表讲话，http://politics.people.com.cn/GB/1024/8552159.html；刘云山：《加大投入支持力度推动中国主流媒体发展》，《求是》2009年第1期。

先进、越现代化，传播就越快、范围就越广，影响也就越大。随着经济全球化不断深入，它的重要性将会更加凸显。谁掌握了网络传播力，谁就可以通过设置议程，获取话语权，从而在全球范围内“制造同意”，实现舆论同化。在西方媒体占据传统传播领域主导地位的情况下，互联网为我们提供了一条经济、快速、有效的传播国家形象的渠道。截至 2010 年，全球上网人数达 20.8 亿，中国网民人数已达 4.57 亿。这意味着，中国网民可以同超过全球 1/5 的公众进行交流沟通，扩大中国的影响。同时，在处理突发事件的舆论导向中，网络具有无可比拟的优势。2008 年拉萨“3·14”事件发生后，西方媒体对我进行了歪曲的报道，为了声讨西方媒体的不负责任行为，许多华人在网上开办论坛和网站，众多网民在 YouTube 等网站上发布真实的图片、视频，并借助 MSN 等把 YouTube 上面的视频链接发给国内外的网民朋友。这些网络行为从不同视角对事件重新作出全方位、立体化的再现，以新的事实驳斥了海外媒体的先行报道，用现实情况揭露西方媒体的恶劣行径，还原我国处理拉萨事件的一个真实面目，“这是第三方力量在澄清真相，他们的信息源更广，所起到的效果也比官方的声音更直接”。[①] 2009 年乌鲁木齐“7·5”事件发生后，中国国际广播电台“国际在线”土耳其文网与土耳其“方向”调频电台联合举办了“来自乌鲁木齐的声音”中土系列网络对话，使恶化的中土关系逐步走向正轨。胡锦涛同志曾强调指出，要加强网络文化建设和管理，充分发挥互联网在我国社会主义文化建设中的重要作用。高度重视和切实加强互联网新闻宣传工作，努力掌握网上舆论引导的主动权，使互联网站成为传播先进文化的重要阵地。要加强重点网站建设，搞好网上舆论引导工作。[②]

① 晓德：《全球华人抗议西方媒体对西藏报道的歪曲报道》，2008 年 3 月 25 日，《国际先驱导报》。http://media.people.com.cn/GB/40606/7044194.html.

② http://news.xinhuanet.com/internet/2007-01/23/content_5641610.htm.

二、转变新闻媒体的传播理念，适应国际传播的游戏规则

媒体作为传播信息的控制者和“把关人”，是国家形象的重要塑造途径，其自身的形象非常重要。按照霍夫兰的“可信性效果”理论，信源的可信度越高，其说服效果越大；可信度越低，说服效果越小。因此，对于传媒来说，树立良好的自身形象是争取受众信任、增强传播效果的前提条件。

（一）转变传播视角：以我为中心——以国际受众群体为中心

当前我国的国际传播仍然是“以我为中心”，对国际受众的研究较少，没有注意到对外传播跨国界、跨文化、跨语言“三跨”的特点。例如，中国观众习惯于宣达政令的庄重“新华体式”文风，西方观众却难以接受CCTV新闻播音员的权威和严肃，照本宣科式的新闻发布活动也不能吸引外国传媒。客观上，这就形成一个对中国媒体定位不利的内外合塑：我们宣称主流媒体是传播党的声音，而西方媒体在转引新华社的报道时，总喜欢给新华社加上一个标签——“官方通讯社”。美国记者援引中国媒体的报道时，总不忘加上一个词“official”，例如“official Xinhua News Agency”、“official media controned by Chinese government”等等。在美国文化中，“官方的”被认为是不“独立的”，是一种“宣传工具”而“不可信”。例如，新华社报道说新中国建设取得了巨大成就，美国媒体在转引时说成“中国的官方通讯社新华社说中国的建设取得了‘巨大’成就”，美国读者几乎都会认为新华社在为政府吹牛，尽管我们的传播是实事求是的，但收效甚微。西方媒体别有用心添加的“标签”，不仅使中国媒体的传播效果大打折扣，还从根本上削弱了中国媒体的权威性，甚至使西方读者对我们的传播产生逆反心理。

国际传播与国内传播最大的不同是它的“二次编码”过程，即对所传信息进行必要的语言转换和文化对接。这就要求传播者不但要将一种文字转化为另一种文字，并以传播对象国受众所能接受的话语方式和表现形式进行传播，还要与国际通行的认知、规范体系对接，与对象国的社会文化习俗对接。因此，我们要树立从传播者本位转变到受众本位上的传播观念，对外宣传必须以受众为出发点和归宿，而不是从传播者的主观意志出发；设置对外报道议程时，要特别考虑到海外受众和西方主流社会受众与我们不同的社会价值观、政治观念、生活经历和经济状况；要学会运用境外受众的思维逻辑和语言表达方式，借鉴西方的传播经验，在对外宣传中更多地采用客观报道手法，寓观点于事实中。

国际受众更喜欢听故事，而不是讲道理；更喜欢感同身受，而不是受教育；更喜欢从平凡中发现生活的美、从繁杂中体会简单和单纯，而不是在复杂和繁琐的“说教”中提升觉悟。因此，我们在对外传播时要尽量淡化政治色彩，提升社会新闻的报道比例和深度。我们应向国际社会多提供具有“人情味”的新闻素材。既然外国受众有抗拒中国媒体“官方色彩”的心态，那么我们在对外传播中要相应地改变淡化传媒的官方色彩，不以明显的说服形式出现，而要以提供观点、形成信息环境、使人在“媒体世界”中形成自己观点。中国在外国人心目中的国家形象，首先是作为个体——中国人的形象，国外受众希望从我们的传播报道中了解中国人当前的生活状况、思想特征、感情世界和观念心态。如果我们的报道仅仅局限于国家的繁荣昌盛、国家的强大发展，只见物而不见人，只见经济效益而不见人本关怀，这样的报道是不可能缩短我们与国际受众之间的距离的，更无法引起国际受众的共鸣。因此，我们在传播过程中，既要介绍改革开放以来我们在政治、经济各方面取得的成效，也要报道普通老百姓的日常生活；既要介绍我国物质文明建设的成就，也要涉及到人民群众的精神需求。我们要使报道更加具有人本气息、生活气息、人情味和亲切感，这样就可以适应西方受众重视个人价值的文化背景，有利于引起国际受众的共鸣。毕竟，媒体是通过打动人心、让人的心理和观念潜移默化发生改变而发生作用的。

另外，要针对不同地区、不同国家，就不同领域塑造各有特色的中国形象，也就是说，国家形象是立体的、多层次的。我们需坚持“受众者本位意识”，对不同的国际受众应“量体裁衣”，体现差异性。具体来说，对西方国家，强调“国际秩序维护者”的国家形象；对发展中国家，突出“正义捍卫者”的国家形象。在安全领域，塑造“爱好和平、维护和平”的国家形象；在政治领域，塑造“民主法治、安定有序”的国家形象；在经济领域，塑造“促进世界共同繁荣，共享全球化成果”的国家形象；在环境领域，塑造“人与自然和谐相处”的国家形象。

（二）转变传播理念：报喜不报忧——客观真实展现事件原貌

国内新闻报道必须坚持正确的舆论导向，但是“以正面报道为主”的原则在实际操作中往往是“报喜不报忧”，导致新闻媒体报道的片面性。美国传播学者霍夫兰在研究“劝服理论”时曾得出结论：如果受众群体从一开始就倾向于反对传播者的观点，那么将正反两面的意见都提出来，比只谈一面内容更为有效。因为这样做受众会觉得传播者的立场客观公正而乐于接受其观点。目前的现实是，中国人的传统思维——“家丑不可外扬”、“报喜不报忧”，影响了国际受众对中国立场的接纳程度。凡事都具有两面性，现实也不可能绝对完美，片面和极端地强调正面，反而不能令人信服。对一些社会负面问题和敏感问题，我国新闻媒体报道不充分，对突发性危机事件常常进行消息封锁，以为报道消极的事件会损害我国的国家形象。这种做法看上去滴水不漏，十分完美，但是完美和不完美、有利和不利相互渗透、相互影响、密不可分，这种矛盾性其实最能体现真实性。过于完美的描述反而激发了西方记者和媒体的新奇感，因为他们不相信“完美”，所以他们把注意力转向了挑剔或猜想。近几年，“中国威胁论”在国外甚嚣尘上，其出现主要是英、美、日等国的恶意诬陷和嫉妒，但与我国的失衡性传播也不无关系：一方面暴露出我国对外传播内容的偏颇，“报喜不报忧”的传播思维导致国外对中国GDP高速增长、飞船接连上天、军事装备精良等伟大成就形成片面的认识，其实中国发展过程中诸如泡沫经济、贫富悬殊、就业压力等现实问题也应在对外报道中有所反映。一味地只是宣传中国的成就与崛起，势必会对西方大国造成心理上的压力与不适。

这种“报喜不报忧”的做法，使西方公众认为媒体是被政府严格控制的。因此，我们在报道新闻事件时要坦诚布公，将事件的原貌展现给大众。对于一些敏感话题，比如西藏问题、台湾问题、腐败问题、政治体制改革问题等，我们可以在对外节目中进行讨论、深刻分析、正确引导。因为这些问题是真正关系到中国的国际形象的，既然海外媒体一直都在毫无忌讳地讨论许多中国人认为敏感犯忌的事情，那么我们与其逃避，不如更加开放、大胆，敢于把敏感问题拿到一个真正的国际化语境下，充分开放报道，充分展开讨论。如果我们一味地回避、退让或者打官腔，不去表达我们自己的立场和声音，那么我们就失去了正他人视听的机会。那么话语权就只能掌握在西方媒体手里，为西方媒体妖魔化中国提供了机会和口实。

在2008年“5·12”汶川地震件中，中国媒体摒弃了“报喜不报忧”、“家丑不可外扬”的传播理念，其报道的公开性和透明度受到国内社会公众的充分肯定。与我国媒体以往对突发性灾难事件的报道方式相比，此次灾难报道的透明性主要体现在对救援过程的真实记录，对事件进程的客观呈现，特别是对党和国家领导人部署和指挥救灾过程的没有粉饰的全记录，使得政府的救灾进程透明地展现公众面前；与此同时，对救灾过程中普通人的特写式报道也使得人性的光辉闪耀在世人面前。中国因媒体的公开和透明牢牢掌握了话语权，政府和媒体均赢得了国际信誉，让一些有偏见的国外组织、媒体和政要通过此次灾难难以妖魔化中国。实际上，西方媒体的报道中渐渐隐含了对中国的新认识，“反应迅速”、“组织良好”、“浓郁的人道情怀”是有关地震报道中常见的词汇。可以说，透过灾难报道，中国人民在灾难面前互助、仁爱、顽强等优秀品德第一次以极其生动具体的方式传递给世界。

（三）转变传播方式：生硬说教式——让国外主流媒体亲身体验

我国的对外传播没有跳出“国内宣传”的束缚，仍然采用那种“自说自话”的政治说教，内容大多带有一定导向的结论式报道。而对于国外受众来说，他们更喜欢中性、客观、平衡的观点与思想，“不情愿听说教，更喜欢自己得出结论”，排斥和讨厌“强词夺理”、“硬性灌输”倾向性很强的表达方式。因此，我国媒体要改进自己的传播技巧，克服以往的大话、空话、套话的说教方式，要巧妙地“寓观点于材料之中”，起到潜移默化、“润物细无声”的效果。要做到这一点，最有效方法之一是“讲述故事”——通过“说中国的好但同时也不回避中国面临的问题”这样起伏跌宕的情节来给传播的事实“穿上一件漂亮的外衣”，以此增强传播的吸引力，使国外受众愿意接受、喜欢接受，并自己得出认识中国的结论。[①]

从第五章分析中，不难看出西方媒体涉华舆论背后盘根错节的利益关系。在这个过程中，有些环节是中国难以改变的，如难以消除西方政客的意识形态偏见，也无法改变利益集团的利益驱动，更不可能转变敌对势力的反华立场。但在另一些环节，我们可以借助第三方的力量——增加与外国驻华记者的接触与互动，强化与国际公关公司的务实合作，加强与智库学者的沟通与交流等，发

① 赵启正：《向世界说明中国续篇——赵启正的沟通艺术》，新世界出版社，2006年版。

出我们自己的声音，这样可以在一定程度上减少中国建立客观友善舆论环境的外部阻力和障碍。同时，为减少文化因素和职业因素的误读，我们需要转变观念，放宽海外媒体的采访门槛，给外国记者提供较充分的信息，增加他们了解中国的机会，增加中国被国外主流媒体报道的机会，逐步与国外主流媒体记者建立合作与信任。这样，可以使报道更符合事实。事实证明，越是封锁消息越是容易被误报，采取合作的态度反而有利于国外主流媒体准确报道中国。20 世纪 40 年代前后，来中国采访的一些以史沫特莱、爱德加·斯诺为代表的一批国际新闻工作者，虽然并没有上述特殊的中国情结，但他们有过较长时期在中国生活和工作的经历，对中国的情况比较了解，往往能够比较公正、客观地看待在中国发生的事情。美国亚利桑那大学麦金农教授（Stephen R. Mackinnon）称之为“浪漫的一代”①。而 1949 年后中美邦交中断，美国记者在中国的活动出现了近 30 年的空档，又由于两极格局和意识形态的分歧，美新闻记者对中国的报道极具敌意。1998 年美国总统克林顿访华期间，美国媒体向国内发回了大量有关中国的积极正面的报道。克林顿随行的人员对新华社记者李希光说：“这些美国记者这次来中国看到的画面与尼克松总统访华和不是总统访华时看到的中国完全两样。今天的中国是个开放的中国，中国人民享有了更大的自由……克林顿访华将改变中国在美国人心目中的冷战形象，对彻底改变共和党的国会议员在美国舆论中长期塑造的‘毛主义的’、‘红卫兵式的’僵化的中国形象将产生深远的影响。美国传媒这次跟随克林顿总统访华反映出来的中国新形象将在未来许多年里停留在美国公众的脑海里。”②

2012 年 2 月 14 日，习近平副主席访美，不仅聚焦中美政治和

---

① 麦金农：《浪漫的一代》，载《爱恨中国》，香港大学新闻及传播研究中心出版社，2000 年版，第 16 页。

② 李希光：《中国有多坏?》，江苏人民出版社，1998 年版，第 66 页。

经贸等宏大议题，而且也是一次“润物细无声”的人性之旅。习近平用了通俗歌曲中“路在脚下”的歌词来寄托对中美建立良好关系的期许，借用广告词“没有最好，只有更好”来表达中国改善人权问题的诚意。有专家认为他应对时潇洒自如，表现“一级棒”。习近平还与洛杉矶市市长维拉戈沙一起观看洛杉矶“湖人队”与“菲尼克斯太阳队”的篮球赛。这是中国领导人首次现场观看 NBA 比赛，被认为是“善于沟通”的表现。之后，习近平造访了位于美国中西部艾奥瓦州的小城马斯卡廷，与 27 年前访美时见过的居民重聚，成为此次访美中最温情的一刻。习近平深具魅力的个性和极具感染力的人性之旅，不仅有利于提升中国的国家形象，也柔性而坚定地表达了中国的原则和底线。习近平用心灵与美国人真挚交流，通过美国媒体传达中国人的声音，让人看到中美可以开诚布公地探讨分歧，有效增进了中美互信。

我们还应利用全球性媒介事件，特别是倾力举办各国政府和公众均感兴趣的全球性媒介事件，有效传播中国的国际形象。2008 年在中国北京举行的第 29 届奥运会，是一次举世瞩目的重大媒介事件。在奥运会期间，境外媒体在我国获得了与国际惯例一致的采访自由，这是我国传播政策的一个重要变化。中国借西方媒体的声音，大力展现中国和平、发展的国家形象，进一步提升中国的国际形象。在北京奥运会举办后，美国《纽约时报》陆续发表文章，赞扬北京奥运会“盛世空前”，“东道主实力雄厚”，“组织工作无懈可击”。这些报道，无意中帮助重塑了中国在美国人心目中的形象。

（四）增强快速反应能力：丧失时效性——抢占舆论报道主动权

争取主动、增强快速反应能力是对外宣传中抢占国际舆论制高点的一个重要原则。因为加强实效性、增强快速反应能力，在第一时间发出“声音”，有利于争取舆论引导的控制权，实现良好的价值引导。传播学中有一大规律：先入为主的信息最能有效地对公众行为施加影响。有研究表明，先进入人脑的信息，需要之后再费7倍功效才能被否定，进而重建新信息。迟滞与沉默等于拱手相让舆论控制权。在国际传播中，争夺舆论引导主动权的做法常常是使消息、深度报道、评论语与新闻事实同步，谁做到了这一点谁就能先入为主地引导舆论。过去在一些突发事件的报道中，西方往往道听途说，抢发新闻，大肆歪曲地进行评论报道，先入为主地在全世界各地广泛散布。而我国媒体在自身角色定位上存在着误区，他们把自己视为中国政府的发言人，认为信息发布就必须准确，为了准确，导致许多国际事件的报道十分迟缓，丧失了时效性，而新闻没了时效性也就没有了价值，对舆论的引导也没有产生很好的效果，这就影响了他们在国际新闻传播领域的声誉和形象。

要做到先声夺人，对于重大突发性事件以及国内外公众关注的重点、热点、难点问题不要回避，而应该及时地公布相关信息，让我们自己的媒体首先加以准确报道，这样才能有效地引导舆论，避免那些对中国有偏见的境外媒体的恶意炒作或歪曲造谣。2003年初，在“非典”疫情爆发的初期，由于我们的对外报道不及时、不透明，结果引起了外界的广泛质疑，影响了国家和政府的声誉。之后，中央开始推行政府新闻发布制度，从中央到地方的政府部门均设立新闻发言人，主动积极地与国际社会进行双向沟通和交流。一个显而易见的事实是，在“非典”之后，“对外传播”这个词逐渐替代了“对外宣传”的说法。4月20日以后，主要媒体加大抗击“非典”对外报道的力度，不仅及时报道了疫情进展情况，而且根据境外受众的特点，组织采写了大量充满人情味的稿件，反映了中国新一届政府“以人为本”的治国理念，展现了社会各界在危难时刻所焕发出的愈挫愈奋、坚韧不拔、团结战斗、自强不息的崇高民族精神。媒体还及时客观地报道了世界卫生组织对我国“非典”疫情的考察情况，从而平息了境外有关我国疫情的谣言，使我国抗击“非典”工作得到国际社会的普遍理解、同情和援助。2008 年汶川地震发生后，新闻媒体第一时间报道了温家宝和胡锦涛等国家领导人先后奔赴灾区、社会力量纷纷参与救灾与重建以及为地震死难者举国哀悼的场面。这在中外媒体、官民评论中产生了巨大效应，好评如潮：“这是中国共产党和中国政府政治上的一大突破，体现了以人为本、执政为民的中国党和政府的新的价值观。”[①] 2009 年新疆“7·5”严重暴力犯罪事件发生后，中国政府开始积极邀请境外记者团和驻华大使团前往乌鲁木齐观察真正的现实情况，这成为我国国际传播走向成熟的一个标志。可以说，无端指责的报道总是存在的，刻板成见和意识形态偏见也是难以避免的，但我们让外国记者亲身感受、真实接触，让他们自己了解真实的中国，就可以使报道更符合事实。以上事实充分证明，即使是带有负面内容的新闻素材，只要抢占先机、抓住舆论报道的主动权，负面效应不但不会产生，而且还能产生积极的效果，有益于树立国家的良好形象。

总体上看，中国的国家形象将取决于中国的能力和行为，中国的自我解读及与外界的沟通将有助于形成中国的正面形象，但这个作用将是有限的。西方媒体对中国的认知不受中国价值观的左右，利益出发点也不一致，他们对中国的好恶态度总是十分复杂，难以把握。其实仅就自我展示来说，中国能做到的就是让外界真实了解中国的现状，却很难让外界相信中国的意图、中国对世界到底有多友善。关于中国的善意，更多要通过中国的行为一点点积累外界的信任，中国的自我解释则能让这样的积累少受干扰。一方面我们要看到这个现实，在树立国家形象上不能太着急。我们要清楚，西方主流媒体对中国的负面认知永远都会有，在很长的时间里不喜欢中国的人还会很多。但另一方面，我们不是无所

① 《汶川地震后中国政治的进步与不足》，载《中国选举与治理》，http://www.chinaelections.org/News Info.asp? NewsID = 128950，2008 年 6 月 6 日。

作为。国家关系毕竟不是人际关系，迄今为止各国有不少成功塑造自我形象的经验，这样的事例在中国的对外关系中也有不少。比如北京奥运会，西方媒体曾预言中国的举办将使自己丢分，但四年过去了，奥运会带给中国的正面收益正越来越多。

我们既重视国家形象，也要有对外部误解很强的承受力。因为如果我们过于敏感，攻击中国就越发成为西方媒体为难我们的工具。走我们自己的路，让别人去说，这样的豁达本身就将为中国的形象加分。

结　论

写作已进入尾声，笔者希望整理思路，对研究发现做一个总结。通过对“美国政府对中国国家形象的认知”的研究，笔者发现以美国为主导的国际社会对我国国家形象的认知与我国自我形象的定位具有较大的差异。本书撰写之前，笔者始终认为中国的国家形象在国际社会中反响良好，所谓“妖魔化”也只是极少数反华政客所为。但通过研读大量的外文资料，发现我们对自身国家形象的评估同以美国为主导的国际社会对我们的认知相差甚远。美国对我形成认知偏差除了霸权护持、国内政治竞争和意识形态输出等有意认知偏差外，还受到认知规律、历史经验、文化传统、认知建构过程等无意偏差的影响。换句话说，偏差的形成实质上揭示了在中国崛起给现存国际秩序带来震荡的背景下，中国的大国形象塑造正在经受源自力量对比变化、认知惯性、政治文化差异与社会心理失衡等方面的社会性压力。

另外，媒体对于塑造国家形象有着十分重要的作用。通过研究发现，与中国接触较多的美国政府官员，他们的中国观相对比较客观公正；而对中国存在偏见颇多的美国政客及民众，他们大多不太了解中国，其对中国形成的负面意象，主要是由美国媒体所塑造的。因为，美国的外交事务对美国人日常生活影响不大，多数民众和社会团体倾向于接受媒体的传播结果和评判标准。媒体对信息的曲解会放大偏见和无知，从而改变受众形成正确见解的客观基础。因此，改变美国政界及民众对我形象的认知，最有效的方法就是加大媒体的传播效应，争夺塑造自我形象的话语权。

同时，在加强自身形象构建的同时，要学会换位思考，用他者的视角审视自己。随着中国的不断崛起，与之相伴随的另一个日益明显的现象是：美国看中国的视角，从原来的俯视，逐渐发展到平视。因此，面对“他者”——中国的崛起，美国无论是国家层面，还是社会层面，都需要有一个很长时间的认识和适应过程。这个过程也将是中国和西方力量对比、影响力消长变化的过程，在这个过程中，相互的认知碰撞、摩擦是在所难免的，而且会在不同的领域和不同的问题上有不同的表现。其实，“外国人对中国的认识好比是一面历史的镜子，照一照这面西洋镜，从中领略生活于本土意识之外的人们对自己的看法，了解我们在西方的形象变迁史，无疑将有助于我们反省和完善自身的民族性格；在现代化建设和国际交往中，增强自我意识，更好地进行自我定位。这也是人们常说得‘借别人的眼光加深自知之明’的意思。”① 因此，我们可以跳出“只缘身在此山中”的思维定式，用他者的视角重新审视自己，才能有针对性地对自身形象加以构建。

本书今后仍有广阔的研究空间。有些问题虽然很有意义且具前沿性，但由于本书篇幅及结构限制，无法在文中展开论述。因此，笔者列出几个今后将进一步深入研究的论题：

1. 国家形象的认知有待深入研究。目前，国内学术界对国家形象的研究颇多，主要成果侧重于对本国国家形象象征性的判断、运用软实力学说对国家形象进行阐释和具体国家形象传播策略的研究。大多数研究文章的着力点是以政策建议为主，且对概念进行“静态”的理论性阐述。笔者认为，国家形象的精髓及“灵魂”

① 黄兴涛、杨念群：《“西方视野里的中国形象”主编前言》，载哈罗德·伊萨克斯著《美国的中国形象》，时事出版社，1999 年版，第 7 页。

在于认知上，对国家形象的分析应从“动态”的认知视角进行分析。因此，在本书的基础上，今后笔者将把心理学的相关理论融入国家形象的理论分析中，进行跨学科的边缘研究；同时，笔者还将运用实证研究方法，对国家形象进行定量统计分析，力求定性的分析建立在可靠真实的定量研究之上。

2. 提炼形象认知与决策之间的规律性。西方学者科特勒（Philip Kotler）认为，形象是指人们所持有的关于某一对象的信念、观念与印象。[①] 也就是说，形象是人们对事物的主观感知。决策者在具体的决策环境和过程中处理所接收到的刺激物的信息时，必然会受其头脑中已有理论知识和意象的影响。正是认知主体对输入信息（感觉资料）与认知组织（认知结构）的联系决定并给出了所知觉事件的意义。[②] 如果决策者在这个过程中对接收到的信息做出错误的选择判断，即人的认知过程（知觉）是错误的，他的理解就会是错误的——由此产生了错误知觉，那么他的反应也会是错误的——决策和行为随之偏离实际。正因为如此，形象认知在决策过程中起着十分重要的作用，不同的形象认知影响一国对另一国不同的政策取向。鉴于前人的研究成果，我们可以看出形象认知在国家对外决策中扮演着极为重要的作用。罗伯特·杰维斯等学者虽然提出国家形象认知对决策的重要性，但形象认知与决策之间规律性的阐述目前仍未见有文献提及，国家形象认知如何影响对外决策、美国政府对华认知在其对华决策中的地位都是作者今后继续努力的方向。在研究此两项内容的同时，挖掘提炼形象认知与决策之间的规律，可以从认知偏好上进一步预测美国对华策略的发展走向。

3. 对华认知偏差的原因有待进一步探析。国内许多学者在分

---

① Philip Kotler, *Marketing Management*, *Analysis*, *Planning*, *Implementation and Control*, 9th ed, Prentice Hall International, Inc., 1997, p. 607.

② Irving Lester Janis, *Groupthink*: *Psychological Studies of Policy Decisions and Fiascoes*, Houghton Mifflin, 1982, p. 7.

析对华认知偏差的原因时，大都是以回应美国政府及国际社会“妖魔化”中国为视角，而此种视角的分析会增强读者的国家意识，激发公众的爱国激情，但往往呈现出情绪化的特点，有失客观公正。作者在论文中总结出有意认知偏差和无意认知偏差两种原因，但仍不能涵盖美国政府及国际社会对华认知偏差的所有原因。随着中美关系的不断深化，美国对中国的形象认知也在不断加深，美国对中国的无意认知偏差将会逐渐淡化；而随着中国在国际社会上的影响力不断加强，根据“利益、政治及价值观”的政策驱动，美国政府对中国的有意认知偏差将会不断强化。这也是作者今后继续关注和不断论证的研究议题。

4. 美国政府对华的形象认知需要进一步跟进。本文研究的时间跨度是从新中国成立后到奥巴马政府的第一个任期。2008 年可以视为中美战略力量此消彼长的关键节点，也是美国对中国国家形象认知的关键转折点。其一，国际金融危机爆发前，美国的“一超”地位无法撼动，对中国的审视，始终是一种俯视的姿态。而金融危机爆发后，美国经济不景气，社会贫富差距扩大，以致其根本社会制度遭到质疑，从而使美国的“领导地位”受到削弱。但中国却在全球金融危机中一枝独秀，综合国力大幅提升，国际地位也明显提高。美国怀疑中国会挑战其世界领导者的地位，将战略重点“移师”亚太，其矛头所向已经不容置疑。美国利用我国与某些周边国家的领土主权争端和海洋划界分歧等矛盾，加强与既有同盟国的合作并扩大与某些尚未结成同盟关系的“友好国家”的军事联系，通过“拉帮结派”增大其总体战略力量，并希望让中国“四面树敌”。因此，中美国际地位的此消彼长，更加重了美国对华的错误认知，而美国对华有意认知偏差更多于无意认知偏差，且更具针对性、长期性和务实性。由于双方的国际战略地位发生变化，研究的视角也需要进行调整。其二，中美都处在各自的特殊时期进行博弈。无论是处在改革攻坚期的中国，还是处在大选之年又遭遇长期经济困难的美国，两者都对外部环境变化十分敏感，都缺乏对对方的信任。当前，美国大选已尘埃落定，现年 51 岁的奥巴马击败了 65 岁的前马萨诸塞州州长罗姆尼（Mitt Romney）连任总统。经历奥巴马第一任期后，中美关系正进入新的历史时代，两国关系的基本性质已发生改变，由原来的双边一体导向关系，转向地缘战略影响力的争夺。在这样的背景下，奥巴马第二任期内，中美关系还是会以合作竞争为主，但并不排除个别议题上的冲突。因此，当下研究其对中国国家形象的认知还不够全面完整，这需要作者的持续跟进。

美国政府对华认知由内外两个层面的要素构成：一是现实中的中国；二是美政府眼中的中国。中国形象与美国印象的落差越小，美国政府对华错误知觉的几率就越小，中国与美国的双边关系就不易陷入一种恶性循环的互动螺旋状态。因此，对内，我们要加强观念和制度的变革，内塑我国自身形象。对外，我们应明确我国和平发展的战略意图，减少美国的战略猜忌；加强中美文化交流互动，构建中美认知的共有观念，减少彼此间的“理解逆差”；主动了解美国及国际受众的认知喜好，要有针对性地“投其所好”，塑造国际社会对华有利的“认知偏好”，营造有利于中国和平发展的国际舆论环境；中国更需要认真学习在全球舞台如何展现自己、如何赢得国际民心。

在全球舞台，国家形象的提升不仅在于你说了什么，更在于你做了什么。中国重视多边主义，在维护世界和平与促进共同发展方面，切实履行大国责任，使国际社会越来越感受到中国的和平之心、助人之意，中国的国家形象也在自身的默默奉献中得以提升。历史和现实均告诉我们，负责任的大国不仅要贡献物质产品，也要贡献精神产品，不仅要修炼自身，也要积极引导国际价值观。的确，凡是缺乏价值观追求和价值观引导的国家都是难以得到国际社会充分尊重的。中国已经开始向国际社会贡献“和谐世界”理念、“和平发展道路”等公共产品，严峻的挑战是如何将中国的理想和信念“内化”为国际社会的共同信仰和追求。

总之，在全球化时代，良好国家形象的形成绝非一蹴而就，这是一个系统工程。就中国而言，只有将推动建设“和谐世界”的国际战略与提升国家形象的外宣战略进行统筹协调、共同推进，才能在“知行合一”的基础上有效地提升国家形象。

参考文献

一、中文著作（译著）

[1] 马克思．恩格斯．马克思恩格斯选集［M］（1—4卷）．北京：人民出版社，1995.

[2] 邓小平．邓小平文选（第二卷）［M］．北京：人民出版社，1994.

[3] 邓小平．邓小平文选（第三卷）［M］．北京：人民出版社，1994.

[4] 江泽民．江泽民文选（第二卷）［M］．北京：人民出版社，2006.

[5] 江泽民．江泽民文选（第三卷）［M］．北京：人民出版社，2006.

[6] 胡锦涛．高举中国特色社会主义伟大旗帜　为夺取全面建设小康社会新胜利而奋斗——在中国共产党第十七次全国代表大会上的报告［M］．北京：人民出版社，2007.

[7] 胡锦涛．高举中国特色社会主义伟大旗帜，以邓小平理论、“三个代表”重要思想、科学发展观为指导，解放思想，改革开放，凝聚力量，攻坚克难，坚定不移沿着中国特色社会主义道路前进，为全面建成小康社会而奋斗——在中国共产党第十八次全国代表大会上的报告［M］．北京：人民出版社，2007.

[8] 陶文钊．中美关系史（上、中、下）[M]．上海：上海人民出版社，2004.

[9] 时殷弘．敌对与冲突——美国对新中国的政策与中美关系（1949—1950）[M]．南京：南京大学出版社，1995.

[10] 资中筠．冷眼向洋（上卷） [M]．北京：三联书店，2000.

[11] 方连庆、刘金质、王炳元．战后国际关系史（1945—1995）[M]．北京：北京大学出版社版，1999.

[12] 汤光鸿，朱凯兵．当代中国国际战略思想研究 [M]．北京：中国书籍出版社，2003.

[13] 李正国．国家形象构建 [M]．北京：中国传媒大学出版社，2006.

[14] 刘继南，何辉．镜像中国 [M]．北京：北京广播学院出版社，2006.

[15] 刘继南．国际传播与国家形象 [M]．北京：北京广播学院出版社，2002.

[16] 杨伟芬．渗透与互动——广播电视与国际关系 [M]．北京：北京广播学院出版社，2000.

[17] 管文虎．国家形象论〔M〕．成都：电子科技大学出版社，2000.

[18] 吴心伯．太平洋上不太平——后冷战时代的美国亚太安全战略 [M]．上海：复旦大学出版社，2006.

[19] 秦亚青．霸权体系与国际冲突——美国在国际武装冲突中的支持行为（1945—1988） [M]．上海：上海人民初版社，1999.

[20] 秦亚青．权力·制度·文化：国际关系理论与方法研究文集 [M]．北京：北京大学出版社，2005.

[21] 王逸舟．全球政治和中国外交 [M]．北京：世界知识出版社，2003.

[22] 阎学通．美国霸权与中国安全［M］．天津：天津人民出版社，2000.

[23] 王缉思、李晓岗．霸权梦—美国的全球战略［M］．厦门：厦门鹭江出版社，2000.

[24] 孙哲．崛起与扩张［M］．北京：北京法律出版社，2004.

[25] 周晓虹．现代社会心理学［M］．上海：上海人民出版社，1997.

[26] 倪世雄．当代西方国际关系理论［M］．上海：复旦大学出版社，2001.

[27] 孙哲．左右未来一美国国会的制度创新和决策行为［M］．上海：上海复旦大学出版社，2001.

[28] 孙哲．美国国会与中美关系案例与分析［M］．北京：北京时事出版社，2004.

[29] 刘连第．中美关系重要文献资料选编［M］．北京：北京时事出版社，1996.

[30] 刘连第．中美关系的轨迹 1993 年— 2001 年大事纵览［M］．北京：北京时事出版社．2001.

[31] 朱成虎．中美关系的发展变化及其趋势［M］．南京：江苏人民出版社，1998.

[32] 周琪．美国人权外交政策［M］．上海：上海人民出版社，2001.

[33] 郝雨凡，张燕东．无形的手［M］．北京：新华出版社，2000.

[34] 郝雨凡，张燕冬．限制性接触［M］．北京：新华出版社，2000.

[35] 郝雨凡．白宫决策——从杜鲁门到克林顿的对华政策内幕［M］．北京：东方出版社，2002.

[36] 张庆松．美国百年排华内幕［M］．上海：上海人民出

版社，1998.

［37］中美关系资料汇编（第1辑）［M］．北京：世界知识出版社，1957.

［38］李道揆．美国政府和美国政治［M］．北京：中国社会科学出版社，1990.

［39］美国国务院国际信息局．《美国政府概况》［M］，杨俊峰等译．沈阳：辽宁教育出版社，2003.

［40］李希光．妖魔化中国的背后［M］．北京：中国社会科学出版社，1996.

［41］张曙光、周建民．实力与威胁：美国国防战略界评估中国［M］．北京：中国财政经济出版社，2004.

［42］王小德．美国文化与外交［M］．北京：世界知识出版社，2000.

［43］刘海平．世纪之交的中国和美国［M］．上海：上海外语教育出版社，2000.

［44］丁松泉．中国崛起与中美关系［M］．北京：中国社会科学出版社，2005.

［45］陆钢，郭学堂．中国威胁谁：解读“中国威胁论”［M］．上海：上海学林出版社，2004.

［46］周宁．龙的幻象—中国形象西方的学说与传说［M］．北京：北京学苑出版社，2004.

［47］赵启正．向世界说明中国续篇——赵启正的沟通艺术［M］．北京：新世界出版社，2006.

［48］李寿源．国际关系与中国外交［M］．北京：北京广播学院出版社，1999.

［49］李希光．中国有多坏？［M］．南京：江苏人民出版社．1998.

［50］麦金农．爱恨中国［M］．香港：香港大学新闻及传播研究中心出版，2000.

[51] 复旦大学历史系，复旦大学国际交流办公室．儒家思想与未来社会 [M]．上海：上海人民出版社，1991.

[52] 刘小彪．"唱衰"中国的背后——从"威胁论"到"崩溃论" [M]．北京：中国社会科学出版社，2002.

[53] 朱幸福、杨延松．白宫风雨荡政坛——中国资深记者对美国政治的观察与解读 [M]，北京：北京大众文艺出版社，2000.

[54] 龚文庠．全球化与大众传媒 [M]．北京：清华大学出版社，2002.

[55] 郭可．当代对外传播 [M]．上海：复旦大学出版社，2003.

[56] 吴征．中国的大国地位与国际传播战略 [M]．北京：长征出版社，2001.

[57] [美] 汉斯·摩根索．国家间政治——寻求权力与和平的斗争 [M]．徐昕等译．北京：中国人民公安大学出版社，1990.

[58] [美] 罗伯特·杰维斯．国际政治中的知觉与错误知觉 [M]．秦亚青译．北京：世界知识出版社，2003.

[59] [古希腊] 修昔底德·伯罗奔尼撒战争史 [M]．谢德风译．北京：商务印书馆，1985.

[60] [美] 约瑟夫·奈．软力量：世界政坛成功之道 [M]．吴晓辉，钱程译．上海：东方出版社，2005.

[61] [美] 罗伯特·吉尔平．世界政治中的战争与变革 [M]．宋新宁、杜建平译．上海人民出版社，2007.

[62] [法] 莫里斯·梅洛，庞帝．知觉现象学 [M]．姜志辉译．北京：商务印书馆，2001.

[63] [加] K·兰伯斯．社会心理学．[M]．魏明庠译．地质出版社，1990.

[64] [美] A·班杜拉．思想和行动的社会基础——社会认知论 [M]．林颖等译．上海：华东师范大学出版社，2001.

[65]［美］J·H·弗拉维尔、P·H·米勒、S·A·米勒．认知发展［M］．邓赐平，刘明译．上海：华东师范大学出版社，2002.

[66]［美］哈罗德·伊萨克斯．美国的中国形象［M］．于殿利，陆日宇译．时事出版社，1999.

[67]［美］朱迪斯·戈尔茨坦、罗伯特·基欧汉．观念与外交政策［M］．刘东国等译．北京：北京大学出版社，2005.

[68]［美］乔舒亚·库珀·雷默等．中国形象——外国学者眼里的中国［M］．沈小雷等译．北京：社会科学文献出版社，2006.

[69]［美］亚历山大·温特．国际政治的社会学理论［M］．秦亚青译．上海：上海人民出版社，2000.

[70]［美］哈里·哈丁．美中关系的现状和前景［M］．北京：新华出版社，1993.

[71]［美］罗伯特·罗斯．风云变幻的美中关系［M］．丛凤辉译．北京：北京中央编译出版社，1998.

[72]［美］迈克尔·谢勒．二十世纪的美国和中国［M］．徐泽荣译．北京：北京三联书店，1985.

[73]［美］玛莎·费丽莫．国际社会中的国家利益．［M］．袁正清译．上海：上海人民出版社，2001.

[74]［美］伊多·奥伦．美国和美国的敌人［M］．唐小松、王义桅译．上海：上海人民出版社 2004.

[75]［美］罗伯特·吉尔平著．世界政治中的战争与变革［M］．武军等译．北京：中国人民大学出版社，1994 年．

[76]［美］诺曼杰·奥恩斯坦，雪利·埃尔德著．利益集团、院外活动和政策制订［M］．潘同文等译．北京：北京世界知识出版社，1981.

[77]［美］约翰·米尔斯海默．大国政治的悲剧［M］．王义桅等译．上海：上海人民出版社，2003.

［78］［美］鲍勃·伍德沃德．布什的战争［M］．上海：上海译文出版社，2003.

［79］王逸舟．全球化时代的国际安全．上海：上海人民出版社，1999.

［80］马林立．外军网电空间站——现状与发展．北京：国防工业出版社，2012.

二、外文著作和期刊论文

［1］David M. Lampton，*Same Bed Different Dreams*：*Managing U. S. -China Relations*，1989－2000，

University of California Press，2002.

［2］Jonathan Mercer，*Reputation and International Politics*，Cornell University Press，1996.

［3］Robert Jervis，*The Logic of Images in International Relations*，Princeton University Press，1970.

［4］Harold R. Isaacs，*Scratches on Our Minds*：*American Views of China and India*，Greenwood Press，1973.

［5］Robert McClellan，*The Heathen Chinese*：*A Study of American Attitudes Toward China*：1890～1905，Ohio State University Press，1971.

［6］T. Christopher Jespersen，*American Images of China*，1931～1949，Stanford University Press，1996.

［7］William Watts，*America*，*Asia*，*and the Post-Cold War World*：*Changing Perceptions*，Potomac Associates Press，1994.

［8］William Watts，*Americans Look at Asia*，Henry Luce Foundation and Asia Society Washington Center，1999.

［9］Kenneth E. Boulding，*National Images and International Systems*，Irvington Publishers，1993.

[10] Ross Terrill, *The New Chinese Empire*: *Beijing's Political Dilemma and What It Means for the United States*, Basic Books, 2003.

[11] Oded Shenkar, *The Chinese Century*: *The Rising Chinese Economy and It's Impact on the Global economy*, *the Balance of Power*, *and Your Job*, Wharton School Publishing, 2004.

[12] Bill Gertz, *The China Threat. How the People's Republic Targets America.* Regnery Publishing Inc, 2000.

[13] John Gittings, *The Changing Face of China*: *From Mao to Market*, Oxford University Press, 2005.

[14] Emily S. Rosenberg, *Spreading the American Dream*: *American Economic and Cultural Expansion*, 1890 - 1945, Hill and Wang, 1982.

[15] Hans J. Morgenthau, *Politics among Nations*: *The Struggle for Power and Peace* (6th edition). Alfred A. Knop, f Inc., 1985.

[16] James E. Dougherty and Robert L. Pfaltzgraf, f Jr., *Contending Theories of International Relations*: *A Comprehensive Survey*, Addison Wesley Longman, Inc., 2001.

[17] Jian wei Wang, *Limited Adversaries*: *Post-Cold War Sino-American Mutual Images*, Oxford University Press, 2000.

[18] Warren I. Cohen, *American Perception of China*, in Michel Oksenberg and Robert B. Oxnam eds., Dragon and Eagle: United States-China Relations, Past and Future, Basic Books, 1973.

[19] David Shambaugh, *Chinese Foreign Policy*: *Theory and Practice*, Oxford University Press, 1994.

[20] Joshua Cooper Ramo, "An Image Emergency", *Newsweek*, 2006 - 09 - 25.

[21] David Shambaugh, *Patterns of Interaction in Sino-American Relations*, Thomas W. Robinsonand, 2002.

[22] Nancy B. Tucker, "China and America, 1941 - 1991",

Foreign Affairs, Winter1991/1992（5）.

[23] Jone L Thornton, "Long Time Coming—The Prostects for Democracy in China", *Foreign affairs*, January/February, 2008.

[24] Fareed Zakaria, "The Rise of Illiberal Democracy", *Foreign Affairs*, Nov/Dec, 1997.

[25] Jack A. Goldstone, "The Coming Chinese Collapse", *Foreign Policy*, Summer 1995.

[26] David Zweig, "Developmental Communities on China's Coast: The Impact of Trade, Investment, and Transnational Alliances", *Comparative Politics.*

[27] Paul R. Brewer, Kimberly Gross, see Aday, Lar Willnat, "International Trust and Public Opinion about World Affairs", *American Journal of Political Science*, January, 2004.

[28] Hillary Clinton, "America's Pacific Century", *Foreign Policy*, November, 2011.

[29] Joseph S. Nye, Jr, "The Future of American Power", *Foreign Affairs*, November/December, 2010.

[30] Joshua Kurlantzick, "How Obama Lost His Asian Friends", *Newsweek*, July, 2010.

[31] Jr. Chas. Freeman, "Preventing War in the Taiwan Strait", *Foreign Affairs*, July/August, 1998.

[32] Bill Owens, "America must start treating China as a friend", *Financial Times*, November, 2009.

[33] James T. Areddy, "A conversation with Dianne Feinstein", *Wall Street Journal*, June, 2010.

[34] Shirley A. Kan, "Taiwan: Major U. S. Arms Sales since 1990", *Congressional Research Service*, February, 2011.

[35] Charles Glaser, "Will China's Rise Lead to War? Why Realism Does NotMean Pessimism", *Foreign Affairs*, March/April 2011.

[36] Zbigniew Brzezinski, Balancing the East, Upgrading the West: U. S. Grand Strategy in an age of Upheaval, *Foreign Affairs*, January/February 2012.

三、中文期刊论文

[1] 袁明．冷战后美国对华政策探源——兼论美国“战略精英”和中美关系 [J]．美国研究，1998，2

[2] 门洪华．压力、认知与国际形象——关于中国参与国际制度战略的历史解释 [J]．世界经济与政治，2005，4

[3] 汤光鸿．论国家形象 [J]．国际问题研究，2004，4

[4] 汤光鸿．关于我国文化发展与国际传播的几点建议 [J]．求是内参，第27期

[5] 王希．有关中国国家形象的思考 [J]．国际新闻界，2000，1

[6] 刘小燕．关于传媒塑造国家形象的思考 [J]．国际新闻界，2002，2

[7] 胡键．中国国际角色的转换与国际社会的认知 [J]．现代国际关系，2008，8

[8] 袁明．略论中国在美国的形象：兼议精英舆论 [J]．美国研究，1989，1

[9] 张毓强．国家形象刍议 [J]．现代传播，2002，2

[10] 胡键．美国意象中的中国国际角色 [J]．国际论坛，2007，3

[11] 达巍、孙茹．布什政府对华战略调整趋向 [J]．现代国际关系，2005，11

[12] 王立新．“意识形态与美国对华政策——以艾奇逊和‘承认问题’为中心的再研究” [J]．中国社会科学，2005，3

[13] 施爱国．“东方主义”与后冷战时期美国的“中国威胁

论”[J]. 南开学报.（哲学社会科学版），2002，6

[14] 张幼文. 共同利益是中美战略经济对话的基础 [J]. 国际经济评论，2007，11—12

[15] 杜雁芸. 国家形象的内涵及中国国家形象塑造 [J]. 南京政治学院学报，2008，4

[16] 杜雁芸. 西方媒体对中国的误读及其应对 [J]. 理论月刊，2012，3

[17] 杜雁芸. 美国介入台海事务的动因分析 [J]. 理论界，2008，9

[18] 杜雁芸. 改革开放三十年中国国家形象的变迁 [J]. 桂海论丛，2009，1

[19] 杜雁芸. 重读和谐世界 [J]. 实事求是，2010，4

[20] 袁明. 范士明. 冷战后美国对中国（安全）形象的认识 [J]. 美国研究. 1995，4

[21] 谢韬，梅仁毅. 美国政治精英和公众在对华政策上的共识与分歧 [J]，现代国际关系，2008，10

[22] 刘文祥. 影响美国对外决策的机构 [J]. 国际论坛，2008，8

[23] 刘云山. 更加自觉主动地推动社会主义文化大发展大繁荣 [J]. 学习与研究，2007，11

[24] 朱锋. “中国崛起”与“中国威胁”——美国“意象”的由来 [J]. 美国研究，2005，3

[25] 王立新. 在龙的映衬下：对中国的想象与美国国家身份的建构 [J]，中国社会科学，2008，3

[26] 李庆四. 美国对华政策的政治导因分析 [J]，中共天津市党校学报，2008，3

[27] 章百家. 中国内政与外交：历史思考 [J]，国际政治研究，2006，1

[28] 周琪. “美国例外论”与美国外交政策传统 [J]. 中国

社会科学，2000，6

［29］刘卫东．解读负面观念的由来——用学习进化理论解释美国的中国观［J］．世界经济与政治，2003，3

［30］汤光鸿．努力营造客观友善的舆论环境［J］．红旗文稿，2005，7

［31］刘卫东．解读负面观念的由来：用学习进化理论解释美国的中国观［J］．世界经济与政治，2003，3

［32］王立新．试论美国人中国观的演变（18 世纪—1950）［J］．世界历史，1998，1

［33］陈宗权．布什政府眼中的中国形象［J］．国际论坛，2007，5

［34］董青岭．国家形象与交往刍议［J］．国际政治研究，2006，3

［35］毛峰．中国文化传播的战略与策略［J］．对外大传播，2005，11

［36］杨雪燕，张娟．90 年代美国大报上的中国形象［J］．外交学院学报，2003，1

［37］邬贺铨．中国信息技术发展的现状和创新［J］．中国信息界，2006，12

［38］蔡翠红．网络空间的中美关系：竞争、冲突与合作．美国研究［J］，2012，3

四、论文集、学位论文

［1］刘继南．国际传播——现代传播论文集［C］．北京：北京广播学院出版社，2000

［2］赵国军．美国国会议员中国观研究（1989—2006）［D］．复旦大学博士学位论文，2007.4

［3］张爽．“美国至上”：对冷战后美国国家安全战略报告的

一种解读［D］. 复旦大学博士学位论文，2003. 11

［4］田炳信. 论美国妖魔化中国［D］. 暨南大学博士学位论文，2003，4

［5］谢莉娇. 乔治·W布什对华政策研究——一种层次、系统分析［D］. 中共中央党校博士学位论文，2007. 5

［6］韩云川. 中美人权斗争研究［D］. 中共中央党校博士学位论文，2000，5

［7］李智. 国际政治传播研究［R］. 复旦大学博士后研究工作报告，2006. 6

［8］邓超. 建构主义理论视角下的国家形象塑造［D］. 中国传媒大学硕士学位论文，2006，7

［9］刘安平. 中国对外传播的错位分析与应对策略［D］. 中国传媒大学硕士学位论文，2005. 6

［10］郑玥. 从文化权势的视角研究中华文化传播［D］. 华中科技大学硕士学位论文，2005. 6

［11］缪开金. 中国文化外交研究［D］. 中共中央党校博士学位论文，2006. 6

［12］欧阳云玲. 我国对外传播跨文化策略探析［D］. 中南大学硕士学位论文，2005，6

［13］倪建平. 对外传播与软实力［D］. 复旦大学硕士学位论文，2006. 9

［14］柳金旗.《纽约时报》镜像下的另类中国［D］. 武汉大学硕士学位论文，2005. 4

［15］李凯. 全球性媒介事件与国家形象的建构与传播——奥运的视角［D］. 复旦大学博士学位论文，2005，4

［16］何英. 冷战后美国媒体对华负面报道的建构主义分析［D］. 复旦大学博士学位论文，2004，4

五、英文网站和美国官方文件

[1] http：//www. whitehouse. gov

[2] http：//www. state. gov

[3] http：//www. Thomas. loc. gov

[4] http：//www. worldpolicy. org/

[5] http：//finance. news. tom. com

[6] http：//www. senate. gov

[7] http：//congress. org

[8] http：//www. washingtonpost. com

[9] http：//www. telegraph. com

[10] Annual Report to the Congress on the Military Power of the People's Republic of China

[11] Military and Security developments Involving the People's Republic of China

[12] The National Security Strategy of the United States of American

[13] Quadrennial Defense Review Report

[14] Sustaining U. S. Global Leadership：Priorities for 21st Century Defense

[15] International Strategy for Cyberspace

[16] Strategy for Operating in Cyberspace

致　谢

光阴荏苒，岁月如梭。2009年我完成了自己的博士学业，经过四年工作的积累和沉淀，我的专著即将出版，这为我22年学习生涯画上了圆满的句号。回首在南京政治学院的六年学习生活，我内心充满了感激之情。非常感谢我的导师汤光鸿教授，其严师慈父的形象在我心中永远定格。导师致力于中国国际关系理论的研究，对中国国际关系理论的构建倾注了毕生精力。是导师将我领进了国际关系专业的学术殿堂，并给予我长期的悉心指导与倾心点拨。在毕业论文的撰写过程中，从题目的筛选确立、框架的安排架构、内容的审核调整、行文的反复推敲、甚至格式的细微处理，导师总是耳提面命、步线行针、循循善诱，全文字里行间都浸润着导师的大量心血。导师严谨的治学态度、一丝不苟的做事风格，将成为我自勉自励的镜鉴和终生享用不尽的宝贵精神财富。我多年来身处异地求学，导师和师母将我看作自己的女儿一样关怀照顾，嘘寒问暖，感情至深。饮其流者思其源，学其成者念吾师。在导师的指引下在中国国际关系理论的构建中继续前行。

在本著作修改过程中，国防科技大学人文与社会科学学院曾华锋院长、夏志和政委、刘晶副院长和李东主任在百忙之中审读了初稿，提出了宝贵而切实的修改意见，他们的师长风范和治学气度是我永远学习的榜样。同时，学院熊杏林副院长、曾立总工程师、龙方成主任、马建光副总工程师、易金务教授、张伟超教授、李湘黔教授、廖国庚教授、何正斌教授、徐能武教授、黄朝峰主任对我专著的完成和修改提供了莫大的鼓励和指点。校科研部张继东参谋、黄继才协理员、阮坚参谋、杨华文博士、郭勤博士、刘杨钺博士、邹小军博士为我提供了诸多建议和帮助。谨此深致谢意！

同时我还要感谢南京政治学院国际关系教研室的朱凯兵教授、崔战利教授、张远教授、孙健教授、代兵副教授，在我六年的研究生生涯中，他们给予我学习上最大的帮助和关怀；求学过程中，有幸聆听赵学清副院长、闫高鸿教授、蒋建新教授、季云飞教授、周林教授以及邱英汉教授的教诲，我的论文得以完成同样受惠于上述诸位老师的指导和帮助。

在著作的撰写过程中我还得到许多院外的专家和学者的指教和帮助，谨在此表示衷心的谢意。感谢上海交通大学的郭树勇教授、中国人民大学国际关系学院的王义桅教授、南京政治学院上海校区的高民政教授、解放军国际关系学院的钮汉章教授、朱听昌教授及宋德星教授，南京陆军指挥学院的张政文教授，其高深的学术造诣给予我思想上的启迪和理论上的创新；感谢江苏省军区郦斌主任，在论文撰写和学术研究上都对我进行了深入的点拨和指导；感谢中国社会科学院的徐龙第博士、中国现代国际关系研究院的杜冰博士、军事科学院的张露博士、南京政治学院的蒋建忠博士和晋军博士、上海社科院的赵国军博士和南京社会科学院的吕永刚博士，他们为我提供了重要的思想和学术资源，而且时时勉励我催我继续前行，对此我表示诚挚的谢意。

最后，我还要感谢我可亲可敬的家人。感谢多年来默默支持我的父母，父母将女儿视为莫大的骄傲和自豪，他们是我求学路上最大的动力和精神支撑。父母几年如一日地为我带小孩、承担家务，使我能全身心地投入学术研究和教学工作中，他们对我的爱和真情付出犹如微微春雨润我心间，萌发我更多的学术信念和研究热情。在学术生涯艰难的跋涉中，我的先生袁华强也给予我诸多的理解和支持，为了不使我分心，从恋爱到结婚，他默默地等候了我八年之久，直到博士毕业，我们共同步入了婚姻殿堂，如今每每彷徨徘徊时，他都会成为我坚强的后盾和强大的支撑。感谢我的女儿袁一涵小朋友，当我在写作过程中感到枯燥乏味时，她的聪慧可爱总能让我迸发出更多的创作激情。谨以此书献给我刚满三岁的女儿，这本专著的出版仅是我读博和工作三年的阶段性成果，而女儿是我毕生的最大成果！

感谢时事出版社副社长苏绣芳，正是她的热心支持使得本书能够及时出版。责任编辑马燕冰为本书的出版倾注了大量心血，他们严谨而细致的编辑作风、敬业精神和专业素养使得本书增色不少。

研究国家形象认知的问题是一项颇具挑战性的工作，难度很大，由于本人学术水平有限，难免存在偏颇或纰漏之处，敬请专家和同行批评指正。在书稿写作和修改过程中，大量借鉴了国内外同行的相关研究成果，并参考了诸多文献，特表示感谢。如有疏漏而未列出之处，敬请谅解。

我真心地感谢曾经给予我关心和帮助的各界人士，我将继续在你们的指引下在国际关系研究领域中继续前行！

杜雁芸

2013 年 6 月于长沙国防科大